Rolf Höfert

Thomas Meißner

Von Fall zu Fall – Ambulante Pflege im Recht

Rechtsfragen in der ambulanten Pflege von A–Z

Rolf Höfert
Thomas Meißner

Von Fall zu Fall – Ambulante Pflege im Recht

Rechtsfragen in der ambulanten Pflege von A–Z

Mit 30 Abbildungen

Springer

Rolf Höfert
Hauptstraße 24, 56587 Oberhonnefeld

Thomas Meißner
Meißner & Walter, Häusliche Pflege, Alt Biesdorf 71a, 12683 Berlin

ISBN-13   978-3-540-75598-2 Springer Medizin Verlag Heidelberg

Bibliografische Information der Deutschen Nationalbibliothek
Die Deutsche Nationalbibliothek verzeichnet diese Publikation in der Deutschen
Nationalbibliografie; detaillierte bibliografische Daten sind im Internet über
<http://dnb.d-nb.de> abrufbar.

Springer Medizin Verlag
springer.de
© Springer Medizin Verlag Heidelberg 2008

Planung: Barbara Lengricht, Berlin
Projektmanagement: Ulrike Niesel, Heidelberg
Copy-Editing: Bettina Arndt, Gorxheimertal
Layout und Umschlaggestaltung: deblik Berlin
Foto Thomas Meißner: Maika Ernicke – headshot-berlin.com
Satz: Typostudio Tobias Schaedla, Heidelberg

SPIN 11977452

Gedruckt auf säurefreiem Papier   22/2122/UN – 5 4 3 2 1 0

Vorwort

Ambulante Pflege findet vergleichbar zur Pflege in stationären Einrichtungen unter besonderen und stets wechselnden Rahmenbedingungen in der Häuslichkeit des Patienten statt. Als wichtiger Bestandteil einer integrativen Versorgung unterstützt sie Gesundheitsförderung, Rehabilitation, Pflege und Therapie.

Im Gegensatz zur stationären Versorgung wird die ambulante Pflege mit verschiedenen gesetzlichen Grundlagen wie Krankenversicherung, Pflegeversicherung und Sozialhilfe konfrontiert. Zudem häufen sich rechtliche Auseinandersetzungen, insbesondere zum Schadenersatz gegen Pflegeverantwortliche. Bei Pflegemängeln klagen die Patienten, Angehörigen bzw. Kostenträger zwar zunächst gegen den Träger des Dienstes. Doch kann die Haftung bei grober und mittlerer Fahrlässigkeit vor allem auch strafrechtliche und/oder zivilrechtliche Konsequenzen für die angestellten Pflegefachkräfte haben; daraus resultieren oft einschneidende Folgen für jeden Einzelnen.

Dieser Ratgeber soll zur Rechtsicherheit im pflegerischen Alltag beitragen. Er richtet sich an alle Pflegefachkräfte der ambulanten Dienste im Sinne einer qualitätsorientierten Versorgung sowie an Patienten und Angehörige.

In diesem Buch finden Sie Fälle, Urteile, die Paragraphen der zutreffenden Gesetze und nützliche Praxistipps für die Schwerpunkte Ihres pflegerischen Alltags.

Möge Ihnen dieses Buch ein hilfreicher Begleiter im Spannungsfeld rechtlicher Anforderungen zur Sicherheit der Ihnen anvertrauten Patienten und Ihrer Profession sein. Denn: **Vorbeugen ist besser als haften!**

Neuwied/Berlin Frühjahr 2008   Rolf Höfert

Thomas Meißner

Inhaltsverzeichnis

Abkürzungsverzeichnis

ADS	Arbeitsgemeinschaft Deutscher Schwesternverbände und Pflegeorganisationen
AG	Amtsgericht
AltPflG	Altenpflegegesetz
ArbG	Arbeitsgericht
ArbSchG	Arbeitsschutzgesetz
BA	Bundesausschuss der Lehrerinnen und Lehrer für Pflegeberufe e.V.
BAG	Bundesarbeitsgericht
BÄK	Bundesärztekammer
BALK	Bundesarbeitsgemeinschaft Leitender Pflegepersonen e.V.
BAT	Bundesangestelltentarif
BDH	Bund Deutscher Hebammen e.V.
BeKD	Berufsverband Kinderkrankenpflege Deutschland e.V.
Betr.VG	Betriebsverfassungsgericht
BfD	Bundesbeauftragte für den Datenschutz
BFLK	Bundesfachvereinigung Leitender Krankenpflegepersonen der Psychiatrie e.V.
BGB	Bürgerliches Gesetzbuch
BGBl	Bundesgesetzblatt
BGH	Bundesgerichtshof
BGHZ	Bundesgerichtshofentscheidungen in Zivilsachen
BMT-G	Bundesmanteltarifvertrag für Arbeiter
Brem.GBl	Bremisches Gesetzblatt
BSG	Bundessozialgericht
BT-Drs.	Bundestagsdrucksache
BTM	Betäubungsmittel
BtMG	Betäubungsmittelgesetz
BtMVV	Betäubungsmittel-Verschreibungsverordnung
DBfK	Deutscher Berufsverband für Pflegeberufe e.V.
DBVA	Deutscher Berufsverband für Altenpfege e.V.
DGF	Deutsche Gesellschaft für Fachkrankenpflege und Funktionsdienste e.V.
DNQP	Deutsches Netzwerk für Qualitätsentwicklung in der Pflege

DPR	Deutscher Pflegerat e.V.
DPV	Deutscher Pflegeverband e.V.
EN	Europäische Norm
GBA	Gemeinsamer Bundesausschuss der Ärzte und Krankenkassen
GefStoffV	Gefahrenstoffverordnung
GG	Grundgesetz
GKV	Gesetzliche Krankenversicherung
GMG	GKV-Modernisierungsgesetz
HKP	Häusliche Krankenpflege
ICN	International Council of Nurses
KAV	Kassenärztliche Vereinigung
KrPflG	Krankenpflegegesetz
KSchG	Kündigungsschutzgesetz
LAG	Landesarbeitsgericht
LG	Landgericht
LSG	Landessozialgericht
MBO-Ä	Musterberufsordnung für Ärzte
MDK	Medizinischer Dienst der Krankenversicherung
MPG	Medizinproduktegesetz
NJW	Neue Juristische Wochenschrift
OLG	Oberlandesgericht
PEG	Perkutane endoskopische Gastrostomie
PDL	Pflegedienstleitung
PQSG	Pflegequalitätssicherungsgesetz
RVO	Reichsversicherungsordnung
SG	Sozialgericht
SGB	Sozialgesetzbuch
StGB	Strafgesetzbuch
STPO	Strafprozessordnung
TVÖD	Tarifvertrag für den öffentlichen Dienst
VG	Verwaltungsgericht
VPU	Verband der Pflegedirektorinnen und Pflegedirektoren der Universitätskliniken und der Medizinischen Hochschulen Deutschlands e.V.
WSG	Wettbewerbsstärkungsgesetz

Abmahnung

Der Abmahnung kommt bei **Pflegefehlern** eine besondere Bedeutung zu. Sie erfüllt vor allem eine Rüge-, Hinweis- und Warnfunktion und ist in vielen Fällen der erste Schritt für eine verhaltensbedingte Kündigung. Dieser arbeitsrechtliche Schritt erfolgt oft nach einem Vorfall innerhalb der Pflegeleistung, bevor die Staatsanwaltschaft ermittelt bzw. zivilrechtliche Forderungen aufkommen.

In einer Abmahnung muss der Arbeitgeber das vertragswidrige Verhalten konkret darstellen. Folgende Angaben sind grundlegend:

- Art
- Ort
- Zeit
- Zeitdauer
- Auswirkungen

> ❗ Als Warnfunktion für eine eventuelle spätere Kündigung gilt der Hinweis, dass weitere Pflichtverstöße nicht mehr hinnehmbar sind und im Wiederholungsfall mit der Entlassung zu rechnen ist.

Der Arbeitgeber ist rechtlich nicht verpflichtet, den Arbeitnehmer vor einer Abmahnung zu dieser Sache anzuhören.

Beispiele für Abmahnungen

- Alkohol, Drogenmissbrauch, Medikamentenmissbrauch
- Arbeitsverweigerung
- Nichteinhaltung der Dienstanweisungen
- Nichtbeachtung vorliegender Standards
- Kompetenzüberschreitung
- Dokumentationsmängel
- Ungerechtfertigte freiheitsentziehende Maßnahmen
- Körperverletzung (z. B. Dekubitus, fehlerhafte Injektion, Sturz)
- Unpünktlichkeit
- Eigenmächtiger Urlaubsantritt
- Diebstahl von Medikamenten

Nur der Träger einer Einrichtung ist befugt, Abmahnungen auszusprechen. Er überträgt diese Befugnis, im Sinne des Direktionsrechts, auf die Führungskräfte im Pflegemanagement, die stellvertretend für den Träger die Abmahnung aussprechen dürfen.

❗ Dem Arbeitnehmer ist hinreichend Gelegenheit und Zeit zu geben, sein Verhalten zu ändern.

Abmahnungen, die nicht zutreffende Feststellungen beinhalten, müssen aus der Personalakte entfernt werden. Ungerechtfertigt ist eine Abmahnung, wenn sie unverhältnismäßig ist, auf unzutreffende Tatsachen beruht oder unsachlich und beleidigend formuliert ist.

Wirkungsdauer

In der erst- und zweitinstanzlichen Rechtsprechung und in der Literatur gilt die Auffassung, dass eine Abmahnung nach 2 bzw. 3 Jahren automatisch ihre Wirkung verliert. Das Bundesarbeitsgericht (BAG) lehnt jedoch in seiner Rechtsprechung eine schematische Betrachtungsweise ab.

Beispiel

Urteil: Das BAG entschied über die Wirksamkeit einer im März 1999 erklärten außerordentlichen Kündigung. Es musste beurteilen, ob eine gegenüber dem gekündigten Arbeitnehmer ausgesprochene Abmahnung von Dezember 1995 wegen Diffamierung von Führungskräften und Kollegen im Rahmen der vorzunehmenden Interessenabwägung und Prüfung der Unzumutbarkeit der Weiterbeschäftigung berücksichtigt werden konnte. Im Urteil wurde dieses bejaht und folgende Grundsätze bestätigt:»Ob eine Abmahnung nach Ablauf einer bestimmten Zeit wirkungslos geworden ist, lässt sich nicht pauschal beurteilen. […] Eine ursprünglich ausreichende Abmahnung verliert ihre Bedeutung grundsätzlich erst dann, wenn aufgrund des eingetretenen Zeitablaufs oder aufgrund neuer Umstände (z. B. einer späteren unklaren Reaktion des Arbeitgebers auf ähnliche Pflichtverletzungen anderer Arbeitnehmer) der Arbeitnehmer wieder im Ungewissen sein könnte, was der Arbeitgeber von ihm erwartet bzw. wie er auf eine

▼

etwaige Pflichtverletzung reagieren werde. Dies lässt sich jedoch nur unter Berücksichtigung aller Umstände des Einzelfalls, insbesondere der Art der Verfehlung des Arbeitnehmers und des Verhaltens des Arbeitgebers im Anschluss an die Abmahnung, beurteilen.« (BAG, Urteil vom 10.10.2002, 2AZR418/01).

Das heißt: Das BAG hat die außerordentliche Kündigung gegenüber einem nach tarifvertraglichen Vorschriften ordentlich nicht mehr kündbaren Arbeitnehmer wegen grober Beleidigung von Vorgesetzten und Kollegen bestätigt. Die Abmahnung vom Dezember 1995 habe nicht nur weiterhin Bestand, sondern müsse zumindest bei der Interessenabwägung auch zu Lasten des Klägers berücksichtigt werden.

> **Tipps**

Als Arbeitnehmer können Sie:

- den Arbeitgeber auffordern, die Abmahnung aus der Personalakte zu entfernen.
- eine Gegendarstellung zur Personalakte geben. Wichtig ist der Hinweis auf § 83 Abs. 1 Betr.VG.
- Beschwerde beim Betriebsrat oder beim Arbeitgeber gemäß §§ 84, 85 Betr.VG wegen ungerechter Behandlung einlegen.
- eine vermittelnde Vertretung wie Betriebsrat, Personalrat oder Mitarbeitervertretung einschalten.
- Klage beim Arbeitsgericht auf Entfernung und Aufhebung der Abmahnung aus der Personalakte einlegen.
- die Richtigkeit der Abmahnung im Rahmen eines späteren Kündigungsschutzprozesses prüfen lassen.

Ermahnung

Eine Ermahnung ist in der Praxis als Vorstufe zur Abmahnung zu sehen. In diesem Fall wird der Arbeitnehmer lediglich zur Einhaltung seiner vertraglichen Pflichten angehalten. Es fehlt hier die Androhung von Rechtsfolgen, wie sie bei der Abmahnung erforderlich ist. Eine Ermahnung kann mündlich oder auch schriftlich ausgesprochen werden.

Alkohol im Dienst

Bei Pflegenden tritt häufig die Gewissensfrage auf, wie sie sich unter rechtlichen Aspekten verhalten sollen, wenn ein alkoholisierter Kollege den Dienst antritt oder ein alkoholisierter Arzt einen Patienten behandelt. Ähnlich wie bei der Straßenverkehrsordnung gilt auch beim Alkohol im Dienst, dass Mitarbeiter eine Mitverantwortung übernehmen. Das heißt, wer es zulässt, dass ein alkoholisierter Mitarbeiter pflegerisch tätig wird, der trägt gleichfalls die Verantwortung für Mängel, die hierdurch in der Patientenversorgung entstehen.

Grundlagen dieser Mitverantwortung sind im Altenpflegegesetz, dem Krankenpflegegesetz, jeweils § 3, und den Qualitätssicherungsaspekten genannt. Demnach sind alle Umstände, die die Gesundheit des Patienten beeinflussen können, zu beobachten und diese Beobachtung an alle Beteiligten in der Diagnostik, Therapie und Pflege weiterzugeben.

Beispiel

Urteil: Das Verwaltungsgericht Arnsberg bestätigte in einem Urteil das Berufsverbot gegen eine 32-jährige Krankenschwester mit Alkoholproblemen. Den Beruf der Krankenschwester könne nur ausüben, wer über entsprechende körperliche und geistig-seelische Fähigkeiten verfüge, so die Begründung. Krankenschwestern müssten am Wohl der Patienten orientierte Entscheidungen treffen. Eine Gefährdung der Patienten sei aufgrund ihres Alkoholmissbrauchs und dadurch bedingter Kontrollverluste nicht auszuschließen. Die zuständige Behörde widerrief die erteilte Erlaubnis zur Führung der Berufsbezeichnung »Krankenschwester« und forderte die Klägerin zur Ablieferung der Erlaubnisurkunde auf.

Zur Urteilsbegründung: Die Anfechtungsklage der Krankenschwester gegen die Ordnungsbehörde war zulässig, in der Sache jedoch nicht begründet. Das Gericht sah die Voraussetzungen des § 2, Abs. 2, Satz 3, des Krankenpflegegesetzes für einen Widerruf der Erlaubnis zur Führung der Berufsbezeichnungserlaubnis als erfüllt. Welche gesundheitlichen Anforderungen an den Beruf der Krankenpflegerin bzw. Krankenschwester zu stellen sind, sei im Krankenpflegegesetz nicht explizit geregelt, jedoch diene das Gesetz der Sicherung des Qualitätsschutzes im Gesundheitswesen mit dem

▼

Ziel, einen hohen Standard der Krankenversorgung zu erreichen und die Volksgesundheit sicherzustellen. Dazu ist insbesondere zu gewährleisten, dass die auf fachkundige Pflege angewiesenen Pflegebedürftigen vor Pflegekräften geschützt werden, die zur Pflege unfähig bzw. ungeeignet sind (VG Arnsberg, Urteil vom 20.12.2006, AZ: 9K514/06).

> **Tipps**
> Wenn Sie mit der Problematik eines alkoholisierten Kollegen konfrontiert sind, müssen Sie in Zusammenarbeit mit der Pflegedienstleitung sofort organisatorische Maßnahmen einleiten. Nur so können Sie eine Patientengefährdung bzw. den Vorwurf gegen Sie wegen Fahrlässigkeit ausschließen.

▶ Arbeitsrecht, Dienstwagen, Remonstration

Notizen für den Alltag

Altenpflegegesetz

Gesetz über die Berufe in der Altenpflege (Altenpflegegesetz – AltPflG vom 25.08.2003 (BGBl. I. S. 1690): Mit der Entscheidung des Bundesverfassungsgerichtes vom 24.10.2002 (AZ: 2BvF1/01) wurde die Regelungskompetenz des Bundes für das Berufsbild Altenpflege festgestellt. Damit wurden zugleich die bis dahin bestehenden 17 Ausbildungsregelungen in 16 Bundesländern aufgehoben. Diese Entscheidung führte dazu, dass das Berufsbild Altenpflege gemäß Art. 74 GG den Heilberufen zugeordnet wurde.

Das Gesetz sieht keine Vorbehaltsaufgaben vor. Die Ausbildungsziele im § 3 sind im Sinne der »Straßenverkehrsordnung« für alle Altenpfleger verbindlich. Unter rechtlichen Aspekten ist zu unterstellen, dass der pflegerische Alltag sich an diesen Zielen orientiert. Wesentlich sind die Übergangsvorschriften (§ 29), wonach die vor Inkrafttreten dieses Gesetzes erteilte staatliche Anerkennung als Altenpfleger Gültigkeit besitzt.

Aus dieser gesetzlichen Neuordnung folgt, dass der Berufsinhaber das erforderliche Fachwissen eigenverantwortlich und die Pflegedienstleitung im Sinne der Organisationsverantwortung die Kenntnisse der Mitarbeiter adaptieren muss.

§ 1 (Erlaubnis)

Die Berufsbezeichnungen »Altenpflegerin« oder »Altenpfleger« dürfen nur Personen führen, denen die Erlaubnis dazu erteilt worden ist.

§ 2 (Voraussetzungen für die Erlaubnis)

(1) Die Erlaubnis nach § 1 ist auf Antrag zu erteilen, wenn die antragstellende Person

1. die durch dieses Gesetz vorgeschriebene Ausbildung abgeleistet und die jeweils vorgeschriebene Prüfung bestanden hat,
2. sich nicht eines Verhaltens schuldig gemacht hat, aus dem sich die Unzuverlässigkeit zur Ausübung des Berufs ergibt,
3. nicht in gesundheitlicher Hinsicht zur Ausübung des Berufs ungeeignet ist.

(2) Die Erlaubnis ist zurückzunehmen, wenn eine der Voraussetzungen nach Abs. 1 Nr. 1 nicht vorgelegen hat. Die Erlaubnis ist zu widerrufen, wenn nachträglich die Voraussetzung nach Abs. 1 Nr. 2 weggefallen ist.

Die Erlaubnis kann widerrufen werden, wenn nachträglich die Voraussetzung nach Abs. 1 Nr. 3 weggefallen ist.

§ 3 (Ausbildungsziel)

Die Ausbildung in der Altenpflege soll die Kenntnisse, Fähigkeiten und Fertigkeiten vermitteln, die zur selbstständigen und eigenverantwortlichen Pflege einschließlich der Beratung, Begleitung und Betreuung alter Menschen erforderlich sind. Dies umfasst insbesondere:

1. die sach- und fachkundige, den allgemein anerkannten pflegewissenschaftlichen, insbesondere den medizinisch-pflegerischen Erkenntnissen entsprechende, umfassende und geplante Pflege,
2. die Mitwirkung bei der Behandlung kranker alter Menschen einschließlich der Ausführung ärztlicher Verordnungen,
3. die Erhaltung und Wiederherstellung individueller Fähigkeiten im Rahmen geriatrischer und gerontopsychiatrischer Rehabilitationskonzepte,
4. die Mitwirkung an qualitätssichernden Maßnahmen in der Pflege, der Betreuung und der Behandlung,
5. die Gesundheitsvorsorge einschließlich der Ernährungsberatung,
6. die umfassende Begleitung Sterbender,
7. die Anleitung, Beratung und Unterstützung von Pflegekräften, die nicht Pflegefachkräfte sind,
8. die Betreuung und Beratung alter Menschen in ihren persönlichen und sozialen Angelegenheiten,
9. die Hilfe zur Erhaltung und Aktivierung der eigenständigen Lebensführung einschließlich der Förderung sozialer Kontakte und
10. die Anregung und Begleitung von Familien- und Nachbarschaftshilfe und die Beratung pflegender Angehöriger.

Darüber hinaus soll die Ausbildung dazu befähigen, mit anderen in der Altenpflege tätigen Personen zusammenzuarbeiten und diejenigen Verwaltungsarbeiten zu erledigen, die in unmittelbarem Zusammenhang mit den Aufgaben in der Altenpflege stehen.

§ 27 (Bußgeldvorschriften)

(1) Ordnungswidrig handelt, wer ohne Erlaubnis nach § 1 die Berufsbezeichnung »Altenpflegerin« oder »Altenpfleger« führt.

(2) Die Ordnungswidrigkeit kann mit einer Geldbuße bis zu dreitausend Euro geahndet werden.

§ 29 (Übergangsvorschriften zur Führung der Berufsbezeichnung)

(1) Eine vor Inkrafttreten dieses Gesetzes nach landesrechtlichen Vorschriften erteilte Anerkennung als staatlich anerkannte Altenpflegerin oder staatlich anerkannter Altenpfleger gilt als Erlaubnis nach § 1.

Das neue Bundesaltenpflegegesetz hat für frühere Absolventen die Konsequenz, dass sie sich die in § 3 gestellten Anforderungen durch Fortbildungsmaßnahmen aneignen müssen. Dies gilt insbesondere für die Mitwirkung während einer Behandlung und die Ausführung ärztlicher Verordnungen. Die Pflegedienstleitung trägt die Verantwortung, dass die Qualifikation der pflegerischen Mitarbeiter der jeweiligen Aufgabenstellung entspricht.

▶ Ärztliche Anordnung und Ausführung ärztlicher Anordnungen, Aufgabenstellung

Notizen für den Alltag

Alternative Heil- und Pflegemethoden

Im pflegerischen Alltag ist die Anwendung alternativer Heil- und Pflegemethoden, z. B. Wickel, Umschläge, häufig strittiges Thema. Im Rahmen des Pflegevertrages wird eine qualifizierte Pflege nach Stand der Wissenschaft zugesichert. So sind von der klassischen Medizin abweichende Heil- und Pflegemethoden jeweils mit dem behandelnden Arzt abzustimmen, inwieweit sie in den Behandlungsplan gehören. Dies gilt auch dann, wenn der bestehende Therapieplan für einen Patienten durch zusätzliche Anwendung alternativer Heilmethoden gestört wird und der Patient zu Schaden kommen kann.

Die Beachtung dieser Wechselwirkung und damit der Gefahren gebieten auch die Sorgfaltspflichten.

> **Beispiel**
>
> **Fall 1:** Der Arzt verordnet sedierende Medikamente. Eine Krankenschwester verabreicht dem Patienten einen Wickel mit belebenden Essenzen.

Im ambulanten Pflegebereich steht die Anwendung alternativer Heil- und Pflegemethoden im Ermessen der Pflege, sind aber dennoch dem behandelnden Arzt wegen eventueller Wechselwirkung mit seinen Verordnungen mitzuteilen. Der Patient ist hierbei zeitnah und ausführlich zu unterrichten, außerdem muss er in diese Methoden einwilligen.

> **❯ Tipps**
>
> Sie sollten berücksichtigen, dass Sie z. B. bei Verwendung von beruhigenden, belebenden oder fiebersenkenden Zusätzen diese in der Dokumentation festhalten, damit eine entsprechende Rückkoppelung zu den ärztlichen Maßnahmen transparent wird.

Anordnungen durch Heilpraktiker

Pflegende dürfen Anordnungen von Heilpraktikern nicht umsetzen, da Maßnahmen der Diagnostik und Therapie im Sinne des Altenpflege- und Krankenpflegegesetzes nur auf ärztliche Anordnung durchzuführen sind. Diese Problematik verstärkt sich in der ambulanten Pflege und in der Pflege im Altenheim.

Beispiel

Fall 2: Eine Krankenschwester in der ambulanten Pflege erbringt bei einer krebskranken Patientin Leistungen der häuslichen Krankenpflege im Sinne von § 37 SGB V. Neben der ärztlichen Behandlung hat der Ehemann der Patientin einen Heilpraktiker konsultiert. Dieser wiederum hat ein lymphentstauendes Medikament verordnet und dem Ehemann mitgeteilt, dass dieses durch die Krankenschwester verabreicht werden könnte. Die Krankenschwester verweigerte jedoch die Durchführung der Injektion. Hätte sie die Aufgabe übernommen, käme dies im rechtlichen Sinne einer Verletzung der Sorgfaltspflicht gleich.

▶ **Tipps**

Berücksichtigen Sie mögliche Wechselwirkungen von alternativen Pflegemethoden mit einer medikamentösen Behandlung. Stimmen Sie sich immer mit dem behandelnden Arzt ab, und beachten Sie die Dokumentation.

▶ Ärztliche Anordnung, Aufgabenstellung, Dokumentation, Haftung, Medikamente, Schmerz

Notizen für den Alltag

Arbeitnehmerhaftung

Haftung des Arbeitnehmers aufgrund des Arbeitsvertrages

Als Folge steigender Schadenersatzansprüche aus Behandlungs- und Pflegefehlern wurden die Haftpflichtprämien für die Einrichtungsträger angehoben. Dadurch kommt es auch vermehrt zu Rückgriffsforderungen des Arbeitgebers auf den Arbeitnehmer.

Grundsätzlich ist die Pflegestation aufgrund ihrer vertraglichen Pflichten zum Schutz der körperlichen Unversehrtheit des ihm anvertrauten Patienten verantwortlich. Eine schuldhafte (vorsätzliche oder fahrlässige) Verletzung dieser Pflicht kann sowohl einen Schadenersatzanspruch aus Vertragsverletzungen als auch einen deliktischen Anspruch (aus rechtswidrigem Handeln) begründen. Die Pflegestation haftet außerdem für Schäden, die ihr angestelltes Personal als Erfüllungsgehilfe rechtswidrig und schuldhaft (vorsätzlich oder fahrlässig) einem Patienten zufügt.

Rückgriffsanspruch des Arbeitgebers auf den Arbeitnehmer

Der Arbeitgeber kann nach allgemein üblichen Grundsätzen vom Arbeitnehmer Schadenersatz verlangen, wenn dieser seine arbeitsvertraglichen Verpflichtungen verletzt hat. Als haftungsmildernd für den Arbeitnehmer gegenüber seinem Arbeitgeber kann sich auswirken, wenn dem Arbeitgeber eine Mitschuld nachgewiesen werden kann. Dies ist dann der Fall, wenn der Arbeitgeber (Träger der Einrichtung) weder die gebotenen Anweisungen erteilt noch die erforderlichen Überwachungen durchgeführt hat, d. h. nur mangelhafte Arbeitsmaterialien zur Verfügung gestellt werden, die Arbeit nicht hinreichend organisiert ist, der Arbeitnehmer überlastet ist und seine Fähigkeiten offensichtlich überfordert sind, sowie Arbeitszeitvorschriften in erheblicher Weise verletzt worden sind.

Da die Pflegekraft in keinem vertraglichen Verhältnis mit dem Patienten steht, kommt eine direkte Inanspruchnahme nur aus deliktischem (rechtswidrigem) Handeln auf Schadenersatz und Schmerzensgeld in Betracht.

Voraussetzung dafür ist, dass schuldhaft Pflegefehler begangen werden, also vorsätzlich oder fahrlässig Leben, Körper oder Gesundheit des Patienten verletzt werden. Gegenüber dem Patienten haften sowohl Arbeitnehmer als auch Arbeitgeber, d. h. die Pflegestation als Gesamtschuldner. Der Patient kann entscheiden, wen er in Anspruch nimmt. Die Pflegekraft haftet z. B. bei einem Pflegefehler, der dadurch entstehen kann, dass eine Pflegemaßnahme zwar korrekt, aber erst verzögert eingeleitet wurde und damit zur Verschlechterung des Hautbefundes (Dekubitus) führt.

Mitverschuldungsaspekte des Arbeitgebers

- Fehlende Desinfektions- und Hygienepläne für die Räume und Geräte
- Nichtbeachtung der neuesten gesicherten Erkenntnisse von Wissenschaft und Technik
- Weigerung des Arbeitgebers, die Arbeitnehmer auf Fortbildungsveranstaltungen zu schicken
- Fehlen von Anweisungen für die verschiedenen Desinfektionen
- Mangelnde Umsetzung des Medizinproduktegesetzes
- Keine Anweisungen zur Kontrolle von Ergebnissen
- Mangelnde Übergabezeiten zwischen den Schichtdiensten
- Personelle Unterbesetzung

Leistet der Arbeitgeber (Träger) wegen eines schuldhaften, fehlerhaften Handelns seines Angestellten dem Patienten einen Schadenersatz, so kann er vom Angestellten aufgrund des Arbeitsvertrages die Rückerstattung des an den Patienten gezahlten Schadenersatzbetrages fordern. Der Rückgriff ist in den §§ 421 und 426 BGB geregelt.

Diese Rückgriffsmöglichkeit wurde durch die Rechtsprechung des Bundesarbeitsgerichts eingeschränkt, da bei gefahr- und schadensgeneigter Arbeit der Arbeitnehmer von seinem Arbeitgeber nicht schadenersatzpflichtig gemacht werden kann, wenn das Verschulden des Arbeitnehmers im Hinblick auf die besonderen Gefahren der übertragenen Arbeit nach den Umständen des Falles nicht schwer ist (leichte Fahrlässigkeit). Der Arbeitnehmer, als Schädiger, haftet aber gegenüber dem Arbeitgeber, wenn er dem Patienten den Schaden vorsätzlich, mittel oder grob fahrlässig zufügte.

War ein Arbeitnehmer als Schädiger verpflichtet, dem Patienten (Geschädigten) Schadenersatz zu leisten, kann er im Rahmen der gefahrengeneigten Arbeit von seinem Arbeitgeber auf dem Wege des Rückgriffs diese Schadenersatzleistung zurückfordern, sofern er leicht fahrlässig gehandelt hat. Dieser Rückgriff ist jedoch nicht möglich, wenn der Schaden vorsätzlich oder grob fahrlässig zugefügt wurde.

Beispiel

Urteil 1: Schäden, die ein Arbeitnehmer bei gefahrengeneigter Arbeit nicht grob fahrlässig verursacht, sind bei normaler Schuld (auch normale, leichte oder mittlere Fahrlässigkeit oder mittleres Verschulden genannt) in aller Regel zwischen Arbeitgeber und Arbeitnehmer zu teilen, wobei die Gesamtumstände von Schadensanlass und Schadensfolgen nach Billigkeitsgrundsätzen und Zumutbarkeitsgesichtspunkten gegeneinander abzuwägen sind (BGH Urteil vom 29.11.1990, I ZR45/89).

Urteil 2: Haftung des Arbeitnehmers
- Wenn er dem Arbeitgeber im Dienst einen hohen Schaden zufügt
- Bei grober Fahrlässigkeit in der Regel den Gesamtschaden
- Bei mittlerer Fahrlässigkeit unter Berücksichtigung des Einzelfalles zur Hälfte
- Bei leichtester Fahrlässigkeit nicht

(BAG, Urteil vom 23.01.1997, AZ: 8AZR893/95)

Beispiel

Fall: Eine Patientin kommt aus dem Krankenhaus und wird zur weiteren Grund- und Behandlungspflege von einer Pflegestation übernommen. Bei der Entlassung aus dem stationären Aufenthalt wurde keine Dekubitusrisikoeinschätzung durchgeführt. Die Mobilisierung und Lagerung wurde in den Pflegeunterlagen zwar erwähnt, aber nicht standardgerecht dokumentiert. Aufgrund eines späteren Gutachtens war ersichtlich, dass in der Pflegedokumentation der Pflegestation beschrieben war, dass die Versicherte Körperpflege benötigte. Die Patientin war außerdem harninkontinent und erhielt Einlagen. Laut Dokumentation wurde sie täglich mobilisiert und in den Rollstuhl gesetzt. An den Tagen, an denen sie sich nicht wohl fühlte, wurde sie im Bett gelagert. Am 28.09 wurde eine Rötung am Gesäß doku-

▼

mentiert sowie Mobilisierung und Lagerung. Am 04.10 wurde dokumentiert, dass sich trotz Lagerung und Mobilisierung im Steißbein eine ca. 1 cm große nekrotische Stelle entwickelt hatte. Am 05.10 wurde ein Wunddokumentationsbogen geführt. Es folgten eine tägliche Wundbeschreibung und -behandlung. Der Dekubitus vergrößerte sich weiterhin. Leider wurde mit der Wundbehandlung erst am 07.10 mit PC 30 V begonnen. Das Gutachten stellte fest, dass diese Wundbehandlung standardgerecht war, jedoch 8 Tage eher hätte durchgeführt werden müssen. Für den Pflegefehler waren die Pflegestation und auch die jeweils betreuende Pflegekraft im Zeitraum vom 29.09. bis 07.10 verantwortlich; sie sind daher mithaftbar.

> **Tipps**
Die Haftung für Schäden in der Behandlung und Pflege liegt zunächst beim Träger des Pflegedienstes und dessen im jeweiligen Rahmenvertrag benannter Pflegedienstleitung. Sie müssen bei Fahrlässigkeit mit einer Schadensbeteiligung oder vollen Haftung rechnen. Wesentlich in der Beweisführung ist für Sie die Dokumentation. Wichtig ist, dass Sie vorher erkannte Gefahren schriftlich mitgeteilt haben (▶ Remonstration). Unbedingt zu empfehlen sind eine persönliche Berufshaftpflichtversicherung und eine Berufsrechtsschutzversicherung.

▶ Haftung, Sorgfaltspflicht, Versicherungsschutz

Notizen für den Alltag

Arbeitsschutz/Arbeitssicherheit

Allgemeine Regelungen nach § 11 Arbeitsschutzgesetz (ArbSchG-Arbeitsmedizinische Vorsorge)

Beschäftigte haben das Recht auf arbeitsmedizinische Vorsorgeuntersuchungen, sofern sie Tätigkeiten ausüben, die zu einem Gesundheitsschaden führen können.

Spezielle Regelungen

Infektionsgefährdung

Bei Arbeitsplätzen mit Infektionsgefährdung ist vor Aufnahme dieser Tätigkeit eine Erstuntersuchung im Sinne der berufsgenossenschaftlichen Vorgaben nach G 42 zu veranlassen bzw. anzubieten. Die Untersuchungen sind durch ein arbeitsmedizinisches Institut regelmäßig durchzuführen und zu überwachen.

Empfohlene Schutzmaßnahmen: Für die ambulante Pflege gilt in der Regel die Schutzstufe 2. Diese umfasst Tätigkeiten, bei denen es regelmäßig und in größerem Umfang zu Kontakt mit Körperflüssigkeiten, Ausscheidungen oder Gewebe kommen kann, so dass eine Infektionsgefährdung durch Erreger der Risikogruppe 2 bzw. 3 besteht.

Hauterkrankungen/Feuchtarbeit

Spezielle arbeitsmedizinische Vorsorge

Neben der Feuchtarbeit birgt vor allem der Umgang mit Desinfektionsmitteln, Medikamenten und Gummihandschuhen ein erhöhtes Krankheitsrisiko für Kontaktekzeme.

Durchzuführende Schutzmaßnahmen

Bei der Feuchtarbeit haben technische und organisatorische Schutzmaßnahmen stets Vorrang vor der persönlichen Schutzausrüstung. Für die ambulante Pflege wäre zu prüfen, inwieweit technische und organisatorische Möglichkeiten vorliegen, um Mitarbeiter von der Feuchtarbeit zu befreien. Erhalten die Arbeitnehmer vom Unternehmer eine persönliche Schutzausrüstung (z. B. Handschuhe, Mundschutz etc.), ist sie nach § 21 Gefahrenstoffverordnung (GefStoffV) zu tragen.

Betriebsanweisungen und Unterweisungen

Der Unternehmer in der ambulanten Pflege hat Arbeitnehmer, die mit Feuchtarbeit beschäftigt werden, über mögliche Gefahren und entsprechende Schutzmaßnahmen zu unterweisen. Diese Unterweisung muss er vor Aufnahme der Beschäftigung und danach mindestens einmal jährlich mündlich und arbeitsplatzbezogen durchführen (§ 9 TRGS 531).

Abfallentsorgung

In der ambulanten Pflege sind vor allem zwei Abfallsorten zu beachten:
1. Spitze und scharfe Gegenstände (Kanülen von Spritzen und Infusionssystemen, Gegenstände mit ähnlichen Risiken für Schnitt- und Stichverletzungen)
2. Abfälle, an deren Sammlung und Entsorgung aus infektionspräventiver Sicht keine besonderen Anforderungen gestellt werden (Wäsche, Gipsverbände, Einwegkleidung, auch Stuhlwindeln)

Inhaber von ambulanten Pflegediensten sind verpflichtet, unter Zuhilfenahme entsprechender Betriebsärzte, Fachärzte und Fachkräfte für Arbeitssicherheit die gesetzlichen Anforderungen für die Betriebs- und Arbeitssicherheit einzuhalten und umzusetzen. Die Mitarbeiter müssen hierüber regelmäßig informiert werden.

> ❯ Tipps
>
> Als Inhaber eines ambulanten Pflegedienstes sind Sie auf zugelassene Institute oder Ärzte angewiesen, um entsprechende Regelungen einhalten bzw. Änderungen umsetzen zu können. Sichern Sie eine Einhaltung der gesetzlichen Anforderungen durch vertragliche Zusammenarbeit.

Ärztliche Anordnung und Ausführung ärztlicher Anordnungen

Ärztliche Anordnungen

Ärztliche Anordnungen sind Hauptbestandteil der Häuslichen Krankenpflege. In der Häuslichen Krankenpflege werden nach SGB V auf der Grundlage der Verordnungsrichtlinien (s. Verordnungsrichtlinie Häusliche Krankenpflege nach § 92 Abs. 7 SGB V) Maßnahmen verordnet, bei der Krankenkasse eingereicht und im Bedarfsfall genehmigt. Schriftlich dargelegt werden sollten die Diagnose, außerdem Grund, Anzahl, Häufigkeit sowie Dosierung der durchzuführenden Maßnahme. Ärztliche Anordnungen müssen in jedem Falle schriftlich fixiert vorliegen und für den Patienten und den durchzuführenden bzw. beauftragten Pflegedienst verständlich und eindeutig sein.

Die Anordnungsverantwortung für medizinisch-diagnostische und therapeutische Maßnahmen trägt grundsätzlich der Arzt. Nach überwiegender Meinung ist die Durchführung von Injektionen, Infusionen und Blutentnahmen grundsätzlich dem Arzt vorbehalten. Er darf diese Tätigkeiten dem Assistenzpersonal übertragen, ist damit aber zur Aufsicht und Kontrolle der für ihn tätig werdenden Personen verpflichtet. Die Pflegeperson führt die verordnete Maßnahme im Sinne des Altenpflegegesetzes § 3,2. oder des Krankenpflegegesetzes § 3 (2) 2.a,b aus. Der Arzt haftet strafrechtlich und zivilrechtlich für die ordnungsgemäße Anordnung, bezogen auf den Patienten und den Adressaten der Anordnung.

Die Durchführungsverantwortung für die verordnete Maßnahme übernimmt die Pflegeperson. Bestehen Bedenken bezüglich der Verordnung, müssen diese umgehend dem Arzt mitgeteilt werden (Remonstrationsrecht, -pflicht). Bleibt der Arzt trotz dieser Bedenken bei seiner Anordnung, so trifft ihn im Schadensfall die alleinige Verantwortung. Das häufige Argument, der Arzt sei nicht verfügbar gewesen, kann nur im äußersten Notfall gelten, denn Anordnungen durch den Hausarzt können auch per Fax oder per E-Mail erfolgen.

Der Arzt darf die Durchführung von intravenösen Injektionen, Infusionen oder Blutentnahmen an den Pflegedienst übertragen. Dieser garantiert dem Arzt die fach- und patientengerechte Durchführung auf Grundlage seiner Kassenzulassung im Sinne des SGB und bestimmt die ausführende Person.

Verpflichtungen zur schriftlichen ärztlichen Anordnung
Verpflichtungen ergeben sich u. a. aus:
- Ärztlichem Standesrecht (§ 15 MBÖ-Ä)
- Deliktsrecht (§ 810 BGB)
- Ständiger Rechtsprechung des BGH
- SGB V (Krankenversicherungsrecht)

Eine Pflegeperson kann sich einer Anordnung dann verweigern, wenn sie sich für diese Maßnahme fachlich nicht oder nicht ausreichend qualifiziert fühlt. Dies gilt insbesondere für die Injektion von Zytostatika, Herzmedikamenten und weiteren Medikamenten, bei denen häufiger Zwischenfälle bekannt wurden.

In vielen Pflegediensten gibt es angesichts der haftungsrechtlichen Verantwortung Spritzenscheine als Befähigungsnachweise. Dieser Spritzenschein entbindet aber nicht von der Durchführungsverantwortung, d. h. eine individuelle, rechtliche Würdigung von Komplikationen durch Injektionen. Der Spritzenschein ist lediglich eine organisatorische Möglichkeit, um die Qualifikation einzelner Pflegekräfte für bestimmte Injektionen formal festzulegen. Denn bei den Befähigungen geht es um ursprünglich ärztliche, nicht standardmäßig zu delegierende Tätigkeiten.

❗ Der Befähigungsnachweis entbindet nicht von der Übernahmeverantwortung und Durchführungsverantwortung der jeweiligen Maßnahme durch die Pflegeperson. Es ist hiermit lediglich die Anordnungshaftung des Arztes geprägt.

Wie die Ausführung ärztlicher Verordnungen geregelt ist, muss im Sinne der Organisationsverantwortung durch die Leitung bzw. den Träger des Pflegedienstes formuliert werden. Hierin sollten die Ziele von stellenbeschreibenden Dienstanweisungen Berücksichtigung finden, die auf Grundlage von Standards erarbeitet werden. Somit erfüllt der Träger die Garantenstellung auf Basis des Pflegevertrages mit dem Patienten.

In der ambulanten Pflege liegen zur Problematik keine Rechtsprechungen vor, daher folgt hier ein inhaltlich übertragbarer Fall aus dem stationären Bereich.

Beispiel

Urteil: Der Stationsarzt erteilte eine Anordnung zur Verabreichung einer Infusionsflasche mit Kaliumchlorid. Die Stationsschwester beauftragte eine Lernschwester, die jedoch 10 ml Kaliumchlorid 7,45%ig unmittelbar in den Infusionsschlauch spritzte, anstatt wie vorgesehen in die Infusionsflasche. Das 6-jährige Kind kollabierte sofort. Trotz Wiederbelebungsmaßnahmen und Verlegung ins Deutsche Herzzentrum verstarb es unter dem klinischen Zeichen des Kreislaufstillstandes. Die Stationsschwester hielt die Lernschwester aufgrund ihres Ausbildungsstandes (2,5 Jahre) und der bisher gezeigten Zuverlässigkeit für berechtigt und in der Lage, die 10 ml Kaliumchlorid in die angelegte Infusionsflasche zu spritzen. Die Staatsanwaltschaft beim Landgericht München erhob Klage wegen fahrlässiger Tötung gegen den Chefarzt, den Stationsarzt, die Stationsschwester und die Lernschwester (LG München I, 16. Strafkammer, Urteil vom 27.10.1978, AZ: 16KLS124JS431276).

Zur Urteilsbegründung: Das LG München hat den Chefarzt und den Stationsarzt vom Vorwurf der Anklage freigesprochen. Dem Chefarzt könne ein Anweisungs- und Auswahlfehler nicht vorgeworfen werden. Er konnte sich darauf verlassen, dass der seit längerer Zeit auf Station tätige Stationsarzt dafür Sorge tragen würde, dass gerade auch einfache Behandlungen, die allerdings lebensgefährlich sein können, von erfahrenen, gut ausgebildeten Kräften ausgeführt werden. Eine Pflichtverletzung, begangen durch Unterlassung, konnte dem Chefarzt ebenfalls nicht zum Vorwurf gemacht werden. Er hat zwar nicht ausdrücklich angeordnet, dass nur voll ausgebildete, examinierte Pflegekräfte Injektionen, Transfusionen und Infusionen durchführen dürfen, gleichwohl hat er im Unterricht mehrfach darauf hingewiesen, dass Injektionen grundsätzlich nicht von Schwesternschülern vorgenommen werden dürfen. Wenn dies dennoch einmal notwendig sei, nur unter genauester Beaufsichtigung durch einen Arzt oder eine voll ausgebildete Pflegekraft. Im Rahmen der Handlungsverantwortung wurde die Stationsschwester verwarnt. Gegen sie wurde eine Geldstrafe von 50 Tagessätzen zu je DM 20,- festgesetzt. Die Verurteilung zu dieser Strafe blieb vorbehalten. Das LG München verurteilte die Lernschwester, mit einer Freiheitsstrafe von 8 Monaten auf Bewährung wegen fahrlässiger Tötung.

Wenn Sie in einem Pflegedienst arbeiten, die Befähigungsnachweise für Injektionen (»Spritzenscheine«) nutzt, dürfen Sie erst nach Erhalt dieses Scheines entsprechende Injektionen verabreichen. Ansonsten können Sie bei Komplikationen zur Rechenschaft gezogen werden. Überträgt ein Arzt Tätigkeiten wie i.v.-Injektionen, Infusionen und Blutentnahmen an eine Pflegeperson, so trägt jedoch er die Anordnungsverantwortung. Die Pflegeperson übernimmt die Durchführungsverantwortung. Diese Anordnung zur Durchführung sollte schriftlich erteilt werden und alle Details wie z. B. Dosis, Zeit und Applikationsart beinhalten. Fühlt sich die Pflegeperson aufgrund ihres Ausbildungsstandes nicht in der Lage, die Anordnung durchzuführen, so ist ihre Verweigerung zulässig, da die Umsetzung der Anordnung eine Gefährdung des Patienten bedeuten würde.

Telefonische Anordnungen durch den Arzt

In Bezug auf Verbindlichkeit und Rechtswürdigkeit von telefonischen Anordnungen besteht grundsätzlich die Gefahr, dass es bei der Übermittlung zu Missverständnissen kommt. Deshalb sollten Anweisungen nur in äußersten Notfällen telefonisch übermittelt werden. Dabei ist wichtig, dass die Pflegeperson die Anordnung schriftlich fixiert und dem Arzt gegenüber wiederholt. In der Dokumentation ist dies mit dem Kürzel »TA« zu vermerken und die Unterschrift des Arztes umgehend einzuholen. Bei telefonischen Anweisungen des Arztes muss sichergestellt sein, dass der Übermittelnde der Anweisung dazu berechtigt ist. Patientendaten und Therapie/Maßnahmen müssen übereinstimmen und die Anordnung darf nicht im Widerspruch zur früheren oder parallel laufenden ärztlichen Anweisung stehen.

! Wenn der Pflegedienst nicht lückenlos nachweisen kann, wer, wann, welche Anweisung gegeben hat, trägt er die volle Verantwortung und haftet für den entstandenen Schaden.

Kommt es nach einem Übermittlungsfehler zum Rechtstreit, wird sicherlich der Arzt zunächst mit der Hauptschuld belastet, da er sich entschieden hat, die Anordnung telefonisch vorzunehmen.

Beispiel
Fall 1: Im Pflegedienst geht der Anruf eines bis dahin unbekannten Arztes ein. Es werden Patientendaten übermittelt und Injektionen angeordnet. Die entsprechende Verordnung wird für den nächsten Tag in Aussicht gestellt. Der Pflegedienst notiert den telefonisch übermittelten Pflegeauftrag und führt die verordnete Maßnahme beim entsprechenden Patienten durch. Am nächsten Tag stellt sich heraus, dass es sich um einen anderen Patienten und um eine andere Maßnahme handelte.

Auch wenn in der Häuslichen Krankenpflege die telefonische Übermittlung gängige Praxis ist, sollte der Pflegedienst genauestens dokumentieren, um die Zweifelsfreiheit zu gewährleisten. Im erwähnten Fallbeispiel hat der Pflegedienst nur die Möglichkeit, nicht in Haftung genommen zu werden, wenn er alle Schritte der Anweisung lückenlos nachweisen kann. Wichtig ist auch, sich die jeweilige Telefonnummer zu notieren und nach dem Gespräch noch einmal zurückzurufen und über den Pflegeauftrag nachzufragen.

> **Tipps**
> Bestehen Sie im Einzelfall auf schriftliche Anweisungen, zur Not per Fax oder E-Mail. Notieren Sie genau, mit wem Sie telefoniert haben, zu welcher Zeit und wiederholen Sie die Anweisungen. Sinnvoll ist, wenn die Pflegekraft, sofern möglich, vor dem ersten Einsatz noch einmal in der Praxis vorbeifährt, um die vom Arzt unterschriebene und abgestempelte Verordnung bzw. Bestätigung des Pflegeauftrages einzuholen.
> Sollte eine telefonische Anordnung unumgänglich sein, so wiederholen Sie die Anordnung während des Telefongesprächs und äußern Sie Ihre Bedenken. Dokumentieren Sie die Anordnung und ggf. Ihre Einwände und lassen Sie diese umgehend abzeichnen. Grundsätzlich muss eine ärztliche Anordnung schriftlich und unterschrieben vorliegen. Bestehen Sie darauf, denn was nicht dokumentiert ist, ist auch nicht verordnet!

Bei der Dokumentation hilft die **Sechs-R-Regel** (▶ Übersicht).

Sechs-R-Regel

- Richtiger Patient
- Richtiges Medikament
- Richtige Dosierung
- Richtige Applikationsform
- Richtiger Zeitpunkt
- Richtige Vitalzeichen – Eckwerte

Ausführen ärztlicher Anordnungen

Pflegedienste, die eine Zulassung der Häuslichen Krankenpflege nach SGB V haben, benötigen Anordnungen/Verordnungen des Arztes, um die delegierten Leistungen beim Patienten durchführen zu können. In Einzelfällen, gerade in der Wundversorgung, müssen Pflegekräfte oft bereits längst überholte medizinisch-pflegerisch nicht vertretbare Methoden durchführen.

Alle ärztlich delegierten Tätigkeiten, die vom Pflegedienst ausgeführt werden, stehen unter der ständigen Verantwortung der leitenden Pflegefachkraft (PDL). Diese ist auf der Grundlage des Rahmenvertrages §§ 132 und 132a SGB V verpflichtet, sich von der Befähigung des einzelnen Mitarbeiters im Pflegedienst zu vergewissern.

Beispiel

Fall 2: Auf Anordnung eines Arztes soll eine Wunde mit Berubalsam bzw. Honig eingestrichen werden. Der Arzt besteht auf diese Methode, da er nach eigenen Angaben gute Erfahrungen damit gemacht hat. Der Pflegedienst führt die Anordnung durch. Es kommt zu massiven Wundheilungsstörungen. Der Patient wird ins Krankenhaus eingewiesen und fordert Schadenersatz vom Pflegedienst, da dieser im Pflegevertrag die Leistungen nach aktuellem Stand medizinischer und pflegerischer Wissenschaft zugesichert hat. Der Pflegedienst hätte erkennen müssen, dass diese Therapieform nicht mehr zeitgemäß ist. Die alleinige Genehmigung durch die Krankenkasse ist noch keine Legitimation, Handlungen durchzuführen, die im krassen Widerspruch zu medizinisch-pflegewissenschaftlichen Erkenntnissen stehen.

❯ Tipps

Der Pflegedienst sollte den entsprechenden Arzt im Sinne der Remonstration über seine Zweifel schriftlich informieren. Er sollte auf entsprechende Standards verweisen und ggf. mit einem Krankenhaus Rücksprache halten. Sinnvoll ist es, sowohl die Krankenkasse als auch den Patienten darüber zu informieren. Sollte der Arzt seine Entscheidung nicht korrigieren, ist es für den Pflegedienst ratsam, die entsprechende Behandlung abzulehnen. Auch wenn die Verordnungskompetenz eindeutig bei den Ärzten zu suchen ist, ist eine Mithaftung und Mitverantwortung des entsprechenden Pflegefachpersonals unstreitig.

▶ Aufgabenstellung, Delegation, Dokumentation, Infusion, Injektion, Leistungsrecht, Rahmenverträge, Remonstration

Aufgabenstellung

Die Berufe der Alten-, Kranken- und Kinderkrankenpflege gelten im Sinne von Artikel 74 des Grundgesetzes, Abs. 1, Nr. 19 als »anderer Heilberuf«. Grundlage für die Tätigkeit und die Verantwortlichkeit in der Alten-, Kranken- und Kinderkrankenpflege sind das Altenpflegegesetz vom 25.08.2003 (BGBl I S. 1690) und das Krankenpflegegesetz vom 16.07.2003 (BGBl I S. 1442). Die Gesetze regeln die Erlaubnis zum Führen der Berufsbezeichnung und so auch zur Wahrnehmung der Aufgaben im Sinne der Ausbildungsziele (§ 3).

Verantwortung und Tätigkeitsmerkmale der Pflege

Ein hohes Maß an Spannungen und Konflikten im pflegerischen Alltag entsteht durch die nicht gesetzlich definierten und anerkannten vorbehaltenen Aufgaben der Pflegeberufe. Dennoch sind im Alten- und im Krankenpflegegesetz die eigenverantwortlichen pflegerischen Aufgaben und die Mitwirkung bei ärztlichen Maßnahmen als Ausbildungsziel definiert. Diese Definition ist gerade für die kooperative Zusammenarbeit mit der Ärzteschaft, aber auch gegenüber der Laienpflege, zur klaren Abgrenzung der Verantwortung sehr wichtig.

Mit den aktuellen Gesetzen wurde der Kernbereich der Pflege mit eigenverantwortlichen und mitverantwortlichen Aufgabenbereichen festgelegt. So geht aus dem Urteil des Bundesverfassungsgerichts zum Altenpflegegesetz vom 24.10.2002 hervor: »Klare Unterscheidungen zwischen Einsatzbereichen von Fachkräften und ausgebildeten Helfern sind erforderlich und gesetzliche Regelungen zur Abgrenzung der Tätigkeiten notwendig«.

Besonderes Spannungspotential arbeitsrechtlicher und zivilrechtlicher Auseinandersetzungen offenbaren Blutentnahmen, intravenöse Injektionen und Injektionen in liegende Kathetersysteme sowie Infusionen.

Mit dem Pflegeversicherungsgesetz (SGB XI, § 71) wurden für die Leitungs- und Koordinationsfunktionen bereits Vorbehalte für Pflegefachkräfte der Kranken- sowie Altenpflege verankert und in § 80, im Rahmen der Qualitätssicherung, fortgeführt. Für den pflegerischen Alltag ist es daher wichtig, dass durch Festlegung der eigenen Aufgabenfelder der Pflege, u. a. durch Standards, Stellenbeschreibungen und Dienstanweisungen, auch berufsfremde Aufgaben definiert und geregelt sind.

Organisatorische Regelung

Als Orientierung für die einrichtungsinterne organisatorische Regelung kann der Beschluss des Vorstandes der Bundesärztekammer vom 18.04.1980 (veröffentlicht im Deutschen Ärzteblatt vom 03.07.1980) dienen. Demgemäß sind:

■ [...] für die Durchführung von Injektionen, Infusionen und Blutentnahmen folgende Hinweise zu beachten:

- Dem Arzt obliegen in eigener Verantwortung alle diagnostischen und therapeutischen Entscheidungen für den Patienten. Dem Krankenpflegepersonal obliegt die umfassende Krankenpflege (Grund- und Behandlungspflege) des Patienten.

- Injektionen, Infusionen, Blutentnahmen und Bluttransfusionen sind Aufgaben des Arztes. Zum Aufgabenbereich von Krankenschwestern, Krankenpflegern und Kinderkrankenschwestern gehören die Vorbereitung dieser Maßnahmen und die im Zusammenhang mit den Maßnahmen notwendige Beobachtung der Patienten.

■ Wenn der Arzt die Durchführung von Maßnahmen seines Aufgabenbereiches im Rahmen der Behandlungspflege auf Krankenpflegepersonen überträgt, müssen folgende Voraussetzungen erfüllt sein:

- Der Arzt muss sorgfältig prüfen und danach entscheiden, welche Maßnahme die Krankenpflegepersonen durchführen sollen.

- Das Anlegen und Wechseln von Blutkonserven darf er nicht übertragen. Der Arzt muss im Übrigen auf eine Übertragung verzichten, wenn auf einem zu verabreichenden Medikament sein persönliches Tätigwerden gefordert wird.

- Der Arzt darf nur Krankenschwestern, Krankenpfleger und Kinderkrankenschwestern und unter diesen nur solche beauftragen, die für die jeweils zu übernehmende Aufgabe qualifizierte Kenntnisse, Fertigkeiten und Fähigkeiten nachweisen. Für die Durchführung von intramuskulären und intravenösen Injektionen, Infusionen und Blutentnahmen muss die Qualifikation der Krankenpflegepersonen durch einen Arzt festgestellt und durch den leitenden Abteilungsarzt schriftlich bestätigt worden sein; die Anerkennung einer erfolgreich durchlaufenen Weiterbildung in der Intensivpflege ersetzt diese Bestätigung. Die allgemeine Überwachungs- und Beaufsichtigungspflicht des Arztes bleibt unberührt.

- Der Arzt darf die Durchführung von intravenösen Injektionen, Infusionen und Blutentnahmen nur an die einzelne Krankenpflegeperson übertragen; die Durchführung von subkutanen und intramuskulären Injektionen kann er generell auf die nach Nr. 2.2. qualifizierten Krankenpflegepersonen übertragen.

— Der Arzt hat für den Patienten Anordnungen über die Durchführung von Injektionen, Infusionen und Blutentnahmen zu treffen. Dabei hat er den Gesamtzustand des Patienten, den Schwierigkeitsgrad der Verrichtung und ggf. die Wirkung und Gefährlichkeit des zu verabreichenden Medikamentes zu berücksichtigen; über mögliche Nebenwirkungen und Gefahren hat der Arzt die Krankenschwester, den Krankenpfleger oder die Kinderkrankenschwester zu informieren. Der Arzt muss selbst tätig werden, wenn Umstände erkennbar sind, die die zu verabreichende Injektion durch den Arzt selbst erforderlich machen.

— Die ärztliche Anordnung ist schriftlich festzuhalten und vom Arzt abzuzeichnen. Dabei ist der Patient namentlich zu benennen sowie das zu verabreichende Medikament, dessen Menge, Art und Zeitpunkt der Verabreichung zu bestimmen.

— Soweit Krankenschwestern, Krankenpfleger und Kinderkrankenschwestern unter den in Nr. 2 genannten Voraussetzungen Injektionen, Infusionen und Blutentnahmen durchführen, obliegt dem Arzt die Anordnungsverantwortung, den Krankenpflegepersonen die Durchführungsverantwortung.

— Intravenöse Injektionen und Infusionen dürfen nur unter unmittelbarer Aufsicht und Anleitung eines Arztes erlernt werden. Die Durchführungsverantwortung trägt der anleitende Arzt.

— (Kinder-)Krankenpflegeschüler dürfen nur zum Zwecke ihrer Ausbildung unter unmittelbarer Aufsicht und Anleitung eines Arztes oder einer Krankenpflegeperson, die unter den Voraussetzungen und im Rahmen der Nrn. 2 und 3 tätig wird, subkutane und intramuskuläre Injektionen sowie venöse Blutentnahmen durchführen. Die Durchführungsverantwortung trägt die anleitende Person.

— Krankenpflegehelferinnen und Krankenpflegehelfer im Krankenhaus dürfen nach gründlicher praktischer Berufserfahrung und entsprechender Unterweisung subkutane Injektionen durchführen; die Nrn. 2 und 3 gelten entsprechend.

— Diese Informationen müssen in dem jeweiligen Pflegebereich bekannt und konstruktiv miteinander zur Sicherheit der Patienten und des Zusammenwirkens der Berufsgruppen abgestimmt sein.

Anmerkung: Die Berufsbezeichnungen der Krankenpflege und Kinderkrankenpflege haben sich mit dem Krankenpflegegesetz vom 16.07.2003 geändert. Krankenpflegehilfe und Kinderkrankenpflegehilfe sind hierin nicht mehr enthalten. Durch das Altenpflegegesetz vom 25.08.2003 (§ 3) sind auch Altenpfleger zur Ausführung ärztlicher Verordnungen berechtigt.

Vorgehen bei pflegefremden Tätigkeiten

So genannte pflegefremde Tätigkeiten, die jeweils in der Organisationsstruktur des Trägers liegen, sind vornehmlich unter haftungsrechtlichen Aspekten klar zu definieren. Hierzu gehören Verwaltungsaufgaben, Hol- und Bringdienste, ärztliche Tätigkeiten und Tätigkeiten anderer Dienstbereiche.

Gutachten zur Kooperation und Verantwortung

Am 03.07.07 wurde vom Sachverständigenrat zur Begutachtung der Entwicklung im Gesundheitswesen 2007 ein Gutachten an die Bundesministerin für Gesundheit übergeben. Das Gutachten zeigt umfassende und aufeinander abgestimmte Konzepte für eine zielorientierte Gesundheitsversorgung im Sinne der Kooperation und Verantwortung aller Akteure im Gesundheitswesen. Die Ziele setzen darauf, in Form adaptiver Reformvorschläge zum Abbau vorhandener Defizite beizutragen:

- Die Entwicklung der Zusammenarbeit der Gesundheitsberufe als Beitrag zu einer effizienten und effektiven Gesundheitsversorgung
- Integrierte Versorgung in der GKV: Entwicklung, Stand und Perspektiven
- Krankenhauswesen: Planung und Finanzierung
- Qualität und Sicherheit: Angemessenheit und Verantwortlichkeit in der Gesundheitsversorgung
- Primärprävention in vulnerablen Gruppen

Die Empfehlungen des Rates orientierten sich an neuen Konzepten der Teamarbeit und können nur bei einem grundsätzlichen Umdenken aller Heilberufe gelingen. Der Rat hat u. a. empfohlen:

- Eine Modellklausel zur stärkeren Einbeziehung nicht-ärztlicher Gesundheitsberufe.

- Die Übertragung von Tätigkeiten, die das Versorgungssystem bisher unzureichend abdeckt, auf nicht-ärztliche Gesundheitsberufe, z. B. im Bereich der Prävention.
- Eine größere Handlungsautonomie der nichtärztlichen Berufe, z. B. die Verordnung von Pflegebedarfsartikeln durch die Pflege.
- Poolkompetenzen für Tätigkeiten, die von mehreren Berufsgruppen ausgeführt werden können.
- Die Profilierung der Ausbildung aller Gesundheitsberufe als kommende Aufgabe der Medizinischen Fakultäten.

❯ **Tipps**

Bestehen Sie auf klare Regelungen für Aufgabenstellung und Verantwortung, die in Form von Standards und Dienstanweisungen formuliert sein sollten. Dies ist im Sinne der Organisations-, Anordnungs- und Durchführungsverantwortung bzw. -haftung wichtig.

▶ Altenpflegegesetz, Ärztliche Anordnung, Delegation, Krankenpflegegesetz

Notizen für den Alltag

Aufklärung von Patienten

Ein Patient muss vor einer diagnostischen Maßnahme oder einer Operation über die Dringlichkeit dieser Maßnahme unterrichtet werden. Daher unterliegt dem Arzt die Beweislast, dass eine vollständige und richtige Aufklärung durchgeführt wurde (BGH vom 26.06.1990, VI ZR289/89).

Ärztliche Aufklärung

Sicherungsaufklärung

Der Patient erhält therapeutische Hinweise, wie er sich vor, während und nach der ärztlichen Behandlung zu verhalten hat. Hierzu gehören die Information über Nebenwirkungen bei der Einnahme des Medikamentes oder der Hinweis, dass er anschließend absolute Bettruhe einhalten muss.

Selbstbestimmungsaufklärung

Vor Beginn der Behandlung wird über den zu erwartenden Verlauf und die Risiken der ärztlichen Maßnahmen aufgeklärt. Inhalte dieser Aufklärung sollten sein:

- Ärztlicher Befund
- Art, Umfang und Durchführung der geplanten Maßnahmen
- Zu erwartende Heilungs- und Besserungsmöglichkeiten mit und ohne Maßnahme
- Vor- und Nachteile einzelner Behandlungsarten, wenn mehrere Möglichkeiten zur Verfügung stehen
- Mögliche Misserfolge und Nebenwirkungen (Risiken der Behandlung)

> **Beispiel**
>
> **Urteil:** Die Beweispflicht für eine vollständige und zutreffende ärztliche Aufklärung obliegt dem Arzt. Sollte es dem Arzt nicht gelingen, den Nachweis ausreichender ärztlicher Aufklärung zu erbringen, so hat er für den in Folge dieses ärztlichen Eingriffs entstandenen Schaden zu haften, sofern er nicht den Nachweis erbringen kann, dass sich der Patient auch bei ordnungsgemäßer Aufklärung zur Operation entschlossen hätte (BGH, Urteil vom 26.06.1990, AZ: VI ZR289/89, Düsseldorf).

Zeitpunkt und Umstände der Aufklärung

Patienten auf der Allgemeinstation, in der Ambulanz, im Operationsdienst, in der Endoskopie oder in der Anästhesie beklagen sich oft, dass sie sich noch nicht ausreichend über Notwendigkeit, Art und Umfang eines Eingriffs aufgeklärt fühlen. Nach Urteil des Bundesgerichtshofes vom 25.03.2002 (AZ: VIZR178/93) muss dem Patienten durch rechtzeitige Aufklärung Gelegenheit gegeben werden, die Gründe für und wider den Eingriff in Ruhe abwägen zu können. Handelt es sich um schwerwiegende Eingriffe, so kann es unter Umständen dazu kommen, dass auch bei ambulanten Operationen eine Aufklärung am Tag des Eingriffs nicht mehr rechtzeitig und eine Aufklärung vor der Tür des Operationssaales zu spät erfolgt. Für die Pflegenden ist es daher notwendig, ein Gespräch zwischen Arzt und Patienten zu vermitteln. Genauso wichtig ist, dass Pflegende den Patienten in seiner Vitalität, Aufnahmekraft erkennen und unterstützen.

❗ Beachten Sie, dass reduzierende Maßnahmen, wie sedierende Medikamente, erst dann verabreicht werden dürfen, nachdem ein Gespräch zwischen Arzt und Patienten stattgefunden hat.

Erklärung durch das Pflegepersonal

Das Pflegepersonal wird häufig von Patienten gebeten, Auskünfte zum Krankheitsbefund zu geben oder anstehende Eingriffe zu erklären.

❗ Grundsätzlich umfasst eine Aufklärung die diagnostischen und therapeutischen Möglichkeiten und fällt damit klar in den alleinigen Zuständigkeitsbereich des Arztes.

Das Pflegepersonal besitzt kein eigenes Aufklärungsrecht und damit auch keine Aufklärungspflicht gegenüber dem Patienten. Dennoch muss auch von Pflegepersonen im Rahmen der Mitwirkungspflicht beachtet werden, dass eine patientenorientierte Aufklärung stattfindet.

▶ **Tipps**
Waren Sie bei der Aufklärung durch den Arzt **nicht** anwesend, so müssen Sie den Patienten an den Arzt verweisen, da Sie nicht wissen, was dieser dem Patienten gesagt hat. Sind Sie über den Inhalt und Umfang der ärztlichen

Aufklärung informiert, so können Sie die Angaben des Arztes verdeutlichen oder erläutern. Die ärztlichen Angaben dürfen hierbei nicht eigenständig interpretiert oder ergänzt werden, z. B. bei der Frage nach Nebenwirkungen des geplanten Eingriffes. Sollte der Patient auf eine Aufklärung/Beratung oder auf die Ausführung der Aufklärung verzichten, sollte das auf jeden Fall zur Beweissicherung in den Patientenunterlagen dokumentiert werden.

Erstaufklärung des Patienten/der Angehörigen vor Pflegebeginn

In der ambulanten pflegerischen Versorgung ist der erste Besuch beim Patienten ein wichtiges Instrument zur Koordination, Information und Aufklärung. Neben der konkreten Pflegeplanung wird die Einrichtung vorgestellt sowie Absprachen zu Pflegevertrag und Leistungen getroffen. Umso wichtiger ist es, dass neben den rein pflegerischen und organisatorischen Dingen auch Haftungsfragen angesprochen werden, um eventuelle Standardsituationen für den Patienten und seinen Angehörigen nachvollziehbar und transparent zu gestalten.

Patienten und Angehörige sollten beim ersten Besuch auch auf Notfallsituationen hingewiesen werden. So ist im Rahmen der Sorgfaltspflicht bei Nichtöffnen des Patienten im Zweifelsfall die Feuerwehr zu holen.

Beispiel

Fall: Der Pflegedienst betreut bereits mehrere Monate eine Insulinpatientin. Eines Morgens öffnet die Patientin nicht. Weder Tochter noch Hausarzt sind zu erreichen. Die Pflegedienstleitung verständigt daraufhin die Feuerwehr. Diese bricht die Tür auf. Die Patientin war jedoch außerhalb der Wohnung beim Einkaufen. Es fallen Reparaturkosten in Höhe von knapp € 400,- an. Die Patientin und ihre Tochter weigern sich, die Rechnung der Wohnungsbaugesellschaft zu bezahlen. Da die Pflegestation jedoch lückenlos nachweisen konnte, dass sie im ersten Beratungsgespräch über das Handeln in Notfallsituationen hingewiesen hat, musste die Patientin letztlich doch die Kosten für den Einsatz tragen.

▶ Sorgfaltspflicht

Aufzeigen von Bedenken

Der Begriff der Überlastungsanzeige bei personellen Engpässen ist inzwischen etabliert. Die für den jeweiligen Dienst zuständige Pflegekraft sollte aus rechtlichen Gründen der Pflegedienstleitung bei Unterbesetzung bzw. Fehlplanung umgehend ihre Bedenken schriftlich mitteilen, damit befreit sie sich von der Organisationshaftung. Der Empfang ist schriftlich zu bestätigen.

Meldet die verantwortliche Pflegeperson vor Ort ihre Bedenken nicht an, kommt dies einer Zustimmung der Situation gleich. Damit trägt sie die volle rechtliche Verantwortung, d. h. die volle Organisationsverantwortung und -haftung für eine gefährliche Pflege im Sinne des Übernahmeverschuldens. Eine Fehlleistung könnte aus einer Situation resultieren, die bei normalem Personalbestand nicht eingetreten wäre. Dieses ist z. B. der Fall:

- wenn eine Pflegekraft sieben Patienten pro Stunde versorgen soll und dieses in der objektiven Beurteilung nicht durchführbar ist.
- wenn durch den Dienstauftrag andere betriebs-, arbeits- und verkehrsrechtliche Regelungen nicht eingehalten werden können.
- wenn das Verfallsdatum der Schmerzpflaster ein Jahr überschritten ist und der Hausarzt kein neues verordnen möchte.

> **Tipps**
> Eine nicht schriftlich dokumentierte Form erhöht Ihre Beweislast! Lassen Sie sich den Empfang des Schreibens entweder bestätigen oder durch eine Kollegin überbringen. Diese kann die Übergabe des Schreibens später bezeugen.

Beispiel

Muster eines Schreibens an die Pflegedienstleitung
Betr.: Personalsituation in unserem Pflegedienst
Sehr geehrte/r ...,
seit inzwischen 4 Wochen ist die Personalbesetzung unseres Pflegedienstes aus verschiedenen Gründen dezimiert. Dieses ist durch unsere Dienstpläne belegt. So sind derzeit pro Tour für 25 Patienten in hohem Pflegeaufwand maximal 20 Minuten Pflegezeit pro Patient eingeplant. Eine angemessene Pflege ist unter diesen Bedingungen, unter Berücksichtigung des Pflegeleitbildes, der Standards, der Richtlinien und der Handlungsempfehlungen

▼

der Pflegewissenschaft, nicht durchzuführen. Ich zeige Ihnen hiermit meine Bedenken bezüglich der sich abzeichnenden gefährlichen Pflege auf und bitte Sie dringend um organisatorische Entlastung, da ich die Organisationsverantwortung unter diesen Aspekten nicht tragen kann.
Mit freundlichen Grüßen

> **Tipps**
Ergeben sich keine organisatorischen Veränderungen, so sollten Sie zeitnah ein weiteres Schreiben auch nachrichtlich an den Träger des Pflegedienstes richten, mit dem Hinweis auf Mängel und sich abzeichnende Gefährdungen. Hierdurch ziehen Sie sich als verantwortliche Pflegekraft zivilrechtlich aus dem Zentrum der Verantwortung. Strafrechtlich wirkt Ihr Schreiben nicht strafbefreiend, möglicherweise aber strafmildernd.

► Haftung, Remonstration, Verantwortung

Notizen für den Alltag

Bedarfsmedikation

Der Begriff »Bedarfsmedikation« ist unklar und darf nicht Grundlage für pflegerisches Handeln sein. Eine Medikation muss jeweils konkret auf die Situation des Patienten hin erfolgen. Der Arzt hat Anordnungen der Therapie grundsätzlich schriftlich darzulegen. Deshalb ist eine pauschale Bedarfsmedikation rechtlich problematisch. Diese Anordnung ist unkorrekt; da sie nicht auf die konkrete Situation des Patienten abgestimmt ist. Diagnostische und therapeutische Entscheidungen obliegen grundsätzlich dem Arzt. Die Pflegeperson würde bei Durchführung der Bedarfsmedikation ärztliche Entscheidungen treffen und wäre damit im Sinne des Übernahmeverschuldens haftbar.

Eine Bedarfsmedikation durch die Pflegeperson wäre nur zulässig, wenn ganz konkrete Indikationen wie Blutdruckwerte, Puls oder Temperatur durch den Arzt schriftlich vorgegeben werden. Die Anordnung muss Art und Dosis des Medikaments, Konzentration und Applikationsart enthalten.

Eine sog. Bedarfsmedikation müsste mindestens die Kriterien der Sechs-W-Regel (▶ Übersicht) berücksichtigen.

Sechs-W-Regel

- Welcher Patient erhält
- welches Medikament, in
- welcher Dosierung, um
- wie viel Uhr, in
- welcher Applikationsform, bei
- welchen konkreten Vitalzeichen

Beispiel

Fall: Die Nachtwache einer ambulant betreuten Wohngemeinschaft verabreicht einem Patienten die ärztlich verordnete Bedarfsmedikation »bei Unruhe 20 Tropfen Haloperidol«, obwohl sie weiß, dass die normale Dosis 2–6 Tropfen umfasst und eine konkrete schriftliche Anordnung nicht vorliegt.

❗ Sie dürfen keine Bedarfsmedikation durchführen, wenn der Bedarf nicht konkret und schriftlich verordnet wurde, da die Anordnung von Medikamenten grundsätzlich dem Arzt vorbehalten ist!

▶ Ärztliche Anordnung, Delegation

Befähigungsnachweis

Ein Befähigungsnachweis ist eine organisatorische Möglichkeit, die Qualifikation einzelner Pflegekräfte für bestimmte ärztlich delegierbare Tätigkeiten formal festzulegen. Es gelten grundsätzlich die jeweils aktuellen Rahmenverträge der einzelnen Kostenträger (SGB V, XI,XII). Hier ist geregelt, welche Tätigkeiten bei welcher Qualifikation durchgeführt werden darf.

Die intramuskuläre und die subkutane Injektion sind in Auslegung des Altenpflege- und Krankenpflegegesetzes ebenso Bestandteil der Alten-, Kranken- und Kinderkrankenpflegeausbildung wie intravenöse Injektionen sowie das Vorbereiten von Venenpunktionen, Infusionen und Transfusionen. Der Arzt darf die Durchführung von intravenösen Injektionen, Infusionen oder Blutentnahmen nur an die jeweils einzelne Pflegeperson übertragen. Die ärztliche Anordnung über die Durchführung muss zeitgerecht, schriftlich festgehalten und vom Arzt unterschrieben werden. Eine Pflegeperson kann die Befolgung einer Anordnung dann verweigern (Remonstration), wenn sie sich fachlich nicht oder nicht ausreichend für diese Maßnahme qualifiziert fühlt. Dieses gilt insbesondere für die Injektion von Zytostatika, Herzmedikamenten und weiteren Medikamenten, im Rahmen derer häufiger Zwischenfälle bekannt wurden.

Die Befähigungsnachweise haben sich etabliert. Sie sind eine von vielen Juristen empfohlene Legitimation zur Durchführung bestimmter ärztlicher Tätigkeiten. Der Arzt hat sich jeweils individuell von der Qualifikation der per Spritzenschein bestätigten Pflegeperson zu überzeugen. Rechtlich sind diese Nachweise nur akzeptabel, wenn es sich um Einzelnachweise und nicht Pauschalbescheinigungen handelt. Das bedeutet, dass z. B. ein vom Chirurgen eines Krankenhauses ausgestellter Spritzenschein nicht automatisch für die Durchführung von Infusionen im ambulanten Pflegebereich gilt.

❗ Der Befähigungsnachweis (◨ Abb. 1) entbindet weder von der Übernahme noch von der Durchführungsverantwortung der jeweiligen Maßnahme durch die Pflegeperson. Es wird hiermit lediglich die Anordnungshaftung des Arztes geprägt.

Im Sinne der Standardsicherung empfiehlt sich darüber hinaus eine Dienstanweisung der Pflegedienstleitung für die pflegerischen Mitarbeiter, um bestimmte delegierbare Aufgaben wie z. B. Blutentnahmen, Injektionen, Infusionen durchführen zu können.

---

pro Com pliance

DOKUMENTIERTE QUALITÄTSSICHERUNG   **A 29** Ⓓ

Befähigungsnachweis

Frau/Herrn _____   geb.am: _____

wird hiermit jederzeit widerruflich die Berechtigung
erteilt, in der/den Abteilung(en)/Klinik(en)

_____

_____

_____

nachfolgend gekennzeichnete Tätigkeiten
selbständig auszuführen*:

*) Bitte Entsprechendes ankreuzen
bzw. die **nicht** übertragenen
Tätigkeiten durchstreichen!

❑ subkutane Injektionen
❑ intramuskuläre Injektionen
❑ intravenöse Injektionen
❑ Injektionen in periphervenös liegende
Kanülen und Katheter
❑ Injektionen in zentralvenös liegende Katheter
❑ Infusionen
❑ venöse Blutentnahmen
❑ venöse Blutentnahmen aus
Kanülen und Kathetern
❑ arterielle Blutentnahmen
❑ arterielle Blutentnahmen aus
Kanülen und Kathetern

Der leitende Arzt der Abteilung/Klinik bzw. der beauftragte Arzt bestätigen nach sorgfältiger persönlicher
Prüfung, dass sie/er über die nötigen Kenntnisse und Fähigkeiten verfügt, um die bezeichneten Tätigkeiten
fachgerecht ausführen zu können.

Dieser Befähigungsnachweis behält sein Gültigkeit für: ❑ 1 Jahr bzw.   ❑ ____ Monate

Daneben bestehende Dienstanweisungen und Anwendungsvorschriften bezüglich der bezeichneten Tätigkeit sind zu beachten.

_____
Ort/Datum

_____   _____
Unterschrift des leitenden Arztes der Abteilung/Klinik   Unterschrift der Schwester/des Pflegers/der Hebamme
bzw. des beauftragten Arztes

Dokumentierte Qualitätssicherung • Herausgeber: proCompliance Verlag GmbH • Fachgebietshrsg.: Prof. Dr. med P. M. Osswald • Autoren: Dr. med. W. Wirth
Prof. Dr. jur. G. H. Schlund • **Copyright 2005** by proCompliance Verlag GmbH, 91058 Erlangen • **Nachdruck – auch auszugsweise – und fotokopieren
verboten.** www.proCompliance.de
Bestell-Nr. 800-015 • **Bestell-Adresse:** proCompliance Verlag GmbH, Weinstr. 70, 91058 Erlangen, Tel. 09131/93 406-40, Fax 09131/93 406-70

◘ **Abb. 1.** Befähigungsnachweis (Beispiel aus dem stationären Bereich)

> **Tipps**
> Sie sollten bei Übernahme spezieller ärztlich delegierbarer Tätigkeiten ne-
> ben der schriftlichen Anordnung auf einen Befähigungsnachweis bestehen.
> Als Pflegedienstleitung müssen Sie bei der Zuordnung von delegierten Auf-
> gaben an Pflegende diese Befähigungnachweise berücksichtigen.

Der Befähigungsnachweis hat bei der Pflegefachkraft eine externe Wirkung im Verhältnis verordnender Arzt und durchführende Person. Bei
pflegerischen Hilfskräften ist es eine Regelung im Innenverhältnis, die nicht
automatisch zur Legitimation der Ausführung ärztlicher Tätigkeiten berechtigt. Zu berücksichtigen ist, dass eine behandlungspflegerische Leistung, die
durch eine Hilfskraft erbracht wird, obwohl der Rahmenvertrag dieses nicht
vorsieht, haftungsrechtliche Konsequenzen für die Pflegedienstleitung und
zivilrechtliche Folgen für die Pflegeeinrichtung hat.

🛈 Beachten Sie die Verordnungsrichtlinie (§ 92, Abs. 7, SGB V) und die jeweiligen
Rahmenverträge.

▶ Ärztliche Anordnung, Aufgabenstellung, Delegation, Haftung, Injektionen, Remonstration

Notizen für den Alltag

Behandlungspflege

Unter »Behandlungspflege« versteht man ärztliche Tätigkeiten, die in der Regel an Pflegefachkräfte/Pflegekräfte delegiert werden. Sie dienen dazu, Krankheiten zu heilen, ihre Verschlimmerung zu verhüten oder Krankheitsbeschwerden zu lindern. Die Behandlungspflege wird in der Häuslichen Krankenpflege nur dann verordnet, wenn der Versicherte ärztliche Behandlung benötigt und die Häusliche Krankenpflege Bestandteil des ärztlichen Behandlungsplanes ist. Leistungen und Inhalt von behandlungspflegerischen Maßnahmen sind in den Richtlinien des Bundesausschusses der Ärzte und Krankenkassen über die Verordnung von »Häuslicher Krankenpflege« nach § 92, Punkt 1, Satz 2, Nummer 6 und Abs. 7 SGB V geregelt (Bundesanzeiger 2005; Nr. 96: S. 7969).

Die Qualifikation für behandlungspflegerische Maßnahmen (spezielle Krankenpflege) im ambulanten Bereich ist in Deutschland sehr unterschiedlich geregelt. Laut bestimmter Rahmenverträge dürfen behandlungspflegerische Maßnahmen im Sinne der Richtlinie »Häusliche Krankenpflege« nur 3-jährig ausgebildetes Krankenpflegepersonal, Krankenschwester/Krankenpfleger, Kinderkrankenschwester/-pfleger, Gesundheits- und Krankenpfleger bzw. 3-jährig examinierte Altenpflegekräfte durchführen. Wird vertraglich festgelegt, dass auch andere Personengruppen behandlungspflegerische Maßnahmen im Sinne der Häuslichen Krankenpflege durchführen können, haftet die verantwortliche Pflegedienstleitung der jeweiligen Einrichtung zu 100%.

Beispiel

Fall: Ein Arzt verordnet innerhalb des Behandlungsplanes einer Patienten Blutzuckerkontrollen und Insulininjektionen. Der Patient entscheidet sich für einen Pflegedienst. Dieser Pflegedienst versichert, dass er die Leistungen auf der Grundlage des gültigen Rahmenvertrages erbringt. Die Kostenübernahme bei der zuständigen Krankenkasse wird beantragt und auch genehmigt. Innerhalb des Pflegedienstes delegiert die Pflegedienstleitung die behandlungspflegerische Maßnahme an eine Pflegehilfskraft. Diese pflegerische Hilfskraft spritzt die volle Insulindosis, obwohl der Blutzuckerwert sehr niedrig ist. Es kommt zum hypoglykämischen Schock und daraufhin zur

▼

Krankenhauseinweisung. In diesem Falle haftet die verantwortliche Pflegedienstleitung für die durchgeführte Behandlungspflege der Pflegehelferin. Die Pflegedienstleitung hätte sich davon überzeugen müssen, dass die Mitarbeiterin, physisch, psychisch und fachlich in der Lage ist, die übertragende Tätigkeit durchzuführen.

> **Tipps**
> Sollten Sie in Ausnahmefällen Aufgaben an andere als an das ausgebildete Pflegepersonal delegieren, empfiehlt es sich, Ihre Mitarbeiter sowie die zuständige Pflegedienstleitung und deren Stellvertretung über fachliche und Haftungskonsequenzen ausreichend und regelmäßig schriftlich zu informieren.

Die Zuordnung von sog. »weichen« Behandlungspflegen, insbesondere bei der Medikamentenversorgung, wird kontrovers diskutiert. Hierzu entschied in einem Urteil vom 29.06.2006 das Hessische Landessozialgericht in zwei Verfahren (AZ: L1KR05/04; L1KR7/05), dass die Medikamentengabe als Leistung der Häuslichen Krankenpflege nach § 37 SGB V auch dann zu vergüten ist, wenn diese als alleinige Leistung nach SGB V, jedoch neben Leistungen der Grundpflege nach SGB XI erbracht wird.

> **Tipps**
> Pflegedienste sollten Patienten über die allgemeine Rechtslage aufklären und entsprechende Handlungsfelder aufzeigen (Widerspruch, Klageverfahren). Sie sollten außerdem Angehörige und Patienten mit den Inhalten der Rahmenverträge vertraut machen und auf die Qualifikation und Leistungsdurchführung verweisen.

▶ Betriebsordnung, Remonstration

Berufsordnung

Die Berufsordnung stellt an professionell Pflegende verbindliche Anforderungen, dies gilt sowohl im Sinne des Altenpflege- als auch im Sinne des Krankenpflegegesetzes.

Berufsordnung des DPR – Auszug

Am 18.05.2004 verabschiedete der Deutsche Pflegerat (DPR) mit seinen Mitgliedsverbänden (ADS, BA, BALK, BDH, BeKD, BFLK, DBfK, DBVA, DGF, DPV, VPU) nachfolgende Rahmenberufsordnung für professionell Pflegende. Die aktuelle Berufsordnung ist ein wichtiges Modul pflegerischer Verantwortung im Sinne der Selbstverwaltung. In ihr sind zugleich Kriterien der Qualitätssicherung festgeschrieben, die für Leistungsempfänger und Leistungserbringer gleichermaßen gelten.

§ 2 Aufgaben

1. Professionell Pflegende sind verpflichtet, ihren Beruf entsprechend dem allgemein anerkannten Stand pflegewissenschaftlicher, medizinischer und weiterer bezugswissenschaftlicher Erkenntnisse auszuüben. Sie müssen sich über die für die Berufsausübung geltenden Vorschriften informieren und sie beachten.
2. Professionell Pflegende üben die Pflege ohne Wertung des Alters, einer Behinderung oder Krankheit, des Geschlechts, der sexuellen Orientierung, des Glaubens, der Hautfarbe, der Kultur, der Nationalität, der politischen Einstellung, der Rasse oder des sozialen Status aus.
3. Eigenverantwortliche Aufgaben professionell Pflegender sind:
   – Feststellung des Pflegebedarfs, Planung, Organisation, Durchführung und Dokumentation der Pflege,
   – Evaluation der Pflege, Sicherung und Entwicklung der Qualität der Pflege,
   – Beratung, Anleitung und Unterstützung von Leistungsempfängern und ihrer Bezugspersonen,
   – Einleitung lebenserhaltender Sofortmaßnahmen bis zum Eintreffen des Arztes oder der Ärztin.
   – Aufgaben im Rahmen der Mitwirkung sind:

- eigenständige Durchführung ärztlich veranlasster Maßnahmen,
- Maßnahmen der medizinischen Diagnostik, Therapie oder Rehabilitation,
- Maßnahmen in Krisen- und Katastrophensituationen.

Professionell Pflegende arbeiten interdisziplinär mit anderen Berufsgruppen zusammen. Sie entwickeln multidisziplinäre und berufsübergreifende Lösungen von Gesundheitsproblemen.

§ 3 Berufspflichten

1. Schweigepflicht

   Professionell Pflegende sind gemäß § 203 Strafgesetzbuch gegenüber Dritten zur Verschwiegenheit über alle ihnen in Ausübung ihres Berufes anvertrauten oder bekannt gewordenen Geheimnisse über die Leistungsempfänger und deren Bezugspersonen verpflichtet. Die Bestimmungen des Datenschutzgesetzes sind analog anzuwenden.

2. Auskunftspflicht

   Professionell Pflegende sind verpflichtet, Leistungsempfängern, deren gesetzlichen Vertretern bzw. den von ihnen im Rahmen der Befreiung von der Schweigepflicht benannten Bezugspersonen alle Auskünfte über die geplanten pflegerischen Maßnahmen zu erteilen. Allen anderen am Behandlungs- und Betreuungsprozess beteiligten Berufsgruppen müssen die notwendigen Informationen zugänglich gemacht werden.

3. Beratungspflicht

   Professionell Pflegende sind gegenüber den Leistungsempfängern sowie deren Bezugspersonen zur Beratung verpflichtet. Dies betrifft im Besonderen Information und Aufklärung zu gesundheitsfördernden und gesundheitserhaltenden Maßnahmen, Methoden und Verhaltensweisen.

4. Dokumentationspflicht

   Professionell Pflegende dokumentieren den gesamten Pflegeprozess und verwenden ein entsprechend standardisiertes Dokumentationssystem. Dieses muss allen am therapeutischen Prozess Beteiligten zugänglich sein. Die Dokumentation unterliegt dem Datenschutz gegenüber Dritten.

5. Berufshaftpflicht- und gesetzliche Unfallversicherung

   Professionell Pflegende in abhängiger Beschäftigung versichern, dass für sie entsprechende Versicherungen abgeschlossen wurden.

6. Fortbildung

Professionell Pflegende tragen Verantwortung dafür, ihre Qualifikation dem jeweils aktuellen Wissensstand anzupassen. Sie setzen sich kritisch mit ethischen Fragen ihres Berufes auseinander und tragen dafür Sorge, dass sie ihre sozialkommunikativen und berufsfachlichen Kompetenzen kontinuierlich weiterentwickeln. Deshalb verpflichten sich professionell Pflegende zu einer freiwilligen Registrierung (solange dies nicht vom Gesetzgeber geregelt ist).

7. Umgang mit geldwerten Leistungen

Die Annahme geldwerter Leistungen oder sonstige Vorteilnahmen von Leistungsempfängern, Bezugspersonen oder Firmen ist mit dem berufsethischen Verständnis professionell Pflegender unvereinbar.

§ 4 Besondere Pflichten bei freiberuflicher Tätigkeit

Professionell Pflegende in selbstständiger Stellung sind im Rahmen der Aufsicht und Überwachung durch den öffentlichen Gesundheitsdienst verpflichtet, der zuständigen Behörde die notwendigen Auskünfte zur eigenen Person zu erteilen und diesbezügliche Nachweise vorzulegen. Sie schließen im Interesse ihrer Leistungsempfänger und ihrer Mitarbeiter und Mitarbeiterinnen eine Berufshaftpflicht- und gesetzliche Unfallversicherung in angemessener Schadensregulierungshöhe ab. Freiberuflich professionell Pflegende sollen ihre Räumlichkeiten durch ein Schild kennzeichnen, das Namen, Berufsbezeichnung und Sprechzeiten angibt. Ihnen ist jede berufsunwürdige Werbung untersagt.

§ 5 Verletzung von Berufspflichten

Die Aufsicht über die Einhaltung der berufsrechtlichen Vorschriften liegt bei der jeweiligen Gesundheitsbehörde des Landes. Diese kann die Erlaubnis zum Führen der Berufsbezeichnung entziehen.

§ 6 Verbindlichkeit der Berufsordnung

Diese Rahmenberufsordnung für professionell Pflegende wurde am 18. Mai 2004 von der Mitgliederversammlung des Deutschen Pflegerates e.V. verabschiedet. Sie ist damit für alle Mitgliedsverbände verbindlich.

Berufsordnung der Freien Hansestadt Bremen – Auszug

Am 01.01.2005 trat die erste landesrechtliche Berufsordnung für die Krankenpflege und Kinderkrankenpflege in Bremen (Gesetzesblatt der Freien Hansestadt Bremen vom 14.10.2004) in Kraft.

Berufsordnung für Gesundheits- und Krankenpflegerinnen, Gesundheits- und Krankenpfleger, Gesundheits- und Kinderkrankenpflegerinnen und Gesundheits- und Kinderkrankenpfleger im Lande Bremen (vom 01. Oktober 2004)

Auf Grund des § 29 Abs. 2 des Gesundheitsdienstgesetzes vom 27. März 1995 (Brem.GBl. S. 175, 366–2120–f-1), das zuletzt durch Artikel 2 § 2 des Gesetzes vom 17. Dezember 2002 (Brem.GBl. S. 605) geändert worden ist, wird verordnet:

§ 1 Ziel

(1) Diese Berufsordnung regelt die allgemeinen und speziellen Berufsaufgaben der Angehörigen der Kranken- und Kinderkrankenpflege (professionell Pflegende).

(2) Professionelle Pflege wird unter Berücksichtigung und ohne Bewertung von Nationalität, Glauben, politischer Einstellung, Hautfarbe, Alter, Geschlecht oder dem sozialen Rang ausgeführt. Voraussetzung für die Sicherstellung einer professionellen Pflege ist die Förderung einer qualitativ hoch stehenden Pflege im Bereich der Praxis, der Aus-, Fort- und Weiterbildung, das Managements und der Pflegewissenschaft.

§ 4 Spezielle Berufsaufgaben

Professionell Pflegende:

1. konzipieren, realisieren und evaluieren Pflegeleistungen in Absprache mit ihren Patienten und Patientinnen,
2. unterstützen das Recht der Patientin oder des Patienten auf umfassende Information über ihren oder seinen Gesundheits- und Pflegezustand, um Mitwirkung und Mitentscheidung zu ermöglichen,
3. entwickeln und überprüfen ihre Pflegetätigkeit aufgrund anerkannter wissenschaftlicher Erkenntnisse,

4. übernehmen im Team und in der Institution Verantwortung, indem sie sich an der Qualitätsentwicklung und -sicherung beteiligen,
5. halten ihren Kompetenzbereich ein und achten den Kompetenzbereich anderer Berufsgruppen,
6. arbeiten eng mit Angehörigen und Laien zusammen und leiten diese in der Pflege an.

Während des Novellierungsprozesses des Krankenpflegegesetzes, das am 01.01.2004 in Kraft getreten ist, wurde in Fachdiskussionen mehrfach deutlich gemacht, wie notwendig eine Berufsordnung ist. Erstmalig wurden im Krankenpflegegesetz die pflegerischen Aufgaben unterschieden in eigenverantwortliche Aufgaben, in Aufgaben, die in Mitwirkung auszuführen sind, und in Aufgaben, die interdisziplinär zu gestalten sind. Nicht berücksichtigt sind in dieser Berufsordnung die Angehörigen der Altenpflege, da dieser Beruf bisher nicht bundesgesetzlich geregelt und als sozialpflegerischer Beruf kein anderer Heilberuf im Sinne des § 74 GG war. Mit dem Inkrafttreten des bundeseinheitlichen Altenpflegegesetzes im August 2003 zählen in Zukunft auch 3-jährig ausgebildete Altenpfleger zu den Gesundheitsfachberufen.

Als zweites Bundesland folgte das Saarland mit der »Berufsordnung für Pflegefachkräfte im Saarland« (Amtsblatt des Saarlands vom 13.12.2007).

> **Tipps**
> Berücksichtigen Sie die veröffentlichten Anforderungen der Berufsordnung des Deutschen Pflegerates im Sinne Ihrer Rechte und Pflichten. Informieren Sie sich in Ihrem jeweiligen Bundesland nach dem Stand der aktuellen Berufsordnung.

▶ Altenpflegegesetz, Aufgabenstellung, Krankenpflegegesetz

Betäubungsmittel

Beim Umgang mit Betäubungsmitteln kommt es im Pflegealltag häufig zu Missverständnissen. Grundsätzlich gilt: Der Einsatz von Betäubungsmitteln bedarf der Erlaubnis. Das Gesetz über den Verkehr mit Betäubungsmitteln (Betäubungsmittelgesetz BtMG) vom 01.03.1994 (BGBl. I S. 358) ist maßgebend.

Betäubungsmittelgesetz (BtMG) – Auszug

§ 3 Erlaubnis zum Verkehr mit Betäubungsmitteln

(1) Einer Erlaubnis des Bundesinstituts für Arzneimittel und Medizinprodukte bedarf, wer

1. Betäubungsmittel anbauen, herstellen, mit ihnen Handel treiben, sie, ohne mit ihnen Handel zu treiben, einführen, ausführen, abgeben, veräußern, sonst in den Verkehr bringen, erwerben oder
2. ausgenommene Zubereitung (§ 2 Abs. 1 Nr. 3) herstellen will.

(2) Eine Erlaubnis für die in Anlage I bezeichneten Betäubungsmittel kann das Bundesinstitut für Arzneimittel und Medizinprodukte nur ausnahmsweise zu wissenschaftlichen oder anderen im öffentlichen Interesse liegenden Zwecken erteilen.

Pflichten im Betäubungsmittelverkehr

§ 13 Verschreibung und Abgabe auf Verschreibung

(1) Die in Anlage III bezeichneten Betäubungsmittel dürfen nur von Ärzten, Zahnärzten und Tierärzten und nur dann verschrieben oder im Rahmen einer ärztlichen, zahnärztlichen oder tierärztlichen Behandlung einschließlich der ärztlichen Behandlung einer Betäubungsmittelabhängigkeit verabreicht oder einem anderen zum unmittelbaren Verbrauch überlassen werden, wenn ihre Anwendung am oder im menschlichen oder tierischen Körper begründet ist. Die Anwendung ist insbesondere dann nicht begründet, wenn der beabsichtigte Zweck auf andere Weise erreicht werden kann. Die in Anlagen I und II bezeichneten Betäubungsmittel dürfen nicht verschrieben, verabreicht oder einem anderen zum unmittelbaren Verbrauch überlassen werden.

§ 15 Sicherungsmaßnahmen

Wer am Betäubungsmittelverkehr teilnimmt, hat die Betäubungsmittel, die sich in seinem Besetz befinden, gesondert aufzubewahren und gegen unbefugte Entnahme zu sichern. Das Bundesinstitut für Arzneimittel und Medizinprodukte kann Sicherungsmaßnahmen anordnen, soweit es nach Art oder Umfang des Betäubungsmittelverkehrs, dem Gefährdungsgrad oder der Menge der Betäubungsmittel erforderlich ist.

§ 16 Vernichtung

(1) Der Eigentümer von nicht mehr verkehrsfähigen Betäubungsmitteln hat diese auf seine Kosten in Gegenwart von zwei Zeugen in einer Weise zu vernichten, die eine auch nur teilweise Wiedergewinnung der Betäubungsmittel ausschließt sowie den Schutz von Mensch und Umwelt vor schädlichen Einwirkungen sicherstellt. Über die Vernichtung ist eine Niederschrift zu fertigen und diese drei Jahre aufzubewahren.

§ 17 Aufzeichnungen

(1) Der Inhaber einer Erlaubnis nach § 3 ist verpflichtet, getrennt für jede Betriebsstätte und jedes Betäubungsmittel fortlaufend folgende Aufzeichnungen über jeden Zugang und jeden Abgang zu führen:

1. das Datum
2. den Namen oder die Firma und die Anschrift des Lieferers oder des Empfängers oder die sonstige Herkunft oder den sonstigen Verbleib,
3. die zugegangene oder abgegangene Menge und den sich daraus ergebenden Bestand

Im Rahmen der Mitwirkung bei ärztlichen Maßnahmen ist zu beachten: Das **Betäubungsmittelrezept** (3fach) muss gemäß Betäubungsmittel-Verschreibungsverordnung (BtMVV) folgende Angaben enthalten:

- Name und Anschrift des Patienten
- Ausstellungsdatum
- Bezeichnung des Mittels mit Menge und/oder Rezeptur
- Gebrauchs- bzw. Einnahmeanweisung
- Name, Berufsbezeichnung, Anschrift, Telefonnummer und
- Unterschrift des Arztes

Im Sinne der Paragraphen § 9 bzw. 17 BtMG sind nicht nur Apotheken, Arztpraxen und Krankenhausstationen nachweispflichtig über den Verbleib und den Bestand an Betäubungsmitteln, sondern auch ambulante Pflegedienste. Der Nachweis ist auf Karteikarten, BTM-Protokollen bzw. Nachweisbüchern zu führen. Geforderte Angaben sind:

- Datum des Zugangs oder Abgangs
- Zu- oder abgegebene Menge (in ml oder mg) – Lieferant/Empfänger mit Anschrift sonstiger Herkunft oder Verbleib
- Name, Anschrift des verschreibenden/anfordernden Arztes
- Nummer des BTM-Rezeptes oder Anforderungsscheines

Die entsprechenden Angaben – gerade Eingang und Ausgang – sind mit entsprechenden Handzeichen zu kennzeichnen.

Mit Einführung des Wettbewerbstärkungsgesetzes zum 01.04.2007 hat sich die gesetzliche Regelung verändert. Bei Betäubungsmitteln dürfen Medikamente weiter verwendet werden.

Richtlinien über Maßnahmen zur Sicherung von Betäubungsmittelvorräten

Sollte der ambulante Pflegedienst Betäubungsmittel unternehmensintern aufbewahren, ist er verpflichtet, die Bestände und Verfallsdaten zu kontrollieren und durch Datum und Namenszeichen zu bestätigen.

Zum 01.01.2007 sind neue Richtlinien des Bundesinstituts für Arzneimittel und Medizinprodukte – Bundesopiumstelle – über Maßnahmen zur Sicherung von Betäubungsmittelvorräten in Kraft getreten. Nach § 15 des Betäubungsmittelgesetzes (BtMG) hat jeder Teilnehmer am Betäubungsmittelverkehr, die in seinem Besitz befindlichen Betäubungsmittel gesondert aufzubewahren und gegen unbefugte Entnahme zu sichern. Neben den derzeitigen sicherungstechnischen Erkenntnissen, ist eine ausreichende Sicherung gegen eine unbefugte Entnahme von Betäubungsmitteln grundsätzlich zu gewährleisten, wenn die dafür vorgesehenen Behältnisse oder Räumlichkeiten mindestens den unter Ziffer 1 oder 2 genannten mechanischen Ansprüchen genügen. Es sind zertifizierte Wertschutzschränke mit einem Widerstandsgrad Null oder höher nach EN 1143-1 zu verwenden. Wertschutzschränke mit einem Eigengewicht unter 200 kg sind entsprechend der EN 1143-1 zu verankern. So genannte Einmauerschränke sind in eine geeignete Wand fachgerecht einzubauen. Ausgenommen hiervon sind Betäubungsmittelmengen, die höchstens den durchschnittlichen Tagesbedarf einer Teileinheit umfassen und ständig griffbereit sein müssen. Diese müssen dennoch sicher verschlossen werden. Die Aufbewahrung der entsprechenden Schlüssel ist durch einen schriftlichen Verteilerplan zu regeln. Die Schlüssel sind von den Berechtigten grundsätzlich in persönlichen Gewahrsam zu nehmen.

Bestehende Sicherungsmaßnahmen, die vor dem 01.01.2007 nach bisheriger Richtlinie fertig gestellt wurden, genießen Bestandsschutz.

> **Tipps**

Beachten Sie, dass Bestände und Verfallsdaten jeweils zum Monatsende zu kontrollieren und durch Datum und Namenszeichen zu bestätigen sind. Betäubungsmittel sollten immer gesondert und diebstahlsicher aufbewahrt werden. Größere Mengen von Morphinen sollten nicht im Verbleib des Mitarbeiters sein. Aus rechtlichen Aspekten ist es gefährlich, Betäubungsmittel an andere Patienten bzw. Einrichtungen auszuleihen. Neben der Bestandsänderung sind später zurückgegebene Ampullen mit anderen Chargennummern versehen. In diesem Fall wäre es besser, die Abgaben an andere Patienten mit Namen des Patienten und anforderndem Arzt in der BTM-Dokumentation festzuhalten. Die BTM-Dokumentation bzw. Betäubungsmittelbücher sind 3 Jahre nach der letzten Eintragung aufzubewahren.

Notizen für den Alltag

Betreuungsrecht

Seit dem 01.01.1992 gilt das neue Betreuungsrecht, zuletzt geändert durch das 2. Betreuungsrechtsänderungsgesetz durch Bundestagsbeschluss vom 18.02.2005 (BT-Drs. 15/2494, 15/4874) und Bundesratsbeschluss vom 18.03.2005 (BR-Drs. 121/05). Das Recht geht von Betreuung und nicht von Entmündigung und Vormundschaft aus. Das Wesen der Betreuung besteht darin, dass für eine volljährige Person ein Betreuer bestellt wird, der in einem genau festgelegten Umfang für sie handelt. Das Betreuungsrecht ist Bestandteil des Bürgerlichen Gesetzbuches (BGB).

Eine Betreuung gemäß § 1896, Abs. 1, BGB muss angeordnet werden, wenn Erwachsene durch eine psychische oder eine körperliche, geistige oder seelische Behinderung ihre Angelegenheiten ganz oder teilweise nicht besorgen können. Zur Krankheit oder Behinderung muss ein Fürsorgebedürfnis hinzukommen. Ein Betreuer darf nur bestellt werden, »wenn der Betroffene aufgrund dieser Krankheit oder Behinderung seine Angelegenheiten ganz oder teilweise nicht zu besorgen vermag.« Es kann sich dabei etwa um Vermögens-, Renten-, Wohnungsprobleme, aber auch um Fragen der Gesundheitsfürsorge oder des Aufenthalts handeln. Der Betreuer vertritt den Betreuten gerichtlich und außergerichtlich (§ 1902 BGB)

Der Betreuer hat die ihm übertragenen Aufgaben so zu erledigen, wie es dem Wohl des Betreuten entspricht. Dazu gehört auch, dass nicht einfach über seinen Kopf hinweg entschieden werden kann. Der Betreute muss in seinen Vorstellungen ernst genommen werden.

Ärztliche Maßnahmen (§ 1904, BGB)

Die Einwilligung des Betreuers in eine Untersuchung des Gesundheitszustandes einer Heilbehandlung oder eines ärztlichen Eingriffs bedarf der Genehmigung des Vormundschaftsgerichts, wenn die begründete Gefahr besteht, dass der Betreute aufgrund der Maßnahme einen störend oder einen schweren, länger andauernden Schaden erleidet. Ohne die Genehmigung darf die Maßnahme nur durchgeführt werden, wenn mit dem Aufschub Gefahr verbunden ist. Dieses Genehmigungsverfahren dient auch zum Zwecke, dass in solch schwerwiegenden Fällen der Betreuer mit seiner Verantwortung für den Betreuten nicht allein gelassen wird.

Ein Beispiel für diese Genehmigung durch das Vormundschaftsgericht wäre eine anstehende Operation, wenn das damit verbundene Risiko allgemeine Gefahren, wie sie etwa mit jeder Narkose verbunden ist, übersteigt.

Einwilligung in die Untersuchung des Gesundheitszustandes, der Heilbehandlung und bei ärztlichen Eingriffen

Im Sinne der Rechtsprechung ist anerkannt, dass diese ärztlichen Maßnahmen nur zulässig sind, wenn der Patient in die Vornahme wirksam eingewilligt hat, nachdem er hinreichend über die Maßnahme und die mit ihr verbundenen Risiken aufgeklärt worden ist. Werden sie ohne wirksame Einwilligung vorgenommen, so stellen sie ggf. einen rechtswidrigen und strafbaren Eingriff in die körperliche Unversehrtheit des Patienten dar.

Auch wenn der Patient einen Betreuer hat, kann er selbst die Einwilligung erteilen, sofern er einwilligungsfähig ist, d. h. sofern er Bedeutung und Tragweite der beabsichtigten Maßnahme erfassen kann. Aus diesem Grund muss sich der Betreuer, auch wenn sein Aufgabenkreis die betreffende ärztliche Maßnahme umfasst, vergewissern, ob der Betreute in der konkreten Situation einwilligungsfähig ist. Wenn der Betreute einwilligungsunfähig ist, hat der Betreuer nach hinreichender Aufklärung durch den Arzt über die Einwilligung in die ärztliche Maßnahme zu entscheiden.

Unterbringung

Nach geltendem Recht kann der Betreuer unter bestimmten Voraussetzungen den Betreuten mit gerichtlicher Genehmigung in eine geschlossene Einrichtung, z. B. in ein psychiatrisches Krankenhaus oder in eine geschlossene Abteilung (eines Krankenhauses oder eines Altenheimes) unterbringen. Die Unterbringung ist allerdings nur unter den in § 1906, Abs. 1, BGB genannten Voraussetzungen zulässig, wenn beim Betreuten die Gefahr einer erheblich gesundheitlichen Selbstschädigung oder gar Selbsttötung besteht oder wenn ohne die Unterbringung eine ärztliche Maßnahme nicht durchgeführt werden kann.

Die Unterbringung eines Erwachsenen aus lediglich »erzieherischen Gründen« ist nicht möglich. Der Betreuer kann den Betreuten auch nicht deshalb unterbringen, weil dieser Dritte gefährdet. Solche Unterbringung ist nur durch die Unterbringungsgesetze der einzelnen Bundesländer mit den zuständigen Behörden und Gerichten möglich. Der Betreuer hat die Unterbringung zu beenden, wenn die Voraussetzungen wegfallen, z. B. keine Selbsttötungsgefahr mehr besteht. Das Ende einer Unterbringung muss nicht durch das Vormundschaftsgericht genehmigt, es muss ihm aber angezeigt werden. Für Unterbringungsmaßnahmen ist das Gericht zuständig, bei dem eine Vormundschaft, Betreuung oder Pflegschaft, deren Aufgabenbereich die Unterbringung umfasst, anhängig ist.

- Eine »sonstige Einrichtung« gemäß § 1906 IV BGB kann auch die eigene Wohnung sein.

- Wird die Betroffene ausschließlich durch fremde, ambulante Pflegekräfte versorgt, so bedarf das zeitweise Absperren ihrer Wohnungstür als beschränkte Freiheitsentziehung der vormundschaftsgerichtlichen Genehmigung.

Beispiel

Urteil: Mit Beschluss des Amtsgerichtes vom 07.02.1997 wurde für eine 84-jährige Betroffene ein Betreuer für alle Angelegenheiten inklusive Anhalten, Entgegennahme und Öffnen der Post bestellt. Die Frau leidet an seniler Demenz und einem hirnorganischen Psychosyndrom. Sie lebt in der eigenen Wohnung und wird von ambulanten Pflegehilfen versorgt. Am 16.2 beantragte der Betreuer die vormundschaftsgerichtliche Genehmigung einer Freiheitsbeschränkung durch Absperrung der Wohnungstür mit der Begründung, dass die Betroffene vor etwa 8 Wochen einen Schlaganfall erlitten habe und seitdem stärker verwirrt und in ihrer Mobilität weiter als bisher beeinträchtigt sei. Zu ihrem Schutz sei, sofern sie allein in der Wohnung ist, die Wohnungstür zu versperren. In die Freiheitsbeschränkung könne sie nicht einwilligen. Hierzu sei sie nicht mehr fähig. Das AG hat den Antrag zurückgewiesen. Die sofortige Beschwerde des Betreuers hatte Erfolg: Das zeitweise Versperren der Wohnungstür der Betroffenen durch den Betreuer wurde bis zum 07.07 genehmigt.

Zur Urteilsbegründung: Das Landgericht teilte die Rechtsauffassung des Amtsgerichtes nicht. Die beschränkte Freiheitsentziehung der Betreuten in der eigenen Wohnung durch zeitweises Absperren der Wohnungstür stellt

▼

eine Freiheitsbeschränkung dar und bedarf der vormundschaftsgerichtlichen Genehmigung nach § 1906 IV BGB. Die Betroffene wird daran gehindert, ihre Wohnung zu verlassen und sich frei zu bewegen. Entscheidend ist hierbei, ob durch diese Maßnahme die Betroffene gegen ihren natürlichen Willen daran gehindert wird, ihren Aufenthaltsort zu verlassen. Die Wahrscheinlichkeit, dass die Betroffene in Zukunft ihre Wohnung verlässt und aufgrund der schweren Orientierungsstörungen und Gehbehinderung sich erheblichen Gefahren aussetzt, besteht nach wie vor. Der Verhältnismäßigkeitsgrundsatz ist gewahrt. (LG München I, Urteil vom 07.07.1999, AZ: 13T4301–99).

Wenn für Sie der Eindruck einer notwendigen bzw. nicht ausreichenden Betreuung besteht, so sollten Sie anhand einer Empfehlung (▶ Übersicht) diese dem Vormundschaftsgericht nachvollziehbar darlegen.

Empfehlung zur Anregung einer Betreuung (Einrichtung)

Stempel/Kopf des Pflegedienstes

An das Amtsgericht

Anregung einer Betreuung

Sehr geehrte Damen und Herren,

hiermit regen wir die Betreuung für unseren Patienten an:

Frau/Herr:...

Geb.:...

Wohnhaft:...

Diese Maßnahme ist erforderlich, weil die Patientin/der Patient seit einiger Zeit und nicht nur vorübergehend ihre/seine eigenen Belange in Bezug auf

☐ Gesundheitsfürsorge

☐ Vermögenssorge

☐ Aufenthaltsbestimmung

nicht mehr selbst bestimmen und vorstehen kann.

Besondere Gründe:...

Der nächste uns bekannte Verwandte ist:

Frau/Herr: ...

▼

Verwandter Grad: ...

Wohnhaft: ...

Aus unserer Sicht ist die verwandte Person in der Lage/nicht in der Lage eine Betreuung zu übernehmen. Nähere Erläuterungen geben wir gerne in einem persönlichen Gespräch.

Für Fragen stehen wir Ihnen gerne zur Verfügung.

Mit freundlichen Grüßen

Unterschrift und Position/Stempel des Pflegedienstes

❗ Achten Sie nach Ihrem Pflegeeinsatz beim Abschließen der Wohnungstür darauf, dass der Patient jederzeit die Möglichkeit haben muss, diese von innen zu öffnen. Sonst handelt es sich um eine freiheitsentziehende, unterbringungsähnliche Maßnahme und bedarf der Entscheidung der Betreuungsbehörde (Amtsgericht).

▶ Einwilligung, Freiheitsentziehende Maßnahmen, Patientenverfügung

Notizen für den Alltag

Betriebsordnungen, Anweisungen, Informationspflicht

In vielen Betrieben der ambulanten Pflege existieren Anordnungen, Anweisungen und Belehrungen in großer Anzahl. Diese sind meistens fachlicher Natur. Sie sind gerade bei Haftungsfällen, Kontrollen durch Kostenträger bzw. dem Medizinischen Dienst der Krankenversicherung (MDK) zunehmend relevant. Das Personal sollte zu Verfahrensanweisungen, Arbeits- und Strukturabläufen, Standards, Verantwortlichkeiten etc., die sich auf den täglichen Ablauf einer ambulanten Pflegestation auswirken, aufgeklärt werden. Andere Informationsverpflichtungen des Arbeitgebers resultieren aus gesetzlichen Regelungen bzw. aus vertraglichen Regelungen mit Kostenträgern oder neuen pflegewissenschaftlichen, medizinischen Erkenntnissen.

Dabei gilt: Jede Belehrung, Arbeitsanordnung, Anweisung bzw. Information muss verständlich und transparent, vor allem aber schriftlich und damit nachweisbar festgehalten sein. Die pauschale Erklärung, dass der Arbeitgeber all seinen gesetzlichen und vertraglichen berufsrechtlichen Informationspflichten nachgekommen ist, reicht nicht aus. Die Unterschrift des Arbeitnehmers darf für den Arbeitgeber nicht als Alibifunktion missbraucht werden.

Beispiel

Fall: Bei einer Qualitätsprüfung des Medizinischen Dienstes der Krankenversicherung (MDK) auf der Grundlage der Prüfrichtlinie vom November 2005 wurden in der Einrichtung viele Verfahrensanweisungen, Regelungen, Ergänzungs- und Haftungsanweisungen gefunden. Der Pflegedienst konnte zwar durch eine pauschale Erklärung des Arbeitnehmers nachweisen, dass er die Information weitergegeben hatte. Dem Arbeitgeber war aber nicht möglich nachzuweisen, dass die einzelnen Verfahrensanweisungen bekannt gegeben wurden, vor allem aber, dass das Gesamtpaket in der Belegschaft bekannt war. Durch die Befragung von Mitarbeiten des Medizinischen Dienstes der Krankenversicherung wurde deutlich, dass es sich um eine Pauschalbestätigung handelte und die einzelnen Mitarbeiter von den meisten Regelungen nichts gehört hatten bzw. diese in der Praxis nicht gelebt wurden.

Die Betriebsordnung sollte alle 2–3 Jahre evaluiert und der aktuell gültigen Rechtslage angepasst werden. Mitarbeiter müssen die Kenntnisnahme dieser Änderungen schriftlich bestätigen. Die Betriebsordnung sollte auch immer an den Arbeitsvertrag gekoppelt sein, so dass jeder Mitarbeiter vor Dienstantritt Einsicht nehmen kann, sich mit den Regelungen vertraut machen kann und diese mit seiner Unterzeichnung des Arbeitsvertrages bestätigt.

> **Tipps**
Ordnen Sie Verfahrensanweisungen, Belehrungen, Organigramme, Strukturpapiere und andere nach einzelnen Fachgebieten entsprechenden Rubriken zu. Es empfiehlt sich für ambulante Einrichtungen, eine strukturierte Betriebsordnung nach und nach zu entwickeln. Mitarbeiter haben so die Möglichkeit, Transparenz in die verschiedenen Abläufe, Verfahrensanweisungen, Dienst- und Haftungsregelungen zu bringen.

Notizen für den Alltag

Beurteilung

Beurteilungsfragen sorgen im Pflegealltag häufig für Verunsicherung. Gleichwohl sind diese Fragen notwendig und haben eine rechtliche Bedeutung. Für den Pflegebereich gilt seit 1989 der Tarifvertrag mit Bewährungsfristen. Das bedeutet im tarifgebundenen Bereich, dass eine regelmäßige Mitarbeiterbeurteilung für eine Höhergruppierung wichtig ist. Beurteilungen sind auch Elemente der Qualitätssicherung. Denn aus den Standards, Stellenbeschreibungen und Dienstanweisungen der Abteilung können Leistungskriterien für jeden einzelnen Mitarbeiter abgeleitet werden. Zwei Punkte sind bei einer Beurteilung wesentlich: das Beurteilungsgespräch und die Einsichtnahme des Mitarbeiters in sein Beurteilungsformblatt. Der Mitarbeiter hat zusätzlich die Möglichkeit, seiner Beurteilung eine Stellungnahme beizufügen. Wichtig ist vor allem ein offenes und faires Beurteilungsgespräch, denn es bildet die Basis für die künftige Zusammenarbeit zwischen Mitarbeiter und Vorgesetztem.

Mitarbeiterbeurteilung

Es wird unterschieden zwischen **periodischer Beurteilung** und **Beurteilung aus besonderem Anlass**.

Periodische Beurteilung
Eine periodische Beurteilung erfolgt in bestimmten Intervallen, z. B. alle 3 Monate, alle 6 Monate, jährlich oder alle 2 Jahre. Durch den Tarifvertrag aus dem Jahre 1989 kommt diesen periodischen Beurteilungen verstärkt Bedeutung zu, weil dieser Vertrag Bewährungsfristen vorgibt, nach denen bei Bewährung die einzelne Pflegeperson eine Gehaltsstufe höher eingeordnet wird.

Beurteilungen aus besonderem Anlass
Diese Form der Beurteilung ist u. a. in folgenden Fällen erforderlich:
- Bei Ablauf der Probezeit
- Bei der Auswahl von Mitarbeitern
- Bei hausinterner Besetzung von Planstellen
- Zur Teilnahme an Fort- und Weiterbildungsmaßnahmen (Laufbahnförderung)

- Bei der Übertragung höherer Verantwortung
- Bei der Entscheidung über eine Trennung von ungeeigneten Mitarbeitern
- Bei Disziplinierungsmaßnahmen
- Bei Schülern nach Beendigung eines Einsatzes in bestimmten Praxisfeldern
- Beim Ausscheiden von Mitarbeitern zur Erstellung des Zeugnisses
- Bei Feststellung von Leistungsveränderungen des Mitarbeiters
- Bei Anträgen auf Höhergruppierung bzw. Umgruppierung
- Bei der Zusammensetzung neuer Arbeitsteams
- Beim Wechsel von Vorgesetzten, um für den Mitarbeiter eine Dokumentationslage für ein späteres Abschlusszeugnis zu garantieren
- Bei Wunsch des Mitarbeiters auf Beurteilung

Verantwortlich für eine MItarbeiterbeurteilung sind Stations-, Wohnbereichs-, Abteilungs- oder Pflegedienstleitung. Grundlage hierfür bilden Stellenbeschreibungen und Dienstanweisungen.

Beurteilungssystem

Jeder Träger sollte ein grundlegendes Beurteilungssystem vorhalten. Dieses System sollte gemeinsam von den Leitungsverantwortlichen des Pflegedienstes und der zuständigen Arbeitnehmervertretung (Betriebsrat, Personalrat oder Mitarbeitervertretung) einschließlich des Trägers erstellt werden. Das Beurteilungssystem muss objektiv sein, d. h. Mitarbeiter ausnahmslos gleich behandeln. Ähnliches gilt für die Beurteilungskriterien: Sie müssen eindeutig definiert und unmissverständlich formuliert sein. Inhaltlich geht es vor allem um die Leistungen des jeweiligen Mitarbeiters sowie sein soziales Verhalten. Wer eine Beurteilung erstellt, hat immer auch die Auswirkungen seiner Angaben im Vorfeld abzuwägen.

Bevor eine Beurteilung als wichtiges und funktionales Instrument des Managements eingesetzt werden kann, bedarf es einer klaren Aufbau- und Ablauforganisation. Hierzu gehören Arbeitsplatzanalysen, Stellenbeschreibungen (funktions- und arbeitsfeldbezogen) und Ziele der jeweiligen Abteilung.

Arbeitsrechtliche Anforderungen

Leistungsfremde Merkmale sowie Fragen aus dem Persönlichkeitsbereich des Mitarbeiters, die nicht in unmittelbarer Beziehung zum Arbeitsplatz stehen, sind in dem Beurteilungsbogen unzulässig. Die Arbeitnehmervertretung ist an der Erstellung des Beurteilungsverfahrens zu beteiligen.

§ 94, Betriebsverfassungsgesetz, Abs. 2. § 94, Betriebsverfassungsgesetz, Abs. 2 regelt, dass nicht nur Personalfragebögen für Einstellungen der Zustimmung des Betriebsrates, sondern auch Beurteilungsgrundsätze und zu ihrer Anwendung verwandte Formulare der Zustimmung bedürfen.

§ 82, Betriebsverfassungsgesetz, Abs. 2. § 82, Betriebsverfassungsgesetz, Abs. 2 ermöglicht die Teilnahme des Betriebsrates an der Erörterung der Beurteilung mit dem Mitarbeiter, wenn der Arbeitnehmer dieses verlangt.

§ 75. Nach § 75 des Bundespersonalvertretungsgesetzes wird geregelt, dass der Personalrat, soweit keine gesetzliche oder tarifliche Vereinbarung besteht, ggf. durch Abschluss von Dienstvereinbarungen über die Beurteilungsrichtlinien für Angestellte mitzubestimmen hat.

❯ **Tipps**
Haben Sie Zweifel an der Objektivität der Beurteilung, vereinbaren Sie ein erneutes Gespräch mit den Beurteilenden, um Ihre Selbsteinschätzung aufzuzeigen.

▶ Qualitätssicherung

Notizen für den Alltag

Beweislast

In der ambulanten Pflege steigen die Haftungsansprüche gegen Pflegende. Auf der Grundlage des Altenpflege- und Krankenpflegegesetzes mit der Zuordnung eigenverantwortlicher Aufgaben (§ 3) ist die Haftung für Pflegefehler bedingt. Beweislastumkehr bzw. Beweiserleichterung für den klagenden Patienten oder seine Angehörigen bedeutet, dass von Seiten des ambulanten Pflegedienstes und seiner »Erfüllungsgehilfen« dem Patienten bewiesen werden muss, dass alles Erforderliche getan wurde, um nicht zusätzliche Risiken bzw. Schäden für ihn aufkommen zu lassen. Die Rechtsprechung hat dies besonders in den letzten Jahren aufgezeigt (◨ Abb. 2).

»Wer grundlos von Standardmethoden zur Bekämpfung möglicher Risiken abweicht, muss Schadenersatzansprüche und die Folgen einer Beweislastumkehr im Schadensfall fürchten.« (BGB NJW 1983, S. 2080, 2081)

Grundsätzlich wirken sich die Urteile zur Beweislastverteilung im medizinischen Bereich auch auf pflegerische Sachverhalte aus. In dem Urteil geht es um die Frage der Beweiserleichterung bei einem groben Behandlungsfehler. In einem solchen Fall dreht sich die Beweislast des klagenden Patienten zum Ursachenzusammenhang (◨ Abb. 3) dahingehend um, dass nicht er, sondern der Beklagte darlegen und beweisen muss, dass die eingetretene Rechtsgutverletzung und der daraus resultierende Schaden auch bei gehöriger Sorgfalt (sach- und fachgerechtem Handeln) ebenfalls eingetreten wäre. Dies bedeutet, dass bei einem groben Behandlungsfehler, unabhängig davon, ob er ärztlicher- oder pflegerischerseits verursacht wird, der Beweis für die Ursächlichkeit zwischen dem fehlerhaften Handeln und dem eingetretenen Schaden nicht von dem klagenden Patienten erbracht werden muss.

In einem vom BGH entschiedenen Fall hatte eine Krankenschwester versucht, einen 73-jährigen Patienten zu heben und ins Bett zu legen. Der Patient stürzte und verletzte sich dabei schwer. Es dürfe nicht geschehen, so der BGH, dass ein Patient bei einer Pflegemaßnahme seitens der ihn betreuenden Krankenschwester aus nicht zu klärenden Gründen zu Fall kommt. Sollte es zu Zwischenfällen kommen, so ist eine umfangreiche Dokumentation des Geschehens für die spätere rechtliche Würdigung notwendig.

Da aus dem ambulanten Bereich Fälle, aber keine Urteile vorliegen, sind die folgenden Entscheidungen übertragbar:

Beweislastumkehr

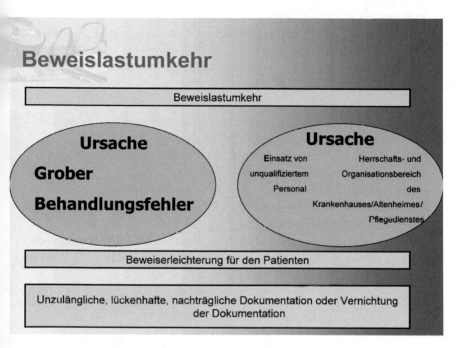

Beweislastumkehr

Ursache

Grober

Behandlungsfehler

Ursache

Einsatz von
unqualifiziertem
Personal

Herrschafts- und
Organisationsbereich
des
Krankenhauses/Altenheimes/
Pflegedienstes

Beweiserleichterung für den Patienten

Unzulängliche, lückenhafte, nachträgliche Dokumentation oder Vernichtung
der Dokumentation

◘ **Abb. 2.** Beweislastumkehr

Fehler
im Herrschafts- und Organisationsbereich

§ unbemerkt gebliebene Entkopplung des Infusionssystems

§ Keimübertragung bei Aids, MRSA, Hepatitis, Tbc

§ unsterile Infusionsflüssigkeit

§ ungerechtfertigte Fixierung

§ unsachgemäße Lagerung

§ Sturz des Patienten während einer Bewegungs- und Transportmaßnahme

◘ **Abb. 3.** Ursachen für Fehler im Herrschafts- und Organisationsbereich

---

Beispiel

Urteil 1: Der Pflegedienst in Krankenhäusern muss so organisiert sein, dass kein Patient zu Schaden kommt. Mit dieser Entscheidung hat der Bundesgerichtshof festgelegt, dass bei Unfällen grundsätzlich das Krankenhaus sein pflichtgemäßes Handeln nachweisen muss. Die Beweislastumkehr gelte in allen Fällen, die nicht im Kernbereich des ärztlichen Handelns angesiedelt sind. Zwar besitze der Krankenhauspatient keinen Rechtsanspruch auf Heilung, er könne aber das sorgfältige Bemühen um Hilfe und Heilung erwarten. Dieses bedeutet, dass im Krankenhausbetrieb alle beherrschbaren Risiken ausgeschaltet werden müssen. Bei Lagerungsfehlern liegt die Beweislast nicht beim Patienten, sondern beim Krankenhaus bzw. beim verantwortlichen Pflegenden. Sie müssen beweisen, dass alles geschehen ist, um einen Dekubitus zu verhindern. Die Richter sind sich darin einig, dass die gleichen Grundsätze auch für die schadlose, d. h. richtige und sorgfältige Lagerung auf einem Operationstisch Geltung haben. Nach der ständigen Rechtsprechung des BGH haben Krankenhausträger und behandelnde Ärzte die Beweislast dafür zu tragen, dass sich der jeweilige Operateur vor Behandlungsbeginn von der richtigen Lagerung des Patienten überzeugt hat (BGH, Urteil vom 18.12.1990, AZ: VIZR169/90).

Urteil 2: Der BGH hat die Durchsetzung von Schadenersatzansprüchen bei ärztlichen Kunstfehlern erleichtert. In seinem Urteil stellte das Gericht klar, dass die Beweislastumkehr in Arzthaftungsprozessen grundsätzlich patientenfreundlich praktiziert werden muss. Unter bestimmten Voraussetzungen soll nicht der klagende Patient, sondern der Mediziner die Ursachenzusammenhänge des Behandlungsfehlers beweisen (BGH, Urteil vom 27.04.2004, AZ: VIZR34/03).

Urteil 3: Der Patient muss Fehler des Pflegepersonals nicht beweisen. »Wird ein Patient bei der Behandlung durch einen Krankenpfleger verletzt, haftet das Pflegepersonal, ohne dass der Patient einen Behandlungsfehler nachweisen muss.« (OLG Zweibrücken). Das Gericht sprach mit seinem Urteil einem Patienten Schmerzensgeld wegen einer Darmverletzung zu. Die Richter betonten, ein Patient sei häufig gar nicht in der Lage, den Nachweis eines Behandlungsfehlers zu führen. Daher gelte auch bei pflegerischen Maßnahmen eine sog. Beweislastumkehr. Wenn feststehe, dass es im Zusammenhang mit einer Behandlung zu einer Verletzung des Patienten gekommen sei, müsse der behandelnde Arzt oder Pfleger nachweisen, ordnungsgemäß gearbeitet zu haben. Der heute 77 Jahre alte Patient (Kläger) beansprucht wegen einer Darmperforation bei einer Einlaufbehandlung (Klysma) von der Klinik und dem Krankenpfleger

▼

(Beklagten) Schmerzensgeld in Höhe von mindestens € 60.000,-. Der Krankenpfleger verabreichte dem Patienten 2 Tage nach einer Bypassoperation einen
Darmeinlauf, ohne den Patienten über die Risiken aufzuklären. Wegen plötzlich
auftretender Bauchschmerzen und danach festgestellten Kontrastmittelaus-
tritts aus dem Enddarm wurde der Kläger notfallmäßig laparotomiert.

Zur Urteilsbegründung: Die zulässige Berufung der Beklagten (Klinik und
Krankenpfleger) ist unbegründet. Das Landgericht hat eine vertragliche
Haftung der beklagten Klinik nach §§ 253 Abs. 2, 280 Abs. 1 Satz 1, 278 BGB
und eine deliktische Haftung des Krankenpflegers nach §§ 253 Abs. 2, 823
Abs. 1 BGB dem Grunde nach zu Recht angenommen. Die Verwendung eines
Klysmas ist einem Bereich zuzuordnen, der von der Behandlungsseite voll
beherrscht werden kann und muss. In einem solchen Bereich muss nicht der
Patient einen Behandlungsfehler nachweisen, sondern der Krankenhausträger
sich in Umkehr der Beweislast entlasten. Für den nur deliktisch haftenden
Krankenpfleger kann nichts anderes gelten (OLG Zweibrücken, Urteil vom
16.01.2007 AZ: 5U48/06).

Die Beweislastumkehr setzt vornehmlich bei Risiken ein, die insbesondere
im Medizin- und Pflegebereich entstehen und die vom Träger und von den
Beschäftigten sicher beherrscht werden sollten. Hierzu rechnet der Bundesgerichtshof die Organisation und Koordination des Behandlungsgeschehens
sowie den Zustand der dazu benötigten Geräte und Materialien.

Die vom Bundesgerichtshof entschiedenen Fälle betreffen vorwiegend auch
die Arbeit der Pflegeberufe. Nach Auffassung des Bundesgerichtshofes ist die
Beweislastverteilung besonders in der Risikosphäre des Pflegedienstes gegeben,
wenn das Pflegepersonal in seinem eigenen Aufgabenbereich tätig wird, und
nicht etwa Hilfsdienste im Kernbereich des ärztlichen Handelns leistet.

❯ Tipps

Schriftliche Standards für pflegerische Aufgaben und die Dokumentation
der Maßnahmen sind wesentlicher Bestandteil für eine spätere juristische
Auseinandersetzung im Rahmen der Beweislastumkehr. Nur so können Sie
auch nach beispielsweise 15 Jahren bei zivilrechtlichen Ansprüchen des Patienten den Beleg über die zum Zeitpunkt der durchgeführten Pflege gültigen Standards und über Person und Zeit der Pflegeleistung führen.

▶ Arbeitsschutz, Dekubitus, Dokumentation, Haftung, Hygiene, Sturz

Blutzuckerkontrollen

Blutzuckermessungen sind in der Verordnungsrichtlinie Häusliche Krankenpflege geregelt (nach § 92 Abs. 7 SGB V (s. Verordnungsrichtlinie HKP
§ 92 Abs. 7 SGB V) im Verzeichnis verordnungsfähiger Maßnahmen der
Häuslichen Krankenpflege, Anlage der Richtlinie nach § 92 Abs. 1 Satz 2
Nr. 6 SGB V und Abs. 7 SGB V). Hier heißt es unter Punkt 11 »Leistungsbeschreibung«:

»Blutzuckermessung ist die Ermittlung und Bewertung des Blutzuckerge-
haltes kapillaren Blutes mittels Testgerät (z. B. Glucometer)

(1) bei 1. und Neueinstellung eines Diabetes (insulin- oder tabletten-
pflichtig)

(2) bei Fortsetzung der sogenannten intensivierten Insulintherapie«

Unter »Bemerkung« steht:

»Blutzuckerkontrollen/Bestimmungen sind nur verordnungsfähig bei Patienten mit

1. einer so hochgradigen Einschränkung der Sehfähigkeit, dass es ihnen
   unmöglich ist, dass kapillare Blut zu entnehmen, auf den Teststreifen zu
   bringen und das Messergebnis abzulesen zu können.

2. bei Patienten mit einer so erheblichen Einschränkung der Grob- und
   Feinmotorik der oberen Extremitäten, dass sie das kapillare Blut nicht
   entnehmen und auf den Teststreifen bringen können.

3. nur bei Patienten mit einer so starken Einschränkung der körperlichen
   Leistungsfähigkeit, dass sie zu schwach sind, dass kapillare Blut zu ent-
   nehmen und auf den Teststreifen bringen zu können (z. B. moribunde
   Patienten).

4. oder bei Patienten mit einer so starken Einschränkung der geistigen
   Leistungsfähigkeit oder Realitätsverlust, dass die Compliance bei der Diagnostik nicht sicher gestellt ist.«

Diese Punkte müssen aus der Verordnung hervorgehen. Der ärztliche Behandlungsplan legt die Anzahl von Blutzuckermessungen fest. Diese wiederum
richtet sich nach der ärztlich verordneten Medikamententherapie.

Beispiel

Fall 1: Der Patient wurde nach einer Insulineinstellung aus dem Krankenhaus entlassen. Der entsprechende Hausarzt/Diabetologe ordnete eine
3-mal tägliche Insulingabe und Blutzuckermessungen an. Der Pflegedienst
wurde beauftragt, diese Insulininjektionen und Blutzuckermessungen
durchzuführen und die entsprechenden Werte dem Hausarzt/Diabetologen
zu übermitteln. Der Pflegedienst führt diese Anweisungen auf der Grundlage der genannten Verordnungsrichtlinien und Genehmigung durch die
zuständige Krankenkasse aus. Am Wochenende kommt es zu starken Blut-
zuckerschwankungen. Der Pflegedienst erreicht den zuständigen Hausarzt
nicht. Er ändert daraufhin die Insulindosis eigenmächtig, weil der Blutzuckerwert stark schwankt.

Voraussetzung für eine Veränderung des Insulins und damit der Therapie
sind detaillierte Absprachen (Insulingabeschema) zwischen behandelndem
Arzt und Pflegedienst. Ein selbstständiges Eingreifen ohne ärztliche Anordnung ist nicht statthaft. Alle daraus resultierenden Konsequenzen hat der
Pflegedienst zu tragen.

❗ Pflegekräfte dürfen ohne die Genehmigung eines Arztes **keine** Änderungen
der Therapie vornehmen. Es muss immer einer Rücksprache mit dem entsprechenden Arzt erfolgen. Im Zweifel hat der Pflegedienst den kassenärztlichen
Notdienst bzw. die Feuerwehr zu rufen.

Das oben aufgeführte Beispiel zeigt, dass sich die Theorie oft völlig von der
pflegedienstlichen Praxis unterscheidet. Pflegedienste sollten hier sehr gewissenhaft und sorgfältig, vor allem aber praxiskonform handeln. Bei Blutzucke-
reinstellungen bzw. -kontrollen sollten immer Insulin-Schemata vom Arzt
erstellt werden, anhand derer sich der Pflegedienst bei Blutzuckerschwan-
kungen orientieren kann. Auch sollten Pflegedienste sich informieren, an wen
sie sich bei Notfällen am Wochenende bzw. jenseits der Arbeitszeiten wen-
den können. Von einer eigenmächtigen Änderung der Insulindosierung ist
dringend abzuraten. Sollten die Ärzte nicht kooperieren, sind entsprechende
schriftliche Vermerke anzufertigen und die Kostenträger zu informieren. Der
Patient ist über den gesamten Sachverhalt aufzuklären; bei verwirrten oder
demenziell erkrankten Patienten die Angehörigen mit Vollmacht bzw. der
Betreuer. Bestehen die genannten Personen auf andere Maßnahmen bzw. eine
Angleichung, ist dieses nach Prüfung der Entscheidungskompetenz desjeni-

gen im Einzelfall zu prüfen und zu dokumentieren bzw. nach Umsetzungs-möglichkeiten zu suchen.

Beispiel

Fall 2: Nach seiner Entlassung aus dem Krankenhaus wird ein Patient durch den Pflegedienst 3-mal täglich ambulant mit Insulin und Blutzu-ckerbestimmung versorgt. Die Krankenkasse lehnt die Blutzuckerkontrolle nach 2 Wochen ab. In der 5. Woche kommt es beim Patienten während des Morgeneinsatzes zu starkem Schweißausbruch. Der Pflegedienst spritzt die angegebene Insulindosis. Der Patient erleidet daraufhin einen hypoglykämi-schen Schock (Unterzuckerung) und muss in stationäre Behandlung.

Der Pflegedienst haftet in diesem Fall für die getroffene Fehlentscheidung, sofern er nicht nachvollziehbar nachweisen kann, dass die Entscheidung begründet war und die Folgen nicht vorhersehbar waren.

Bewertung: Obwohl die Krankenkasse die Kosten für die vom Arzt ver-ordnete, also medizinisch notwendige Behandlungspflege verweigert hat, haben der Pflegedienst sowie der zuständige examinierte Mitarbeiter den Sachverhalt zu bewerten. Sie müssen es fachlich dokumentieren und der Ausnahmesituation entsprechend handeln. Die examinierte Pflegekraft hätte die Unterzuckerung erkennen müssen. Sie hätte anschließend den Hausarzt bzw. den kassenärztlichen Notdienst informieren oder einen Notruf absetzen müssen. Denn der Pflegedienst darf ohne ärztlichen Ratschlag keine Insu-lininjektion verabreichen.

❯ Tipps

Lehnt die Krankenkasse eine Behandlungsmaßnahme ab, klären Sie, wie Sie im Notfall handeln sollen. Wenn die Ablehnung **nicht** fachlich begründet ist, informieren Sie den Patienten und/oder die Angehörigen über Ihr Wi-derspruchs- und Klagerecht. Sprechen Sie mit dem zuständigen Arzt und weisen Sie die Krankenkasse schriftlich auf die Konsequenzen hin.

▶ Behandlungspflege

Datenschutz

Medizinische und pflegerische Daten gehören zu den sensibelsten Informationen. Den Umgang mit Patientendaten regeln mehrere gesetzliche Grundlagen. Nach der Rechtsprechung des Bundesverfassungsgerichts sind die landes- und bundesrechtlichen Datenschutzbedingungen durch Grundsätze geprägt.

Grundsätze der Datenschutzbedingungen

- Informationelles Selbstbestimmungsrecht des Einzelnen
- Strenge Zweckbindung der Daten
- Beachtung des Übermaßverbotes bei der notwendigen Datenerfassung und Datenübermittlung
- Normenklarheit bei den entsprechenden Regelungen

Der Patient erklärt sich bei Abschluss des Pflegevertrages sowohl mit der Erhebung, Speicherung, Übermittlung als auch mit der Offenbarung personenbezogener Daten einverstanden. Hierzu gehören alle Vorgänge, die mit seiner Behandlung und Pflege verbunden sind. Im Sinne des § 203 StGB (Schweigepflicht) geht er davon aus, dass die Informationen nur zum Zwecke der fachlichen Kommunikation in der Einrichtung verwendet werden.

Zur Erfüllung gesetzlicher Mitteilungspflichten ist eine Offenbarung der Informationen zulässig u. a.:

- Zur Abwendung geplanter Straftaten nach § 138 StGB
- Zum Schutz der öffentlichen Gesundheit nach Infektionsschutzgesetz
- Zur Bekämpfung von Geschlechtskrankheiten

Die Sozialgesetzbücher sehen einen weiteren Schutz von Daten im Gesundheitswesen vor. So können Verstöße nach § 83 SGB X als Ordnungswidrigkeit mit einer Geldbuße bis zu € 25.000,- je Verstoß geahndet werden.

Datenschutz in der Praxis

Folgende Maßnahmen dienen der Umsetzung des Datenschutzes in der Praxis:

1. Zugangskontrolle
   - Schaffung von Sicherheitsbereichen
   - Benennung befugter Personen
   - Berechtungsausweise, Codekarten
   - Anwesenheitsaufzeichnungen
   - Regelungen für betriebsfremde Personen
2. Datenträgerkontrolle
   - Absicherung der Bereiche, in denen Datenträger aufbewahrt werden
   - Maßnahmen gegen unbefugtes Entfernen
   - Ausgabe von Datenträgern nur an autorisierte Personen
3. Bestandskontrollen
   - Datenträgerlagerung in einem Sicherheitsbereich
   - Kontrollierte Vernichtung von Datenträgern mit Erstellung eines Protokolls
   - Regelung der Anfertigung von Kopien
4. Speicherkontrolle
   - Einsatz von Passwörtern für Dateien und Programme
   - Regelung von Vergabe, Verwendung und Änderung von Passwörtern
   - Protokollierung der Dateibenutzung
   - Automatisches Abschalten der Datenstationen nach längerer Nichtbenutzung
5. Benutzerkontrolle
   - Identifizierung des Nutzers gegenüber dem DV-System
   - Abschalten der Datenstationen bei drei fehlerhaften Passworteingaben
   - Regelung der Benutzerberechtigung
   - Auswertung von Protokollen
6. Zugriffskontrolle
   - Datenstationen mit Funktionsberechtigungsschlüsseln
   - Teilzugriffsmöglichkeiten auf Datenbestände und Funktionen
7. Übermittlungskontrolle
   - Dokumentation der Ablauf- und Übermittlungsprogramme
   - Protokollierung der Datenübermittlung

8. Eingabekontrolle
   - Datenerfassungsanweisung
   - Protokollierung der Eingaben
   - Speicherung des Erfassers bei den Eingaben
   - Vorgangsprotokollierung für jeden Einzelfall
9. Organisationskontrolle
   - Regelung zur System- und Programmprüfung
   - Datensicherungskonzept

Bei Pflegedokumentationen bzw. speziellen Pflegeplänen (Bewegung, Ernährung, Trinkprotokolle, BTM-Protokolle usw.) treffen oft unterschiedliche vertragliche und datenschutzrechtliche Regelungen zwischen Kostenträger und Pflegedienst aufeinander.

Beispiel

Fall 1: Der Pflegedienst lässt die Dokumentation und die entsprechenden Protokolle beim Patienten zu Hause offen herumliegen. Angehörige und Freunde nehmen Einsicht in die Akten. Es kommt schließlich zur Übermittlung von Daten aus der Pflegedokumentation. Der Patient nimmt den Pflegedienst dafür in Haftung und wechselt die Einrichtung.

❯ Tipps

Lassen Sie sich von Ihren Patienten bzw. deren Betreuer bestätigen, dass die geführte Dokumentation in der Häuslichkeit aufbewahrt werden darf.

Der Patient kann seine Einwilligung in Form einer Schweigepflichtentbindungserklärung geben. In der Regel genügt eine Unterschrift auf der geführten Pflegedokumentation.

Beispiel

Fall 2: Mitarbeiter einer Krankenkasse kommen zu einem Patienten, nehmen Einblick in die Pflegedokumentation und andere Protokolle, kopieren diese und nehmen die Information als Grundlage für leistungsrechtliche bzw. vertragsrechtliche Entscheidungen.

Die Pflegedokumentation ist Eigentum des Pflegedienstes. Das Kopieren einer Dokumentation oder Teile davon, ohne rechtlichen Hinweis bzw. Legitimation (z. B. Einverständniserklärung) der Beteiligten (Patient/Betreuer/Pflegedienst), ist rechtswidrig. Dies gilt auch dann, wenn eine Krankenkasse Kopien von entsprechenden Inhalten anfordern sollte. Der Pflegedienst sollte in diesem Fall zunächst den anfordernden Kostenträger schriftlich und unmissverständlich darauf hinweisen, dass die Übermittlung der genannten Papiere datenschutzrechtlich unzulässig ist. Er sollte den Vorgang parallel an den zuständigen Datenschutzbeauftragten des jeweiligen Bundeslandes melden. Des Weiteren sollte der Pflegedienst entweder auf Verbandsebene oder direkt mit dem Datenschutzbeauftragten die getroffenen vertraglichen Regelungen in der Häuslichen Krankenpflege bzw. Pflegeversicherung grundlegend klären.

▶ Dokumentation, Einsichtsrecht, Remonstration, Schweigepflicht

Notizen für den Alltag

Dekubitus

Das Entstehen eines Dekubitus, seine mangelnde Prophylaxe und Versorgung wird unter strafrechtlichen, zivilrechtlichen und sozialrechtlichen Aspekten als Pflegefehler eingestuft. Auch wenn selbst unter konsequentem Einsatz aller pflegerischen Möglichkeiten ein Dekubitus entstehen kann, muss aus rechtlicher Sicht jeder Einzelfall geprüft werden. Die Haftung gegenüber dem Patienten bzw. seiner Krankenkasse liegt zunächst beim Träger der Einrichtung. Hier gelten der Patientenaufnahmevertrag (Krankenhaus), der Heimvertrag (Pflegeheim) oder der Pflegevertrag (ambulante Pflege). Darin wird dem Patienten/Bewohner die Pflege nach dem aktuellen Stand der Wissenschaft zugesichert. Der Träger leitet diese Leistungsverantwortung auf die jeweilige Leitungs- und Fachkraftebene weiter. Die Eigenverantwortlichkeit der Pflege ist im Altenpflege- und Krankenpflegegesetz, jeweils § 3, definiert.

Ein Urteil des Oberlandesgerichts Düsseldorf vom 16.06.2004 bestätigte die volle Eigenverantwortlichkeit der Pflege für die Dekubitusprophylaxe. Hauptbelastungsmoment gegen Pflegende ist in vielen rechtlichen Auseinandersetzungen die mangelnde Dokumentation.

Allen Pflegefachkräften sollte der Expertenstandard »Dekubitusprophylaxe in der Pflege« des Deutschen Netzwerkes für Qualitätsentwicklung in der Pflege (DNQP) bekannt sein. Das bedeutet: Alle prophylaktischen Maßnahmen müssen darauf zielen, einen Dekubitus zu vermeiden. Für den pflegerischen Alltag sind Standards für die Dekubitusprophylaxe insbesondere aus rechtlichen und organisatorischen Gründen wichtig. Dies ergibt sich auch aus den gesetzlich geforderten Maßnahmen der Qualitätssicherung im Sinne von SGB V und SGB XI. Kommt es zu rechtlichen Auseinandersetzungen im straf- bzw. zivilrechtlichen Bereich, und es liegen keine Standards zu dem zutreffenden Pflegebereich und den Tätigkeiten vor, so wird sich die Anklage jeweils auf den aktuellen Stand der Technik und Wissenschaft berufen.

Für die ambulante Pflege liegen hierzu nur wenige Gerichtsentscheidungen vor. Die nachfolgenden Urteile hätten jedoch auch in der ambulanten Versorgung ähnlich ergehen können.

Beispiel

Urteil 1: Im Krankenblatt eines Krankenhauspatienten, bei dem die ernste Gefahr eines Durchliegegeschwürs (Dekubitus) besteht, sind sowohl die Gefahrenlage als auch die ärztlich angeordneten Vorbeugemaßnahmen zu dokumentieren (BGH, Urteil vom 18.03.1986, AZ: VI ZR 215/84).

Urteil 2: € 12.500,- Schmerzensgeld: Das Auftreten eines erheblichen Druckgeschwürs lässt regelmäßig auch bei einem Schwerstkranken auf grobe Pflege- und/oder Lagerungsmängel schließen (OLG Köln Urteil vom 04.08.1999 – 5 U 19/99).

Urteil 3: € 900,- Geldstrafe wegen fahrlässiger Körperverletzung erhielt der Leiter eines Alten- und Pflegeheims mit der Feststellung, dass der Dekubitus einer Bewohnerin auf einem Pflegemangel beruht und vom Angeklagten als Verantwortlichen mit Wissen und Wollen nicht ordnungsgemäß versorgt und gepflegt wurde (OLG Karlsruhe Urteil vom 06.09.2004, 1 Ss 84/04).

Der Pflegedienst muss in jedem Fall nachweisen können, dass er im Rahmen seiner vertraglichen, fachlichen und qualitätssichernden Kompetenz alles getan hat, um einen Dekubitus zu vermeiden. Gelingt dem Pflegedienst der Nachweis lückenlos, könnte unter Umständen die Krankenkasse haftungsrechtlich in Anspruch genommen werden. Ähnlich gelagerte Fälle gibt es tagtäglich bei der Lieferung und Zurverfügungstellung entsprechender Hilfsmittel. Auch die umstrittene Prophylaxenregelung (▶ Prophylaxe) macht es äußerst schwierig, leistungsrechtliche, haftungsrechtliche und qualitätssichernde Aspekte zu bewerten.

Nützliche Schwerpunkte zur Dekubitusprophylaxe im Falle eines Rechtstreits

▬ Verbindliche Vorgabe von prophylaktischen und therapeutischen Maßnahmen (Standards) auf der Grundlage der nationalen Expertenstandards

▬ Anwendung von Dekubitusgefährdungsskalen und Bewertungsschemen z. B. Braden- oder Norton-Skala

▬ Regelmäßige Evaluation der pflegerischen Maßnahmen im Sinne der Qualitätssicherung

▼

- Qualifizierung der Mitarbeiter durch Fort- und Weiterbildung
- Klare Aufgabendefinition der eingesetzten Berufsgruppen im Wundmanagement
- Remonstration bei gefahrengeneigter Versorgung gegenüber dem Arzt, Träger oder Kostenträger
- Bewegungsplan/Förderung der Mikrobewegungen
- Dokumentation mit Foto
- Fingertest zur Deutung von Hautrötungen
- Risikodokumentation
- Keine Verwendung von echten oder künstlichen Fellen
- Einsatz von Dekubitusbeauftragen
- Prävalenz- und Inzidenzmessungen (Gesamtzahl und Neuerkrankungen)
- Aktualisierung einer Negativliste, nicht zu verwendender Substanzen
- Keine Wasserkissen, Gummiringe, Watteverbände zum Weichpolstern
- Kein Melkfett
- Pflegeproblem in Pflegevisiten bewerten und stets dokumentieren

❯ Tipps
Achten Sie immer auf eine lückenlose Dokumentation, in der nachvollziehbare, mit Zeitabläufen beweisbare Tatsachen festgehalten werden.

Notizen für den Alltag

Delegation

Im Pflegealltag kommt es oftmals zu Kompetenzproblemen zwischen ärztlicher und pflegerischer Profession bzw. zwischen Pflegefach- und Hilfskräften, insbesondere wenn es um die Übertragung und Übernahme ärztlicher Aufgaben geht. In der Altenpflege sind Aufgabenstellung und Verantwortung für Pflegende in § 3 des Altenpflegegesetzes, Abs. 2, geregelt: »Die Mitwirkung bei der Behandlung kranker alter Menschen einschließlich der Ausführung ärztlicher Verordnungen«.

Im Krankenpflegegesetz steht unter § 3 (2) 2.: »Die folgenden Aufgaben im Rahmen der Mitwirkung [sind] auszuführen:

a) Eigenständige Durchführung ärztlich veranlasster Maßnahmen
b) Maßnahmen der medizinischen Diagnostik, Therapie oder Rehabilitation«

Im Sinne des BGB können der Pflegeperson nur solche Tätigkeiten übertragen werden, die ihr billigerweise zugemutet werden können (§§ 315ff.). Hierzu gehören Injektionen, Infusionen, Sondierungen und Katheterisierung.

Eine Delegation der ärztlichen Aufgaben muss schriftlich auf dem Verordnungsblatt häusliche Krankenpflege erfolgen (▶ Ärztliche Anordnung). Die Anordnung im Sinne der Verordnungsrichtlinie muss klar verständlich formuliert sein und bei Zweifeln Rücksprache gehalten werden. Der Patient muss laut Pflegevertrag in die Maßnahme einwilligen, wenn es sich um eine nicht delegationsfähige ärztliche Tätigkeit handelt, z. B. eine intravenöse Infusion. Hat der Pflegende bei der Übernahme einer Aufgabe Bedenken, so sind diese schriftlich festzuhalten (▶ Remonstration). Der Arzt wiederum muss sich von der Qualifikation der Pflegeperson überzeugt haben, bevor er ihr eine Maßnahme überträgt. Ein Verweigerungsrecht für die Pflegeperson besteht, wenn sie unüberschaubare Komplikationen in diesem Einsatz befürchtet und aufgrund mangelnder Fachlichkeit die sichere Durchführung dieser Maßnahme nicht gewährleisten kann oder die Durchführung dieser ärztlichen Anordnung einen strafrechtlichen Tatbestand darstellen würde.

Der Arzt trägt in jedem Fall die Anordnungsverantwortung und die Pflegeperson die Durchführungsverantwortung (Übernahmeverschulden). Für mehr Klarheit im Pflegealltag sorgen Standards und Dienstanweisungen, die durch den Träger der Einrichtung bzw. von ihm Beauftragten (Pflegedienstleitung mit allen Beteiligten) abzustimmen und zu verantworten sind.

Die Delegationsverantwortung betrifft auch das interne Pflegemanagement. Problematisch hierbei ist indessen die Weiterdelegation einer übernommenen ärztlichen Aufgabe an eine weitere Pflegeperson.

Beispiel

Fall: Ein Arzt hat eine Infusion verordnet und die Pflegedienstleitung des ambulantes Pflegedienstes die Delegation auf sich genommen. Sie überträgt die Ausführung auf eine Schülerin im 1. Ausbildungsjahr, die gerade als Praktikantin eingesetzt ist. In diesem Fall trifft bei einer Schädigung des Patienten für die Pflegedienstleitung neben dem Übernahmeverschulden auch die Anordnungsverantwortung und die Durchführungsverantwortung zu.

Das folgende Beispiel aus dem stationären Bereich ist als exemplarisch anzusehen:

Beispiel

Urteil: Der Kläger kam am 23.06 im Kreiskrankenhaus aus einer Steiß- und Fußlage zur Welt. Er erlitt in der manuell unterstützten Geburt auf vaginalem Wege eine geburtstraumatische krankhafte Veränderung des Rückenmarks und einen Schlüsselbeinbruch rechts. Als Folgen sind u. a. beide Beine von der Hüfte abwärts schlaff und gelähmt. Die Beklagten waren neben den Nachtschwestern, die am 22.06 bzw. 23.06 in der Klinik Nachtdienst hatten, auch der Träger des Krankenhauses. Der Kläger nahm den Träger der Klinik und die beiden Nachtschwestern gesamtschuldnerisch auf Ersatz seiner immateriellen und materiellen Schäden in Anspruch.

Zur Urteilsbegründung:
Krankenschwestern sind nicht befugt, ohne ärztliche Anweisung Therapieversuche vorzunehmen, obwohl ein Arzt erreichbar ist (hier: Höherstellen des Wehentropfes, um die Wehentätigkeit zu verringern bzw. zu unterdrücken). Geschieht dieses doch, so ist das Verhalten auch dann als grob fehlerhaft zu bewerten, wenn das eigenmächtige Verstellen des Tropfes in anderen Fällen von den Ärzten geduldet oder gar angeregt wurde. Der Träger eines Krankenhauses mit Belegabteilung ist verpflichtet, auch in diesem

▼

Bereich in ausreichendem Maß nichtärztliches Personal zu stellen und organisatorisch sicherzustellen, dass das Personal ausreichende Anweisungen erhält. Soweit der Träger die Aufnahme zur Geburtshilfe bei Risikogeburten zulässt, trifft ihn die Pflicht, dafür zu sorgen, dass ein in jeder Hinsicht ausreichender ärztlicher Bereitschaftsdienst vorhanden ist (OLG Stuttgart, Urteil vom 20.08.1992, AZ: 14U3/92).

> **Tipps**
Die Verantwortung für eine nachweislich fachgerecht ausgeführte Leistung entsprechend der ärztlichen Verordnung obliegt dem Pflegedienst bzw. der Pflegedienstleitung. Die Dokumentation ist hierbei oft das einzige Beweismittel. Vor Übernahme einer ärztlichen Tätigkeit überprüfen Sie die schriftliche Anordnung und entscheiden Sie, ob Sie fachlich in der Lage sind, diese durchzuführen. Beachten Sie auch, dass der Patient einwilligen muss und bestehen Sie vor allem auf eine klare Regelung (Dienstanweisung) durch den Träger bzw. Vorgesetzten der Einrichtung.

▶ Ärztliche Anordnung, Aufgabenstellung der Pflege, Befähigungsnachweis, Dokumentation, Remonstration, Verordnungsrichtlinie

Notizen für den Alltag

Dienstfahrzeuge

Grundlage für den Umgang mit Dienstfahrzeugen ist eine Dienstwagenordnung. Darin sind Fragen sowohl zum Führerschein und zur Fahrtüchtigkeit der einzelnen Mitarbeiter als auch zur Reinigung, Wartung, Haftung und zu technischen Fehlern zusammengefasst. Ambulante Pflegedienste müssen gesetzliche Grundlagen kennen sowie rechtliche Aspekte zum Umgang mit Dienstwagen im Fuhrparkmanagement erfüllen.

Was passiert bei Führerscheinentzug bis 4 Wochen und darüber? Ist der Führerschein Bestandteil des Arbeitsvertrages? Diese Fragen sind im Arbeitsvertrag klar zu regeln. Die Pflegedienste sind außerdem angehalten, den Führerschein ihrer Mitarbeiter regelmäßig zu kontrollieren. Innerhalb der Dienstwagenordnung ist auch zu regeln, dass der Mitarbeiter vor Dienstantritt die technische Fahrtüchtigkeit des Fahrzeuges überprüft. Er darf zudem nicht unter Drogen, Alkohol sowie Medikamenten, die die Fahrtauglichkeit beeinflussen, stehen.

> **Beispiel**
>
> **Fall:** Eine Arbeitnehmerin wird mit einem Dienstwagen bei einer Geschwindigkeitsübertretung auffällig. Ihr Arbeitgeber teilt der Polizei auf Nachfrage deren Namen mit. Die Polizei stellt daraufhin fest, dass die Mitarbeiterin zum Zeitpunkt des Vorfalls nicht im Besitz eines gültigen Führerscheins war. Deshalb wurde gegen den Inhaber der Firma als eingetragener Halter des Dienstwagens ein Strafverfahren eingeleitet. Der Arbeitgeber konnte sich nicht damit entlasten, dass die Arbeitnehmerin bei Einstellung schriftlich versicherte, dass sie im Besitz eines gültigen Führerscheins war. Er hätte die Pflicht gehabt, sich diesen regelmäßig im Original vorlegen zu lassen.

Die gesetzliche Mindesteinziehungszeit eines Führerscheins beträgt 1 Monat. Es empfiehlt sich daher, einen Verantwortlichen innerhalb des Pflegedienstes zu berufen, der sich den Führerschein im Original alle 4 Wochen vorlegen lässt. Das Ergebnis sollte nachvollziehbar dokumentiert werden.

❗ Bußgelder sind Arbeitsentgelt und damit sozialversicherungspflichtig.

Beispiel

Urteil: Ein Arbeitgeber erklärte sich bereit, das verhängte Bußgeld für den bei ihm beschäftigten Arbeitnehmer zu bezahlen. Das Sozialgericht Leipzig entschied mit Beschluss vom 16.08.2006, dass es sich insoweit um beitragspflichtiges Entgelt handelt, und zwar auch dann, wenn der rechtswidrige Verstoß in überwiegendem eigenbetrieblichem Interesse des Unternehmens liegt, z. B. bei Geschwindigkeitsübertretungen, um eine termingerechte Erfüllung der Pflegetour zu gewährleisten. Der Grund für die Sozialpflichtigkeit liegt darin, dass der Arbeitgeber auf eine fremde Schuld, d. h. auf die des fahrenden Arbeitnehmers leistet. Der Bundesfinanzhof hatte im Juli 2004 im Gegensatz hierzu entschieden, dass die Bezahlung von Bußgeldern nicht als Arbeitslohn anzusehen ist, sondern lediglich als notwendige Begleiterscheinung einer »betriebsfunktionellen Zielsetzung«. Solche Vorteile sollen demnach keinen Arbeitslohncharakter besitzen.

Eine neuere Entscheidung des Bundessozialgerichtes besagt: Jeder Arbeitgeber darf das Bußgeld für seinen Arbeitnehmer bezahlen, jedoch hat er hierauf zusätzlich die Anteile der Renten-, Arbeitslosen-, Kranken- und Pflegeversicherung zu berechnen und auch abzuführen.

Notizen für den Alltag

Dokumentation

Die Pflegedokumentation, ob in Papierform oder EDV-gestützt, gehört zu den selbstverständlichen Instrumenten der Pflege. Pflegende haben ihre Aufgaben eigenverantwortlich im Sinne des Altenpflege- und Krankenpflegegesetzes sowie der Qualitätssicherung zu erfüllen. Darum auch gewährleistet die Dokumentation eine fachliche und sichere Kommunikation aller an der Pflege und Behandlung beteiligten Leistungserbringer. Eine ausführliche, sorgfältige und vollständige Dokumentation der ärztlichen und pflegerischen Maßnahmen gehört darüber hinaus zu den selbstverständlichen Pflichtleistungen gegenüber dem Patienten und ist im Interesse des geschlossenen Pflegevertrages. Für die Umsetzung einer einwandfreien Pflegedokumentation hat der Träger der Einrichtung Sorge zu tragen. Auch in strafrechtlichen und zivilrechtlichen Prozessen trägt die Dokumentation wesentlich zur Qualitäts-, Therapie- und Pflegebeweissicherung bei.

Als haftungsrechtliches Beweismittel dient die Dokumentation der Entlastung des Pflegepersonals, wenn sie vollständig, ordnungsgemäß und im unmittelbaren zeitlichen Zusammenhang erstellt wurde. Vor Gericht wird sie als Wahrnehmung der Sorgfaltspflicht gewertet.

Der MDK-Bericht 2007 zur Pflegequalität verweist auf die Hauptmängel im Pflegeprozess und in der Pflegedokumentation. Es sind sowohl Anordnungen pflegerischer- als auch ärztlicherseits schriftlich in der Dokumentation zu fixieren und mit Unterschrift abzuzeichnen. Die Dokumentation darf nur mit dokumentenechtem Kugelschreiber oder in der EDV mit Sicherheitskriterien erfolgen. Fehler werden mit einem waagerechten Strich markiert, so dass der ursprüngliche Text lesbar bleibt. Radierungen, Überklebungen und Überschreibungen sind verboten.

Anordnung und Durchführung von pflegerischen Tätigkeiten sind von der betreffenden Pflegeperson oder dem Arzt mit Datum, Zeit und dem entsprechend zuzuordnenden Handzeichen zu dokumentieren. Früh-, Spät-, und Nachtdienst sollten jeweils farbspezifisch definiert werden. Eine Identitätsliste der Handzeichen mit Namen der Mitarbeiter muss stets parallel zur Dokumentation geführt und später archiviert werden. Die Archivierung sollte zentral über die Pflegedienstleitung erfolgen.

Anforderungen
Grundlagen:
- Warum? Qualitätssicherung, Therapiesicherung, Abrechnungssicherung, Beweissicherung, Dokumentation ist Urkunde
- Wer? Jeder, der medizinische oder pflegerische Maßnahmen am Patienten vornimmt
- Wann? Zeitnah
- Wie? Lesbar und verständlich
- Was? Diagnose, Therapie, Pflege (Anamnese, Planung, Maßnahmen, Bericht), Verweis auf Standards, Prophylaxe, atypische Verläufe, Anordnungen, durchgeführte Maßnahmen, Ergebnisse der Maßnahmen und Komplikationen

Ziele und Wirkung:
- Nachweis von sicherer Pflege
- Nachweis von Art und Umfang der Pflegebedürftigkeit und der Pflegeleistungen
- Nachweis der Pflegequalität/Qualitätssicherung
- Nachweis der Pflegebedürftigkeit und Pflegeleistung gegenüber dem MDK oder Heimaufsicht
- Sichere Überleitung des Patienten an die weiteren Pflegeeinheiten (Überleitungsdokumentation)
- Umsetzung der Verpflichtung aus den §§ 3 des Krankenpflegegesetzes und Altenpflegegesetzes
- Ermittlung des qualitativen und quantitativen Pflegebedarfs
- Sicherung der fachlichen Kommunikation und Information zwischen den verschiedenen Leistungserbringern, Arbeitsgruppen und Bereichen
- Risikoerhebung
- Koordinationsinstrument der Pflegeplanung/des Pflegeprozesses
- Urkunde Pflegedokumentation
- Beweissicherung

Rechtliche Grundlagen:
- Krankenversicherungsgesetz §§ 112, 137, 294
- Pflegeversicherungsgesetz §§ 80, 104, 105
- Krankenpflegegesetz § 3, Abs. 2,1
- Altenpflegegesetz § 3

- Heimgesetz §§ 11, 13
- Vertragsrecht in Gestalt des Pflegevertrages
- BGH, Urteil vom 27.06.1976
- BGH, Urteil vom 18.03.1986 AZ VI ZR 215/84
- BGH, Urteil vom 18.12.1990 AZ VI ZR 169/90
- OLG Düsseldorf, Urteil vom 16.06.2004 AZ I–15 U 160/03
- § 267 StGB (Urkundenfälschung)

Mögliche Rechtsfolgen:
- Strafrechtlich (Körperverletzung, fahrlässige Tötung)
- Zivilrechtlich (delektischer Schadenersatz, vertraglicher Schadenersatz)
- Arbeitsrechtlich (Abmahnung, verhaltensbedingte Kündigung, außerordentliche, fristlose Kündigung)

Die Pflegedienstleitung (Organisations- bzw. Anordnungsverantwortung) hat dafür Sorge zu tragen, dass Pflegedokumentationen sorgfältig, vollständig und richtig erstellt werden. Jede Pflegeperson, die eine Pflegemaßnahme beim Patienten anordnet oder durchführt, verpflichtet sich, diese Maßnahme zu dokumentieren (Anordnungs- und Durchführungsverantwortung). Die durchgeführten Maßnahmen oder Beobachtungen am Patienten sollten unverzüglich dokumentiert werden, damit später nicht die Korrektheit der Aufzeichnung in Frage gestellt werden kann/muss, falls es zu einer Zeitverzögerung kommt.

Umfang:
Bei Pflegeanamnese, -diagnose und -maßnahmen sind folgende Module zu beachten:
- Name des Patienten/Bewohners
- Durchzuführende Maßnahme
  - Art
  - Form
  - Zeitpunkt
- Durchführender
- Anordnender
- Handzeichen des Durchführenden

Bestandteile:
- Stammblatt
  Pflegeanamnese mit Darstellung der pflegerischen Leistungen
  bezogen auf den Pflegebedarf des Patienten
- Pflegeplanung
  Mit Ressourcen, Problemen, Pflegezielen und geplanten Maßnahmen
  Bewertung der Maßnahmen
- Pflegebericht
  mit Darstellung des aktuellen Zustandes des Patienten
  mit Empfehlung weiterer Maßnahmen
- Ärztliches Verordnungsblatt
- Durchführungsnachweis
  mit Dokumentationen der allgemeinen, speziellen Pflege und Ausführung ärztlicher Verordnungen
- Überwachungsbogen
  mit Protokoll der Vitalzeichen
- Risikodokumentation
  z. B. bei Dekubitus, Mangelernährung, Sturz, Thrombose

Einzelfalldokumentation und Pflegestandard

Liegen für die verschiedenen Pflegemaßnahmen umfangreiche Standards vor, so braucht in der Dokumentation bei der Formulierung von Anforderungen nur auf den jeweils angewandten Standard verwiesen zu werden. Ausführlich beschrieben werden müssen lediglich begründete Abweichungen vom Standard im konkreten Fall. Liegen jedoch keine Standards für die Durchführung bestimmter Maßnahmen in der allgemeinen und speziellen Pflege vor, so müssen die jeweiligen Tätigkeiten, die am Patienten ausgeführt werden, ausführlich beschrieben und dokumentiert werden. In der Dokumentation sollten die Beweggründe für eine bestimmte Maßnahme erläutert werden, außerdem unbedingt Uhrzeit, Name der/des Durchführenden und ein Handzeichen aufgeführt sein (◘ Abb. 4).

Fotodokumentation

Im Straf- und Zivilprozess werden Schadens- und Unfallfotos der Ermittlungsbehörden, u. a. der Polizei, als Urkundenbeweis verwertet, die aktuell digital erfasst und aufgezeichnet sind. Beweissicherheit für das digital übermittelte medizinische Dokument lässt sich nur durch den Sicherheitsstan-

Abb. 4. Einzelfalldokumentation bei vorliegendem Pflegestandard

dard eines digitalen Signaturverfahrens (Verschlüsselungsverfahren) ver-
wirklichen. Beim Transport von Dokumenten in digitale Netze, z. B. beim
Datenaustausch, schützt eine verschlüsselte Übertragung vor dem Zugriff
Unbefugter. Das am 01.08.1997 in Kraft getretene Signaturgesetz regelt als
Teil des Informations- und Kommunikationsdienstegesetzes (BGBl. 1997 I,
S. 1870ff.) die Mindestvoraussetzungen für das digitale Signieren mit elek-
tronischen Schlüsseln.

> **Tipps**
> Im Sinne des Strafgesetzbuches (§ 201a) wird empfohlen, das Einverständ-
> nis des Patienten zur Erstellung und Weitergabe der Fotodokumentation als
> Einwilligungserklärung der Dokumentation beizufügen.

Nachträgliche Änderungen

Die Pflegedokumentation als Bestandteil der Krankenakte ist mit den patien-
tenbezogenen Daten als Urkunde anzusehen. Sie enthält konkret auf den Patienten definierte Erkenntnisse aus dem zeitlichen Bezug. Eine nachträgliche

Änderung durch Streichung und/oder Ergänzung wäre im Sinne des § 267 Abs. 1 StGB eine Urkundenfälschung. Wenn Ärzte und Pflegepersonal als Aussteller der ärztlichen und pflegerischen Dokumentation gelten, so haben sie kein Recht, diesen Inhalt jederzeit zu verändern.

> **Tipps**
>
> Sollte eine nachträgliche Veränderung der Dokumentation erforderlich sein, so muss nachvollziehbar sein:
> - Warum?
> - Wann?
> - Wer?
>
> Was stand vorher?

§ 267 Strafgesetzbuch

(1) Wer zur Täuschung im Rechtsverkehr eine echte Urkunde verfälscht oder eine unechte oder verfälschte Urkunde gebraucht, wird mit einer Freiheitsstrafe bis zu 5 Jahren oder mit einer Geldstrafe bestraft.

(2) Der Versuch ist strafbar.

(3) In besonders schweren Fällen ist die Freiheitsstrafe nicht unter einem Jahr.

Aufbewahrung

Die Pflegedokumentation ist Bestandteil der Krankendokumentation. Sie dient dem klagenden Patienten vor Gericht als Beweiserleichterung, wenn es zu beweisrechtlichen Konsequenzen im Rahmen von Behandlungs- und Pflegefehlern kommen sollte. Dies kann u. U. sogar bis hin zur Umkehr der Beweislast führen. Dieses wurde u. a. in dem BGH-Urteil vom 18.03.1986 (AZ: VIZR215/84) bestätigt. Die Krankenunterlagen einschließlich der Pflegedokumentation müssen für die Dauer von 30 Jahren aufbewahrt werden, damit in einem Schadenersatzprozess die Beweislage aus den gegebenen Umständen auf Grundlage der Dokumente erfolgen kann (BGB § 199). Eine Aufbewahrung muss mindestens so lange bestehen, bis feststeht, dass aufgrund der Behandlung und Pflege durch den Patienten keine Schadenersatzansprüche mehr erhoben werden können.

Werden die Akten vorzeitig vernichtet, fehlt bei Schadenersatzansprüchen ein wesentliches Beweismittel für den beklagten Pflegedienst.

Beispiel

Urteil 1: »Im Krankenblatt eines Krankenhauspatienten, bei dem die ernste Gefahr eines Durchliegegeschwürs (Dekubitus) besteht, sind sowohl die Gefahrenlage als auch die ärztlich angeordneten Vorbeugungsmaßnahmen zu dokumentieren. Die Beweiserleichterungen zugunsten des Patienten bei lückenhafter bzw. unzulänglicher ärztlicher Dokumentation gelten auch für den Fall, dass erforderliche Aufzeichnungen über Maßnahmen der Krankenpflege fehlen, die nicht die normale Grundpflege betreffen, sondern wegen eines aus dem Krankheitszustand des Patienten folgenden spezifischen Pflegebedürfnisses Gegenstand ärztlicher Beurteilung und Anordnung sind. Ebenso wie die vom Arzt angeordnete Medikation in das Krankenblatt aufzunehmen ist, ist auch ein derartiges besonderes Pflegebedürfnis und die aus diesem Anlass erforderlichen Maßnahmen zu dokumentieren.

Zur Urteilsbegründung: Nach der Rechtsprechung des erkennenden Senats kommen zugunsten eines Patienten Beweiserleichterungen dann in Betracht, wenn die gebotene ärztliche Dokumentation lückenhaft bzw. unzulänglich ist und deswegen für ihn im Falle einer Schädigung die Aufklärung des Sachverhalts unzumutbar erschwert wird (BGHZ 72, 132, 136; Senatsurteile vom 21.09.1982 – VI ZR 302/80 – VersR 1982, 1193, 1195; vom 10.01.1984 – CI ZR 122/82 – VersR 1984, 354, 355 und vom 24.01.1984 – VI ZR 203/82 – VersR 1984 – 386, 387). Dasselbe hat zu gelten, wenn erforderliche Aufzeichnungen über Maßnahmen der Krankenpflege fehlen, die nicht die normale Grundpflege betreffen, sondern wegen eines aus dem Krankheitszustand des Patienten folgenden spezifischen Pflegebedürfnisses Gegenstand ärztlicher Beurteilung und Anordnung sind. Ebenso wie die vom Arzt angeordnete Medikation in das Krankenblatt aufzunehmen ist, sind auch ein derartiges besonderes Pflegebedürfnis und die aus diesem Anlass erforderlichen Maßnahmen zu dokumentieren.

Diese Verpflichtung bestand auch während der Behandlung der Klägerin im Krankenhaus der Beklagten. Das Berufungsgericht entnimmt dem Gutachten der Sachverständigen, dass bei der Klägerin die hochgradige Gefahr des Entstehens eines Durchliegegeschwürs gegeben war, da sie halbseitig gelähmt gewesen sei und die Lähmung über Wochen und Monate angehalten habe. Aus dem Gutachten ergibt sich aber außerdem, dass bei einem solchen Risikopatienten intensive vorbeugende Maßnahmen getroffen werden müssen, um ein solches Geschwür zu verhindern, und dass deren Unterlassung als schweres Versäumnis zu werten ist (BGH, Urteil vom 18.03.1986, AZ: VIZR215/84).

Bereits in seinem Urteil vom 27.06.1976 hatte der BGH festgestellt, dass der Arzt aufgrund des Behandlungsvertrages dem Patienten gegenüber zur ordnungsgemäßen Dokumentation verpflichtet ist. Wenn der Pflegedienst Vertragspartner des Patienten im Rahmen des Pflegevertrages ist, so trägt er die Verpflichtung zur Dokumentation. Daraus ergibt sich, dass Angehörige der Fachberufe im Gesundheitswesen als Erfüllungsgehilfen des Trägers tätig werden und in dessen Auftrag für eine umfangreiche Patientendokumentation Sorge tragen müssen. Durch diese Dokumentationsverpflichtung hat sich die Rechtsprechung zugunsten des Patienten bis zur Beweislastumkehr entwickelt, demzufolge durch den Träger zu belegen ist, dass alle Erkenntnisse in der Behandlung und Pflege des Patienten in Maßnahmen zur Verhütung einer eventuellen Komplikation umgesetzt wurden. Eine fachlich umfangreiche Dokumentation stützt sich auf vorhandene Standards und wird dadurch konzentriert.

> **Beispiel**
>
> **Urteil 2:** Ein Altenheim wurde verurteilt, € 16.318,- Schadenersatz an die Krankenkasse einer Bewohnerin wegen fehlender Dekubitusprophylaxe zu zahlen mit der Begründung, dass die unzulängliche Dokumentation auf schuldhaft fehlerhafte Maßnahmen schließen lässt (OLG Düsseldorf, Urteil vom 16.06.04, AZ: I–15U160/03).

▶ Datenschutz, Dekubitus, Haftung, Schweigepflicht, Verjährung

Notizen für den Alltag

Einsichtsrecht

Nach höchstrichterlicher Rechtsprechung sind der behandelnde Arzt und der ambulante Pflegedienst verpflichtet, ihre Patienten darüber zu informieren, welche Daten sie über sie festhalten. Als Informationsformen kommen die Herausgabe, die Einsichtsgewährung und Auskunft an den Patienten selbst, einen anderen Arzt oder einen Bevollmächtigten des Patienten (Rechtsanwalt) in Betracht. Der Informationsanspruch des Patienten erstreckt sich immer nur auf die Unterlagen, die der Arzt oder das eingesetzte Pflegepersonal selbst hergestellt hat.

Der vertragliche Anspruch des Patienten auf Einsicht in die ihn betreffenden Unterlagen besteht gegenüber dem Arzt, Krankenhaus, Altenheim oder Pflegedienst nicht erst im Haftungsprozess, sondern grundsätzlich auch schon außerhalb eines Rechtstreites, beispielsweise zur Behandlungs- und Pflegefehlerkontrolle und zur eventuellen Vorbereitung einer Haftpflichtklage. Die Dokumentationspflicht ist eine dienstvertragliche, dem Patienten geschuldete Nebenpflicht, im Sinne seines Persönlichkeitsrechts. Der Anspruch des Patienten gilt allerdings nicht für die Herausgabe der Originalunterlagen zum endgültigen Verbleib beim Patienten. Die Pflegedokumentation ist eindeutig Eigentum der ambulanten Pflegeeinrichtung und dient dem Nachweis und der Transparenz der geleisteten Arbeit in Bezug auf Fachlichkeit, Abrechnung, Frequenz, Intensivität und Inhalt.

Laut Bundesgerichtshof hat der Patient ein grundsätzliches Einsichtsrecht in die ihn betreffenden naturwissenschaftlich objektivierbaren Befunde und Behandlungsfakten. Hierzu gehören beispielsweise Pflegedokumentation, Fieberkurven, EKG-, EEG- und Computeraufzeichnungen, Röntgenaufnahmen, Aufzeichnungen über Medikationen sowie die Operationsberichte.

Beispiel

Urteil 1: Das Recht des Patienten auf Einsicht in die ihn betreffenden Befunde und die Behandlungsberichte wurde mit der BGH-Entscheidung festgelegt. Im Interesse des Selbstbestimmungsrechts des Patienten muss hierbei in Kauf genommen werden, dass die Einsicht in objektive Befunde dem Patienten eine ungünstige Prognose erschließen kann. Aufzeichnungen mit subjektivem Charakter, z. B. persönliche Eindrücke und Wertungen

▼

des Arztes, dürfen, müssen aber nicht dem Patienten vorenthalten werden (BGH, Urteil vom 23.11.1982, AZ: ZR222/79 und VI ZR177/81).

Urteil 2: In einem weiteren BGH-Urteil wurde ergänzt, dass eine besondere Ausnahmesituation vorhanden sein kann (z. B. Psychiatrie), in der der Arzt dem Patienten aus therapeutischen Gründen gewisse Kenntnisse vorenthalten darf. Die Einsicht darf dem Patienten bei psychiatrischer Behandlung nicht vorenthalten werden, wenn der Einsicht keine schützenswerten Interessen des Patienten selbst, des Arztes oder Dritter entgegenstehen (BGH, Urteil vom 02.10.1994, AZ: VI ZR311/82).

Urteil 3: Angehörigen bzw. Erben eines verstorbenen Patienten kann das Einsichtsrecht zustehen, soweit dies nicht dem geäußerten oder mutmaßlichen Willen des Patienten widerspricht. Bei einer Verweigerung der Einsichtnahme gegenüber Angehörigen durch den Arzt, muss dieser darstellen, ob und unter welchen Gesichtspunkten er sich durch die Schweigepflicht (§ 203, StGB) an der Offenbarung der Dokumente gehindert sieht (BGH, Urteil vom 31.05.1993, AZ: VI ZR259/81).

Der Patient hat demnach keinen Anspruch auf Herausgabe der Originalunterlagen zum endgültigen Verbleib. Die höchstrichterliche Rechtsprechung billigt dem Patienten jedoch einen Anspruch auf Überlassung der Aufzeichnungen zum selbstständigen Studium zu. Statt der Originale können dem Patienten Ablichtungen ausgehändigt werden, deren Kosten der Patient dem Arzt bzw. dem ambulanten Pflegedienst zu erstatten hat.

Macht der Patient das Einsichtsrecht nicht selbst geltend, sondern wird der Anspruch durch andere Personen, z. B. Rechtsanwalt, geltend gemacht, ist darauf zu achten, dass eine vom Patienten eigenhändig unterschriebene Schweigepflicht-Entbindungserklärung vorgelegt wird. Ergänzend ist festzustellen, dass Krankenunterlagen einen besonderen Grundrechtschutz genießen. Daraus ergeben sich Beschränkungen für die Beschlagnahme bei Strafverfahren. So enthält beispielsweise § 97, Abs. 1, STPO ein Beschlagnahmeverbot für Krankenunterlagen, die ein Arzt über einen in einem späteren Strafverfahren beschuldigten Patienten errichtet hat.

> **Tipps**
> Sie sollten dem Patienten, der seine Unterlagen einsehen will, anbieten, dies in Ihrer Anwesenheit als verantwortliche Pflegeperson und der des

Hausarztes zu tun. Die Gefahr von Missverständnissen kann dadurch verringert werden, der Patient hätte somit auch die Möglichkeit, sofort Rückfragen zu stellen.

Einsichtsrecht des Kostenträgers

Für Diskussionen sorgt die Frage, wer in die Dokumentation des ambulanten Pflegedienstes Einsicht nehmen kann und in welchem Umfang. Krankenkassen versuchen immer wieder, sich Behandlungsunterlagen kopieren und zusenden zu lassen bzw. Einsicht in diese zu nehmen. Hier sind in erster Linie vertragliche Regelungen im Bereich der Häuslichen Krankenpflege auf der Grundlage des §§ 132, 132a SGB V zu beachten bzw. vertragliche Regelungen im Bereich der Pflegeversicherung (SGB XI) bei den vertraglichen Regelungen auf der Grundlage des § 75 SGB XI. In einem Grundsatzurteil des Bundessozialgerichtes vom 23.07.2001, B3KR64/01R wurde festgestellt:

1. »Zur Überprüfung einer Krankenhausabrechnung daraufhin, ob die Leistungen den einschlägigen allpauschalen und Sonderentgelten sachlich richtig zugeordnet sind, hat die Krankenkassen kein eigenständiges Recht auf Einsichtnahme in die Behandlungsunterlagen.

2. Bei Zweifel an der sachliche Richtigkeit einer Krankenhausabrechnung kann die Krankenkasse eine gutachterliche Stellungnahme des Medizinischen Dienstes gern einholen, der die zu erforderlichen Behandlungsunterlagen einsehen kann, und der Krankenkasse das Ergebnis der Begutachtung mitzuteilen hat. Im Tätigkeitsbericht des Bundesbeauftragten für Datenschutz und Informationsfreiheit 2005–2006 heißt es auf Seite 135, Kasten zur Nummer 13.1.8 Stellungnahme der Bundesregierung zum 20. Tätigkeitsbericht des Bundesbeauftragten für den Datenschutz gemäß § 26 Abs. 1 des Bundesdatenschutzgesetzes – Bundestagsdrucksache 15/5252 zur Nummer 17.6 – Verarbeitung medizinischer Daten bei der Häuslichen Krankenpflege durch die Krankenkassen der BfD stellt fest, dass Krankenkassen für die Prüfung der Leistungsvoraussetzungen von Häuslicher Krankenpflege Gesundheitsdaten erheben darf, die unter die ärztliche Schweigepflicht fallen, weil ihnen entsprechende Aufträge an den Medizinischen Dienst der Krankenkassen offenbar zu aufwendig sind. Für den Bereich der Häuslichen Krankenpflege vertritt die Bundesregierung die Auffassung, dass eine Übermittlung von Pflegedokumenta-

tionen an die Krankenkassen durch die Regelung des § 302 SGB V **nicht gestattet** ist. In diesem Zusammenhang ist eine Übermittlung der Pflegedokumentationsdaten durch die Leistungserbringer nach § 276 Abs. 2 Satz 1 SGB V nur unmittelbar an den Medizinischen Dienst zulässig, sofern dieser von den Krankenkassen nach § 275 Abs. 1 bis 3 SGB V zu einer gutachterlichen Stellungnahme veranlasst wurde und die Datenübermittlung erforderlich ist.«

Diese eindeutige Position und Regelung wird von den meisten Krankenkassen in der Praxis nicht angewandt.

> **Tipps**
Ambulante Pflegedienste sind gut beraten, wenn sie vertragliche Regelungen durch den zuständigen Datenschutzbeauftragten überprüfen lassen. Sollten Krankenkassen oder andere Leistungsträger ambulante Dienste auffordern, Handlungsprotokolle, Kopien von Pflegedokumentationen zu übersenden bzw. der ambulante Dienst in Kenntnis geraten, dass Mitarbeiter von Krankenkassen bei Patienten Einsicht in die Pflegedokumentation genommen haben, ist dies der Krankenkasse und der Hinweis auf den entsprechenden Datenschutzbeauftragten und den aktuellen Datenschutzbericht mitzuteilen. Auch der Datenschutzbeauftragte sollte über die Vorgänge informiert und um Stellungnahme gebeten werden. Sollten im Einzelfalle Patientendaten an Krankenkassen übermittelt werden, so sollte der Pflegedienst seine starken datenschutzrechtlichen Bedenken aufzeigen und parallel eine Anfrage an den zuständigen Datenschutzbeauftragten versenden.

▶ Ärztliche Anordnung, Beweislast, Datenschutz, Haftung

Notizen für den Alltag

Einwilligung

Ärztliche und pflegerische Maßnahmen stellen gemäß §§ 223 ff. des Strafgesetzbuchs zunächst immer eine Körperverletzung dar, die ohne Beweis eines Rechtfertigungsgrunds strafrechtliche Folgen nach sich ziehen müssten. Dies betrifft Maßnahmen wie z. B. Injektion oder Katheterismus.

Die Einwilligung des Patienten (§ 228 StGB) ist ein Rechtfertigungsgrund. Für Ärzte und Pflegende ist daher grundsätzlich festzustellen, dass eine Einwilligung für alle Maßnahmen erforderlich ist, die ein Unwohlsein provozieren. Der Patient kann jederzeit seine Einwilligung zurücknehmen, mit der Konsequenz, dass sowohl die ärztliche Behandlung als auch die pflegerischen Maßnahmen einzustellen sind.

Selbstbestimmung

- § 2, SGB XI
- § 1906, BGB
- Freiheitsentziehende Maßnahmen durch unterbringungsähnliche Maßnahmen
- Art. 2, Abs. 1 GG in Verbindung mit Artikel 1, Abs. 1
- Geschütztes allgemeines Persönlichkeitsrecht
- Patientenverfügung, Vorsorgevollmacht
- Bestellung einer Vertrauensperson

Mutmaßliche rechtfertigende Einwilligung

Situation:
- Ausdrückliche oder stillschweigende Äußerung des Betroffenen nicht möglich

Folge:
- Prüfung aller Voraussetzungen einer rechtfertigenden Einwilligung
- Durchführung der notwendigen Maßnahmen aufgrund des mutmaßlichen Willens
- Rechtfertigende Einwilligung
  - Ausdrücklich
    - Schriftlich
    - Mündlich
  - Stillschweigend
  - Mutmaßlich

Weigert sich ein Patient gegenüber einer Krankenschwester, eine ärztlich verordnete Injektion zu erhalten, handelt die Krankenschwester rechtswidrig, wenn sie gegen den Willen des Patienten die Injektion dennoch verabreicht.

Beispiel

Urteil: »Kein Widerruf der Einwilligung liegt vor, wenn ein Patient in der Frageform Bedenken gegen die Verabreichung einer Injektion äußert, es der Krankenschwester jedoch gelingt, die Bedenken des Patienten zu zerstreuen.« Diesem BGH-Urteil vom 18.03.1980 (NJW 1980, S. 1903ff.) lag folgender Sachverhalt zugrunde: Die Patientin P. (Klägerin), von Beruf Krankenschwester, lag wegen einer Schienbeinkopffraktur längere Zeit im Krankenhaus. Etwa 2 Wochen vor der geplanten Entlassung der Patientin erkrankte sie am rechten Auge an einem Herpes zoster. Auf Anordnung des behandelnden Augenfacharztes erhielt die Patientin u. a. das Vitaminpräparat Neurogrisevit. Als dieses Präparat zum letzten Mal gespritzt werden sollte, gab die Krankenschwester der Patientin eine Injektion in den Oberschenkel des linken Beines. Diese Injektion führte alsbald zu einem entzündlichen Prozess mit Abszessbildung sowie Nekrosen und hatte trotz mehrerer notwendiger Operationen letztlich doch die Amputation des Beines oberhalb des Knies zur Folge.

Die Patientin behauptete in dem Prozess als Klägerin, die Injektion in ihr vorgeschädigtes linkes Bein sei ohne ihre Einwilligung erfolgt, da sie der Krankenschwester gegenüber Bedenken erhoben habe. Der Bundesgerichtshof lehnte ihren Schadenersatzgeldanspruch ab und führte in den Urteilsgründen aus: Die Klägerin willigte allgemein in die auf Verantwortung des zugezogenen Augenarztes wegen der Herpeserkrankung vorgenommenen Injektion ein. Die Einwilligung bezog sich auf alle geeigneten Körperstellen, wobei es allerdings der Patientin freistand, im Einzelfall ihre Einwilligung in die Injektion jederzeit zu widerrufen (BGH, Urteil vom 18.03.1980).

> **Tipps**
> Beachten Sie, dass der Patient jederzeit das Recht hat, eine ursprünglich erteilte Einwilligung in eine ärztliche oder pflegerische Maßnahme zu widerrufen. Wichtig für Sie ist, alle Beteiligten zu informieren und die Dokumentation vom jeweiligen Patienten abzeichnen zu lassen.

▶ Aufklärung, Patientenrechte, Selbstbestimmung

Ernährung

Rechtliche Pflege- und Behandlungsfehler betreffen die Mangelernährung. Diese Pflegedefizite bei Ernährung und Flüssigkeitsversorgung von Pflegebedürftigen werden oft ambulanten Pflegeeinrichtungen zugeordnet. Verstärkt wirkt diese Thematik in der Pflege von Demenzkranken. Die Vorwürfe umfassen mangelnde Einschätzung des Kalorien-, Nährstoff- und/oder Flüssigkeitsbedarfs, den Folgen einer Mangelernährung oder Dehydration. Bei betroffenen Patienten können Verwirrtheits- und Unruhezustände mit zusätzlicher Gefährdung, z. B. Sturz, auftreten.

Der ambulante Pflegedienst steht in dem Spannungsfeld einer ganzheitlichen Betrachtung gegenüber dem Abruf einzelner Leistungssegmente durch den Versicherten bzw. durch die Verordnung des Arztes. Somit sind Haftungsfragen differenziert zu betrachten und im Einzelfall von der Dokumentation und dem aktuellen Pflegeauftrag abhängig.

Mögliche Pflegefehler bei der Ernährung

- Bei der Informationssammlung/Anamnese wurden Risikofaktoren für eine Mangelernährung oder Dehydration nicht erkannt, analysiert und dokumentiert.
- Erst- und Verlaufsmessungen zum Gewicht fehlen.
- Auf bereits bei Einzug in die Pflegeeinrichtung bestehende Mangelernährung/Dehydration wurde nicht mit erforderlichen Maßnahmen reagiert.
- Bei drohender oder bestehender Mangelernährung wurde der individuelle Energiebedarf nicht ermittelt, z. B. durch Beobachtung des Gewichtsverlaufs unter der gegebenen Ernährung. Auf dokumentierte Gewichtsverluste erfolgten keine Maßnahmen.
- Bei drohender oder bestehender Dehydration wurde der individuelle Mindestflüssigkeitsbedarf nicht ermittelt und geplant (z. B. Trinkplan). Erforderliche Trinkprotokolle zur Überprüfung der Flüssigkeitszufuhr sind nicht geführt worden bzw. bei Minderversorgung erfolgten keine Interventionen.
- Pflegemaßnahmen sind nicht sachgerecht und zielführend.

▼

- Durchgeführte Maßnahmen wurden nicht dokumentiert.
- Informationen zur Sicherstellung bedarfsdeckender Ernährung wurden nicht zeitnah an den behandelnden Arzt weitergegeben.
- Die Dokumentation und Durchführung der Versorgung mit Sondenkost erfolgt ausschließlich anhand von Mengenangaben (ml) statt in Energieangaben (kcal).
- Die Energiezufuhr wird insgesamt nicht dokumentiert.
- Die Nahrungsverabreichung über eine Sonde wird in unsachgerechter Lagerung des Pflegebedürftigen durchgeführt.
- Transnasale Sonden werden fehlerhaft angelegt und platziert.

Mögliche Behandlungsfehler bei der Ernährung

- Das Risiko der Mangelernährung wurde nicht erkannt.
- Eine zielführende Diagnostik wurde nicht eingeleitet.
- Medizinisch indizierte Heilmittel (z. B. Logopädie, Ergotherapie) wurden nicht verordnet.
- Der behandelnde Arzt hat andere an der Versorgung beteiligte Professionen nicht über das Risiko oder die bestehende Mangelernährung informiert.
- Relevante Diagnosen und Auswirkungen eingeleiteter medikamentöser Behandlung auf die Nahrungs- und Flüssigkeitszufuhr wurden nicht weitergegeben.
- Bei vorliegender medizinischer Indikation für Sondenkost wurde keine ausreichende Sondenkost verordnet.
- Es wird bei der Verordnung der Sondenkost nur die Menge in ml und nicht die Energie in kcal angegeben.
- Im Krankenhaus wurde die medizinische Indikation für die PEG-Anlage nicht überprüft. Zum Entlassungszeitpunkt wurde die weitere Notwendigkeit der PEG-Anlage nicht erneut kritisch geprüft.

Beispiel
Fall: Die Patientin eines ambulanten Pflegedienstes bekommt 2 Flaschen mit je 1000 kcal pro Tag und neigt zur Kachexie. Der Arzt verweist auf die Kosten und verordnet daher nur noch 1000 kcal pro Tag.

Was muss das Pflegepersonal in diesem Fall unternehmen?
- Dokumentation der ärztlichen Anordnung und Unterschrift fordern
- Aufzeigen der Bedenken einzelner Folgen an den Patienten bzw. an sein soziales Umfeld
- Remonstration an den Hausarzt/verordnenden Arzt

Abbruch der Zwangsernährung

Am 11.09.1998 wurden die neuen Grundsätze der Bundesärztekammer (BÄK) zur ärztlichen Sterbegleitung beschlossen. Der Arzt muss entscheiden, ob eine PEG notwendig ist oder nicht. Seine Aufgabe ist es, dafür zu sorgen, dass Hunger und Durst eines Patienten gestillt werden, vorausgesetzt der Patient empfindet diese Bedürfnisse.

In Deutschland besteht eine Rechtsunsicherheit zu Abbruch und Verweigerung von künstlicher Ernährung. Im sog. »Kemptner Fall« von 1994 (BGH, AZ: 1StR357/94) und in einer Entscheidung des Frankfurter Oberlandesgerichts (OLG, AZ: 20W224/98) gewährten die Gerichte den Abbruch von Sondennahrung, um eine Einleitung des Sterbeprozesses zuzulassen.

Wenn keine Patientenverfügung vorliegt, ist es also aus rechtlicher Sicht sehr schwierig, die Frage »PEG – ja oder nein« zu klären.

Beispiel

Urteil: Eine 96 Jahre alte Betroffene lebte seit 1993 in Pflegeheimen. Im Jahre 1997 wurde ihr Neffe für die Vermögens- und Gesundheitsfürsorge als Betreuer bestellt. Die Patientin befand sich im Endstadium einer Demenz mit völliger Reduktion der sprachlichen und physischen Leistungen, ist ständig bettlägerig und voll pflegebedürftig. Seit einer Klinikeinweisung wurde sie über eine Magenverweilsonde versorgt. Der Betreuer stellte den Antrag, die Einwilligung in den Abbruch der künstlichen Zwangsernährung zu genehmigen. Das Amtsgericht hat diesen Antrag zurückgewiesen. Die Beschwerde hat das Amtsgericht dem Landgericht vorgelegt. Dieses hat die Beschwerde als unbegründet zurückgewiesen. Hiergegen wendet sich der Betreuer nunmehr mit einer weiteren Beschwerde, mit der er insbesondere eine Verletzung des Selbstbestimmungsrechts

▼

der Betroffenen sowie die Fehlerhaftigkeit der vom Amtsgericht eingeholten ärztlichen Gutachten rügt.

Zur Urteilsbegründung: Die zulässige weitere Beschwerde hat Erfolg. Die Entscheidung des Landgerichts hält einer rechtlichen Überprüfung nicht stand. Sie hat die Voraussetzungen, unter denen es die Rechtsordnung gestattet, lebensverlängernde Maßnahmen zu unterlassen oder nicht fortzusetzen, zu eng ausgelegt. Das Landgericht hat fälschlich angenommen, dass ein Leiden mit einem irreversiblen tödlichen Verlauf nur vorliegt, wenn der Tod in kurzer Zeit bevorsteht. Dies ist den BGH-Ausführungen nicht zu entnehmen. Unter Bezugnahme auf das BGH-Strafurteil vom 13.09.2004 hat der Bundesgerichtshof vielmehr zwischen Hilfe beim Sterben (Sterbehilfe) und Hilfe zum Sterben (Sterbehilfe i. w. S.) differenziert. Sterbehilfe setzt danach voraus, dass das Grundleiden nach ärztlicher Überzeugung unumkehrbar ist, einen tödlichen Verlauf angenommen hat und der Tod in kurzer Zeit eintreten wird. Doch auch in dem Fall, dass der Sterbevorgang noch nicht eingesetzt hat, ist der Abbruch einer lebenserhaltenden Maßnahme bei entsprechendem Patientenwillen als Ausdruck der allgemeinen Entscheidungsfreiheit und des Rechts auf körperliche Unversehrtheit grundsätzlich anzuerkennen (OLG Karlsruhe, Urteil vom 26.03.2004, AZ: 11WX13/04).

> **Tipps**
> Sorgen Sie neben der individuellen Pflegeplanung für Ernährungs- und Trinkprotokolle. Bei Mangelernährung setzen Sie den zuständigen Arzt umgehend in Kenntnis.

▶ Dekubitus, Dokumentation, Leistungen, Remonstration, Risikomanagment, Beweislast, Patientenverfügung

Notizen für den Alltag

Fahrlässigkeit

Fahrlässig handelt, wer die Sorgfalt verletzt, zu der er unter den zutreffenden Umständen und seinen persönlichen (beruflichen) Kenntnissen verpflichtet und im Stande ist. Die Sorgfaltspflicht berücksichtigt alle Erkenntnisse zur Situation des Patienten und seiner Umgebung. Der Tatbestand einer Verletzung der Sorgfaltspflicht gilt als erfüllt, wenn das Pflegepersonal nicht die gesicherten pflegerischen Erkenntnisse berücksichtigt, die dem jeweiligen Stand der medizinischen Wissenschaft, Technik und der aktuellen Pflegewissenschaft entsprechen. Hierbei wird u. a. strafrechtlich geprüft, ob die Zumutbarkeit und Möglichkeit des Handelns und die Absehbarkeit und Vermeidung der Patientengefährdung oder des Schadens berücksichtigt wurde. Im Strafverfahren wird das rechtswidrige Handeln oder Unterlassen des Einzelverantwortlichen im Sinne der Garantenstellung überprüft.

Grundlage für die zivilrechtliche Haftung sind die §§ 241 ff. BGB (vertragliche Haftung), §§ 276 ff. BGB (Verantwortlichkeit) und §§ 823 ff. (Schadensersatzpflicht).

§ 823 BGB, Abs. 1 Schadensersatzpflicht

(1) Wer vorsätzlich oder fahrlässig das Leben, den Körper, die Gesundheit, die Freiheit, das Eigentum oder ein sonstiges Recht eines anderen widerrechtlich verletzt, ist dem anderen zum Ersatz des daraus entstehenden Schaden verpflichtet.

Beispiel

Fälle:

- Ein Krankenpfleger verwechselt beim Einlauf Glycerin und Zephirol. Die Desinfektionslösung Zephirol befand sich in einer unetikettierten Flasche
- Eine Krankenschwester lässt eine Krankenpflegehelferin ein Antibiotikum intramuskulär injizieren. Es kommt zu einer Spritzenlähmung
- Fehlerhafte Insulindosierung
- Mangelnde Dokumentation der Risiken, es kommt zu einem Dekubitus
- Eine Patientin verstirbt durch mangelhafte Reanimation
- Eine Patientin erleidet einen schweren allergischen Schock nach Medikamentenverwechslung

▼

- Spritzenabszess durch Injektion in den entzündeten Körperteil
- Falsches Einlegen der Trachealkanüle
- Sturz des Patienten während einer Pflegemaßnahme
- Einsatz eines defekten Absauggerätes
- Darmperforation bei Klysmaverabreichung
- Ungerechtferigte Fixierung
- Duschen eines Wachkomapatienten mit 60 Grad heißem Wasser

▶ Arbeitnehmerhaftung, Beweislast, Haftung, Sorgfaltspflicht, Standards

Notizen für den Alltag

Fort- und Weiterbildung

Anforderung

Die gesellschaftlichen Erwartungen an professionelle und hochwertige Pflege werden zunehmend komplexer. Im zentralen Interesse der Pflege steht der Mensch in seiner Gesamtheit. Ziel ist die Förderung und die Erhaltung seiner Gesundheit im Lebensprozess. Hierzu leistet Pflege ihren spezifischen Beitrag.

»Der Patientenanspruch auf eine sichere Versorgung nach den aktuellen Erkenntnissen der Wissenschaft ist stets zu gewährleisten. Dabei entspricht es der rechtlichen Verpflichtung, sich über neue Erkenntnisse bis zur Grenze des Zumutbaren fortzubilden.« (NJW 1979 S. 582, Bezug auf BGH, Vers. R 1975)

Um diesen Anforderungen auch in Zukunft gerecht zu werden, d. h. eine »bedarfsgerechte« ambulante pflegerische Gesundheitsversorgung zu sichern, ist die Weiterentwicklung einer hochqualifizierten, professionellen Pflege nötig, die sich aus systematischem Wissen, Theorie, Forschung und Erfahrung begründet. Eine wesentliche Voraussetzung hierfür ist die Weiterentwicklung der Aus-, Weiter- und Fortbildung sowie die weitere selbstverständliche Integration der Pflege in den tertiären Bereich. Aus-, Weiter- und Fortbildung sind wichtige Segmente des Qualitätsmanagements. Die Qualität der Leistung eines ambulanten Pflegedienstes ist im Wesentlichen abhängig von der Qualifikation seiner Mitarbeiter. Im Rahmen des Pflegevertrages haftet der Träger für eine ordnungsgemäße Versorgung des Patienten. Hierzu gehört, dass der Pflegedienst den Standard der ärztlichen und pflegerischen Behandlungsmöglichkeiten nachweist, der für die Behandlung der Patienten erforderlich ist. Hieraus entsteht die Organisationsverantwortung des Trägers, genügend fachkundiges Pflegepersonal zur Verfügung zu stellen. § 80 des SGB XI setzt Maßstäbe für die Qualität im ambulanten Pflegebereich.

Rechtliche Verpflichtung

Aufgrund der qualitätssichernden Anforderungen des SGB V (Krankenversicherungsgesetz) und SGB XI (Pflegeversicherungsgesetz) sind die Leistungserbringer in der Pflege auch in Korrespondenz zum Altenpflegegesetz § 3 und Krankenpflegegesetz § 3 in Wahrnehmung der eigenverantwortlichen Aufgaben verpflichtet, sich an aktuellen pflegewissenschaftlichen Erkenntnissen fort- und weiterzubilden.

Im Vorwort zum GKV-Modernisierungsgesetz-GMG werden unter 3b) Maßnahmen zur Verbesserung der Qualität der Patientenversorgung gefordert: »Zur Verbesserung der Qualität der Versorgung soll auch eine Verpflichtung für alle Ärzte und sonstigen Gesundheitsberufe zur regelmäßigen interessenunabhängigen Fortbildung beitragen.«

Für die ambulante Pflege gelten § 132a (SGB V) sowie die gemeinsamen Grundsätze und Maßstäbe zur Qualität und Qualitätssicherung einschließlich der Durchführung des Verfahrens zur Durchführung von Qualitätsprüfungen nach § 80 SGB XI. Weitere Verpflichtungen für Pflegende ergeben sich aus der Rahmenberufsordnung des Deutschen Pflegerates vom 18.05.2004, in den §§ 2 I und 3, 6, sowie in der Berufsordnung für Krankenschwestern/-pfleger, Kinderkrankenschwestern/-pfleger im Lande Bremen, § 5.2f, in Kraft getreten zum 01.01.2005. Neben den aufgezeigten rechtlichen Modulen der Qualitätsanforderung ist der Nachweis von Fort- und Weiterbildungen bei straf- und zivilrechtlichen Prozessen für die Beweislast wichtig. Denn hier wird jeweils im Interesse des Klägers geprüft, ob die aktuellen Standards bzw. Leitlinien der pflegerischen Versorgung zugrunde gelegt wurden: »Fahrlässig handelt, wer die im Verkehr erforderliche Sorgfalt außer Acht lässt« (BGB § 276, Abs. 2).

Weiterbildung

Berufliche Weiterbildungsmaßnahmen dienen dem Erwerb zusätzlichen Wissens und führen zu einem qualifizierten Abschluss. Ziel ist die deutliche, fachbezogene Qualitätszunahme, Förderung und Vertiefung durch Kenntnisse und Fertigkeiten auf der Grundlage der Pflegebasisqualifikation. Wichtig ist hierbei ein enger Theorie- und Praxistransfer. Eine Praxiserfahrung von mindestens 2 Jahren vor Beginn der Weiterbildungsmaßnahme ist notwendig. Zu den Weiterbildungskursen gehören **arbeitsfeld-** sowie **funktionsbezogene** Lehrgänge.

Arbeitsfeldbezogene Lehrgänge. Arbeitsfeldbezogene Lehrgänge qualifizieren Pflegende für spezifisch pflegerische Aufgabenbereiche. Sie orientieren sich an dem pflegerischen Bedarf von Menschen in den unterschiedlichsten Lebenssituationen und Lebensphasen, z. B. Onkologie, Überleitungspflege, Pflegefachseminare. Dabei gibt es verschiedene Formen der Weiterbildung, o etwa Lehrgänge für die Pflegenden von pflegebedürftigen Menschen, die der präventiven Pflege bedürfen und sich in akut bedrohlichen Lebenssituationen oder in der Rehabilitation befinden, oder bezüglich pflegebedürftiger Menschen mit chronisch verlaufenden Krankheiten wie Gemeindekrankenpflege, Psychiatrie, Gerontopsychiatrie und Rehabilitation. Maßnahmen, die zu einer beruflichen Spezialisierung führen, sind Lehrgänge, die Pflegende auf die Übernahme von Aufgaben vorbereiten, z. B. Wundexperten.

Funktionsbezogene Lehrgänge. Funktionsbezogene Lehrgänge qualifizieren Pflegende für Management- bzw. Leitungsaufgaben. Gemeint sind Leitungspositionen in Wohngruppen, Pflege- und Funktionseinheiten, in Einrichtungen des Gesundheits- und Sozialwesens sowie im pädagogischen Bereich zum Praxisanleiter. Die Leistungsnachweise aus diesen Weiterbildungsmaßnahmen müssen für das Studium im tertiären Bereich anrechenbar sein.

Fortbildung

Die Fortbildung dient sowohl dem Erhalt als auch der Aktualisierung und Vertiefung des pflegerischen Fachwissens. Sie fördert zugleich die Handlungskompetenz in der jeweiligen Aufgabenstellung. Hierzu gehören aktuelle Fortbildungsveranstaltungen, Seminare und Kongresse sowie innerbetriebliche Angebote.

Innerbetriebliche Fortbildung
Die innerbetriebliche Fortbildung hat die Personalentwicklung und das Qualitätsmanagement zu fördern. In den Bundesländern gibt es unterschiedliche, landesrechtliche Regelungen zur Fort- und Weiterbildung.

Qualifizierung und Finanzierung

Für Pflegende besteht ein individueller Rechtsanspruch auf Förderung nach dem Aufstiegsfortbildungsförderungsgesetz (»Meister-BAFöG«). Für Arbeitnehmer im Pflegedienst, die nach TVÖD eine Qualifizierung durchführen, gelten die nachfolgenden Bestimmungen: Es dürften keine Bedenken bestehen, sich bei der inhaltlichen Ausgestaltung von Qualifizierungsvereinbarungen an der **früheren Regelung** der Nr. 7 SR 2a BAT zu orientieren. Ergänzend zu den nachstehenden Erläuterungen wird auf das Rundschreiben des BMI vom 22.12.2005 verwiesen.

Kostenrückerstattung durch Arbeitnehmer

(62. Änd.-TV zum BAT in der Fassung ab 01.01.1998, zu Abschnitt VII – Vergütung):

(1) Wird ein Angestellter im Pflegedienst, der unter Abschnitt A der Anlage 1b fällt, auf Veranlassung und im Rahmen des Personalbedarfs des Arbeitgebers fort- oder weitergebildet, werden, sofern keine Ansprüche gegen andere Kostenträger bestehen, vom Arbeitgeber

a) dem Angestellten, soweit er freigestellt werden muss, für die notwendige Fort- oder Weiterbildungszeit die bisherige Vergütung (§ 26) fortgezahlt und

b) die Kosten der Fort- oder Weiterbildung getragen.

(2) Der Angestellte ist verpflichtet, dem Arbeitgeber die Aufwendungen für eine Fort- oder Weiterbildung im Sinne des Absatzes 1 nach Maßgabe des Unterabsatzes 2 zu ersetzen, wenn das Arbeitsverhältnis auf Wunsch des Angestellten oder aus einem von ihm zu vertretenden Grunde endet. Satz 1 gilt nicht, wenn die Angestellte

a) wegen Schwangerschaft oder

b) wegen Niederkunft in den letzten drei Monaten gekündigt oder einen Auflösungsvertrag geschlossen hat.

Zurückzuzahlen sind, wenn das Arbeitsverhältnis endet

a) im ersten Jahr nach Abschluss der Fort- oder Weiterbildung, die vollen Aufwendungen,

b) im zweiten Jahr nach Abschluss der Fort- oder Weiterbildung, zwei Drittel der Aufwendungen,

c) im dritten Jahr nach Abschluss der Fort- oder Weiterbildung, ein Drittel der Aufwendungen.

Diese Regelungen des BAT wurden auch in den Arbeitsvertragsrichtlinien des Deutschen Caritas Verbandes, in § 10a, Abs. 2 und in den Arbeitsvertragsrichtlinien des Diakonischen Werkes in § 3a, AVR geregelt.

Nach Ablösung des Bundesangestelltentarifs (BAT) durch den Tarifvertrags für den öffentlichen Dienst (TVÖD) 2005 ist diese Qualifizierungsvereinbarung in § 5 weiterhin vorgesehen.

Auszug TVÖD: Anspruch des Arbeitgebers auf Rückzahlung der Aufwendungen

Wie im früheren Abschnitt 7, BAT formuliert und vom TVÖD nicht ausgeschlossen, ist der Angestellte verpflichtet, dem Arbeitgeber die Aufwendungen für die Fort- oder Weiterbildung zurückzuerstatten, wenn auf seinen Wunsch oder aus einem von ihm zu vertretenden Grunde das Arbeitsverhältnis endet. Ausgeschlossen ist hierbei, wenn das Arbeitsverhältnis aufgrund einer Schwangerschaft oder Niederkunft in den letzten drei Monaten gekündigt oder durch Auflösungsvertrag beendet wurde.

Der Umfang der Rückzahlungsverpflichtung richtet sich nach gezahlten Kosten. Hiernach sind nicht nur die Kursgebühren zu erstatten, sondern auch die Gehaltsfortzahlungen für die Zeiten des Unterrichts, wenn der Angestellte vom Dienst freigestellt werden musste. Diese Aufwendungen für die fortzuzahlenden Dienstbezüge werden mit dem jeweiligen Brutto angesetzt. Wenn eine Umlage zur Zusatzversorgung zu zahlen ist, so wird auch diese berücksichtigt.

Doch oft ist die sich ergebende Rückzahlungsklausel in dieser Höhe den Mitarbeitern nicht bewusst, wenn sie eine Rückzahlungsvereinbarung unterschreiben. Aus diesem Grund kommt es häufig zu Streitigkeiten, da die Mitarbeiter der Meinung sind, mit einer derart hohen Rückzahlungsverpflichtung nicht gerechnet zu haben.

Beispiel

Fall: Die Krankenschwester ist verpflichtet, die von ihrem Arbeitgeber aufgewendeten Kosten für eine berufsbegleitende Weiterbildung zum Erwerb der Qualifikation für eine Pflegedienstleitung zurückzuzahlen, sofern das Arbeitsverhältnis innerhalb der ersten 24 Monate nach seinem Beginn endet oder der Arbeitnehmer die Weiterbildungsmaßnahme aus Gründen, die in seiner Sphäre liegen, abbricht. Die Arbeitnehmerin, die auf Kosten ihres Arbeitgebers fortgebildet worden war, bewarb sich während der Bindungsdauer auf eine Stellenanzeige mit Chiffre-Nr., ohne zu wissen, dass diese von ihrem Arbeitgeber geschaltet war. Darin sah der Pflegedienst einen Abkehrwillen, kündigte das Arbeitsverhältnis und verlangte von der Krankenschwester die Erstattung der aufgewendeten Weiterbildungskosten.

In der Pressemitteilung des Bundesarbeitsgerichtes vom 06.09.1995 steht, dass nur solche Bildungsmaßnahmen eine Rückzahlungsverpflichtung auslösen, die zu einer höheren (tariflichen) Vergütung führen können (► Anhang: Muster einer Vereinbarung).

Es gelten folgende Rechtsprechungsgrundsätze:

1. Eine Vereinbarung, die den/die Arbeitnehmer/in zur Rückzahlung von Ausbildungskosten verpflichtet, darf nicht unter Druck erzwungen werden. Er/sie muss auf alle Folgen, die sich für ihn/sie aus dem Abschluss einer Vereinbarung zur Fortbildung ergeben, hingewiesen werden. Eine schriftliche Vereinbarung ist daher dringend zu empfehlen.
2. Rückzahlungspflichten für Fortbildungen, die allein im Interesse des Arbeitgebers liegen oder welche, die vom Arbeitgeber ohnehin geschuldete Einweisung und Einarbeitung ersetzen, können nicht rechtswirksam begründet werden.
3. Eine Kündigungsfrist, mit welcher der Arbeitgeber den/die Arbeitnehmer/in nach Abschluss der Fortbildungsmaßnahme an das Unternehmen binden will, darf für Arbeitgeber und Arbeitnehmer nicht unterschiedlich lang sein. Überhaupt darf die Bleibefrist nicht unangemessen anfallen.
4. Eine Rückzahlungsklausel ist nur dann zulässig, wenn die Fortbildung dem Arbeitnehmer berufliche Vorteile bringen, die er auch bei anderen Arbeitgebern verwenden kann, wobei unerheblich ist, ob er dies nach seinem Ausscheiden tatsächlich tut.
5. Der Umfang von Rückzahlungspflichten, vor allem bei Reduzierung bei weiterlaufendem Arbeitsverhältnis, ist in der Rechtsprechung nicht klar umrissen.

Beispiel

Urteil 1: Die ständige Rechtsprechung des Bundesarbeitsgerichtes (BAG), zuletzt vom 24.06.2004 (AZ: 6AZR383/03), hält die Vereinbarung von Rückzahlungsverpflichtungen grundsätzlich für zulässig.

Urteil 2: Der Arbeitgeber kann nur den Betrag zurückverlangen, den er grundsätzlich aufgewandt hat bzw. maximal den vereinbarten Betrag (BAG, Urteil vom 16.03.1994, AZ: 5AZR339/92).

Urteil 3: Zur Vermeidung von rechtlichen Auseinandersetzungen sollte dem Arbeitnehmer vor Beginn der Bildungsmaßnahme Inhalt und Ausmaß

▼

der Rückzahlungsvereinbarung klar gemacht werden (BAG, Urteil vom 19.03.1990).

Urteil 4: Die Bindung von bis zu 3 Jahren für qualifizierende Fort- und Weiterbildungsmaßnahmen sind die Regel. Es können in Ausnahmefällen, bei kosten- und zeitintensiveren Bildungsmaßnahmen für eine besonders hohe Qualifikation, auch längere Bindungen vereinbart werden. Im Falle einer gerichtlichen Auseinandersetzung hat der Arbeitgeber die Darlegungs- und Beweispflicht, dass der Arbeitnehmer durch die Weiterbildung einen beruflichen Vorteil erlangt hat bzw. durch die Weiterbildung eine anerkannte Qualifikation mit innerbetrieblichen Vorteilen erworben hat (BAG, Urteil vom 16.03.1994, AZ: 5AZR339/92).

Urteil 5: Haben die Parteien in einem vom Arbeitgeber vorformulierten Arbeitsvertrag vereinbart, dass ein Arbeitnehmer bei Beendigung des Arbeitsverhältnisses vor Ablauf einer bestimmten Frist vom Arbeitgeber übernommene Ausbildungskosten zurückzahlen muss, ohne dass es auf den Grund der Beendigung des Arbeitsverhältnisses ankommt, ist diese Rückzahlungsklausel unwirksam. Sie benachteiligt den Arbeitnehmer entgegen den Geboten von Treu und Glauben unangemessen und ist damit nach § 307 Abs. 1 Satz 1 BGB unwirksam. Eine Auslegung der Klausel dahingehend, dass sie nur für den Fall gilt, dass das Arbeitsverhältnis durch den Arbeitnehmer selbst oder wegen eines von ihm zu vertretenden Grundes durch den Arbeitgeber beendet wird (geltungserhaltende Reduktion), scheidet aus. Der Beklagte war bei der Klägerin, einem technischen Überwachungsverein, beschäftigt. Sein Arbeitsvertrag enthielt u. a. folgende Klausel: Die voraussichtlichen Ausbildungskosten werden ca. DM 15.000,- betragen. Sie gelten für die Dauer von 2 Jahren ab dem Ausbildungsende als Vorschuss. Wird das Arbeitsverhältnis vor Ablauf dieser Zeit beendet, verpflichtet sich der Mitarbeiter, den Betrag, der nach abgeschlossener Ausbildung genau ermittelt und dem Mitarbeiter gesondert mitgeteilt wird, anteilig zurückzuzahlen. Der Beklagte schloss seine Ausbildung im August erfolgreich ab. Im Mai des folgenden Jahres kündigte er zum 30.6. Daraufhin forderte die Klägerin von ihm die Ausbildungskosten zurück. Das Arbeitsgericht hat der Klage teilweise stattgegeben. Das Landesarbeitsgericht hat auf die Berufung des Beklagten die Klage abgewiesen. Die Revision der Klägerin blieb erfolglos,

▼

weil die vorformulierte Rückzahlungsklausel zu weitgehend war (BAG, Urteil vom 11.04.2006, 9AZR610/05).

Urteil 6: Erstreckt sich die Ausbildung als examinierte Altenpflegerin über 3 Jahre, in denen ca. 24,9% der gesamten Arbeitszeit für Schulungsmaßnahmen ausfällt und der Arbeitgeber die Vergütung weiter zahlt, kann die lange Ausbildungsdauer unter diesen Umständen eine Bindungsdauer von 2 Jahren rechtfertigen. Die Arbeitnehmerin hat durch die Ausbildung zur Altenpflegerin einen geldwerten Vorteil erlangt. Die Berufsfreiheit der Arbeitnehmerin wird aufgrund einer vereinbarten, 2-jährigen Bindungsfrist nicht unverhältnismäßig beschränkt.

Zum Sachverhalt: Die Klägerin war seit dem 01.07 in dem von der Beklagten betriebenen Wohnpark als Altenpflegerin zu einem durchschnittlichen Bruttomonatsverdienst von € 1.800,- beschäftigt. Die Klägerin nahm zusätzlich an einem Lehrgang »Qualifizierung zur Altenpflegerin« teil. Während der gesamten 3-jährigen Ausbildungszeit entfielen hierauf 1.495,5 Stunden Arbeitszeit. Der Klage des Arbeitgebers wurde in Höhe von € 13.469,45, d. h. 18/24, stattgegeben.

Zur Urteilsbegründung: Nach Ansicht des Gerichts war die Rückzahlungsklausel auch nicht damit aufrechtzuerhalten, dass die Arbeitnehmerin nur bei ihrem Verantwortungsbereich zuzurechnenden Beendigungsgrund zur Rückzahlung der Ausbildungskosten verpflichtet ist. Eine geltungserhaltene Kürzung der zu weit gefassten Klausel scheidet aus (BAG, Urteil vom 21.07.2005, AZ: 6AZR452/04).

> **Tipps**
>
> Bevor Sie sich für eine vom Arbeitgeber finanzierte Bildungsmaßnahme entscheiden, prüfen Sie unbedingt die Bedingungen und Verpflichtungen, um spätere rechtliche Auseinandersetzungen zu vermeiden!
>
> Seit 2003 besteht in Deutschland die Möglichkeit, sich im Sinne der Professionalisierung und Qualitätssicherung freiwillig registrieren zu lassen. Nach der Erstregistrierung erfolgt unter Nachweis von Fort- und Weiterbildungspunkten nach 2 Jahren die Zertifizierung. Informieren Sie sich bei Ihrem Berufs- oder Pflegeverband über diese Möglichkeit. Die Registrierung und Zertifizierung gilt für Sie als Beleg, dass Sie Ihrer rechtlichen Verpflichtung nachgekommen sind, sich an den aktuellen Erkenntnissen der Wissenschaft zu orientieren.

▶ Berufsordnung

Freiheitsentziehende Maßnahmen (Fixierung)

Im Pflegealltag häufen sich die Vorwürfe wegen ungerechtfertigter Fixierung bzw. mangelhafter Pflege von Fixierten. Hier geht es um den Vorwurf der fahrlässigen Tötung aufgrund nicht ärztlich verordneter, rechtlich beantragter und korrekter Durchführung. Im Wesentlichen wird auf die mangelnde Beaufsichtigung eines Fixierten und auf die mangelnde Dokumentation verwiesen. Eine Pflegeperson, die eine Fixierung vornimmt, kann gemäß § 823 Abs. 1 BGB in Verbindung mit § 253 Abs. 2 BGB zu Schadenersatzleistungen herangezogen werden. Strafrechtlich kann sich die Fixierung als Freiheitsberaubung gemäß § 239 StGB darstellen. Hier geht es um den Vorwurf der Nötigung, der Körperverletzung, aber auch der fahrlässigen Tötung. Strafrechtlich kann sich die Fixierung aber auch als Freiheitsberaubung bzw. Nötigung gemäß § 239 StGB darstellen. Dieses kann jedoch nur angenommen werden, wenn die Fixierung widerrechtlich durchgeführt wurde.

Eine widerrechtliche Fixierung ist jedoch nicht gegeben bei:
- Einwilligung des einsichtsfähigen Betroffenen
- Notwehr/Nothilfe § 32 StGB, § 227 BGB
- Notstandslage § 34 StGB
- Betreuten Bewohnern nach zusätzlicher richterlicher Genehmigung § 1906 BGB
- Ärztlicher Verordnung

Freiheitsberaubung StGB § 239

(1) Wer einen Menschen einsperrt oder auf andere Weise der Freiheit beraubt, wird mit Freiheitsstrafe bis zu fünf Jahren oder mit Geldstrafe bestraft.
(2) Der Versuch ist strafbar.
(3) Auf Freiheitsstrafe von einem Jahr bis zu zehn Jahren ist zu erkennen, wenn der Täter
1. das Opfer länger als eine Woche der Freiheit beraubt oder
2. durch die Tat oder eine während der Tat begangene Handlung eine schwere Gesundheitsschädigung des Opfers verursacht.

> (4) Verursacht der Täter durch die Tat oder eine während der Tat begangene Handlung den Tod des Opfers, so ist die Strafe Freiheitsstrafe nicht unter drei Jahren.
> (5) In minder schweren Fällen des Absatzes 3 ist auf Freiheitsstrafe von sechs Monaten bis zu fünf Jahren, in minder schweren Fällen des Absatzes 4 auf Freiheitsstrafe von einem Jahr bis zu zehn Jahren zu erkennen.

Bei einer Fixierung kann es u. U. auch zu Unfällen mit Todesfolge kommen. Dies geschieht vorwiegend, wenn parallel zur Fixierung Seitengitter am Patientenbett angebracht worden sind. In diesen Fällen erstickt der Patient, weil er sich fixiert über das Seitengitter aufhängt, zwischen den Stangen der Seitengitter oder zwischen Matratze und Seitengitter einklemmt oder weil er bei einer Bauchgurtfixierung im Bett oder im Rollstuhl herunterrutscht (◘ Abb. 5).

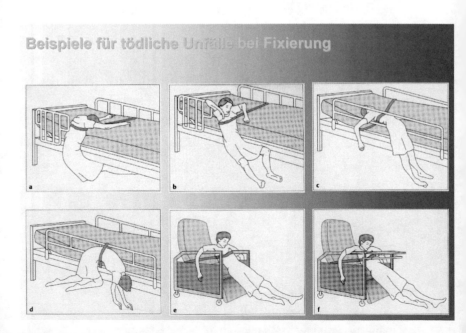

Beispiele für tödliche Unfälle bei Fixierung

◘ **Abb. 5.** Tödliche Unfälle (Beispiele)

Bedeutsam für viele pflegebedürftige Demente im Krankenhaus, Altenheim und in der ambulanten Pflege ist das Betreuungsrecht § 1906, Abs. 1–3 BGB. Wenn Betreute außerhalb geschlossener Abteilungen in Anstalten, Heimen oder in sonstigen Einrichtungen leben, ist dies an sich nicht genehmigungspflichtig. Der Genehmigung des Vormundschaftsgerichts bedarf es jedoch auch in diesen Fällen, wenn einer betreuten Person durch mechanische Vorrichtungen, Medikamente oder auf andere Weise über einen längeren Zeitraum oder regelmäßig die Freiheit entzogen werden soll (sog. unterbringungsähnliche Maßnahmen, § 1906, Abs. 4, BGB).

Eine rechtswidrige Freiheitsentziehung liegt nicht vor, wenn der Betreute mit der Maßnahme einverstanden ist und die entsprechende Einwilligungsfähigkeit besitzt. Nur bei einwilligungsunfähigen Betreuten entscheidet der zuständige Betreuer, wenn er den Aufgabenkreis »Aufenthaltsbestimmung« hat.

Freiheitsentziehende Maßnahmen

- Bettgitter
- Leibgurt im Bett oder am Stuhl
- Einsperren
- Festbinden der Arme und Beine
- Abschließen des Zimmers oder der Station, wenn die Öffnung auf Wunsch des Bewohners nicht jederzeit gewährleistet ist
- Medikamente, die in erster Linie die Ruhigstellung des Betreuten bezwecken
- Trickschlösser

Beispiel

Fall 1: Der Pflegedienst betreut eine 87-jährige alte Frau. Ihr Schwiegersohn ist Rechtsanwalt. Die Tochter vereinbart mit dem Pflegedienst, dass, wenn der Schwiegersohn und/oder die Tochter zu Hause sind, die Mutter nicht im Rollstuhl fixiert werden soll. Fixiert werden soll einzig, wenn beide nicht anwesend sind, um einem Sturz vorzubeugen. Die Regelung wird vom Pflegedienst umgesetzt. Eines Tages, der Schwiegersohn ist anwesend,

▼

fixiert die Krankenschwester nach der Grund- und Behandlungspflege die Frau nicht. Der Schwiegersohn verlässt jedoch die Wohnung. Die Patientin stürzt beim Verlassen des Rollstuhls und zieht sich eine Oberschenkelhalsfraktur zu. Der Schwiegersohn beschuldigt den Pflegedienst, die Fixierung der Schwiegermutter vergessen zu haben. Die zuständige Krankenkasse verlangt vom Pflegedienst die Behandlungskosten für Krankenhaus/Rehabilitation.

Es wird einvernehmlich festgestellt, dass den Pflegedienst keine Regressansprüche treffen. In der Begründung heißt es, der Schwiegersohn hätte als Anwalt wissen müssen, dass eine Fixierung nur durch Beschluss des Vormundschaftsgerichtes, unter Einbeziehung des Betreuers bzw. von der betreffenden Patientin selber, hätte angeordnet werden können.

Fall 2: Die Mitarbeiterin eine Pflegedienstes, die Senioren gefesselt und mit Morphium ruhiggestellt hatte, wurde wegen Freiheitsberaubung und Betrugs zu 2,5 Jahren Haft verurteilt.

Fall 3: Ein dementer Patient wird durch einen Pflegedienst behandlungspflegerisch versorgt. Die Angehörigen bitten die Pflegekraft, sie möge beim Verlassen und Abschließen des Hauses den Haustürschlüssel in den Blumenkübel verstecken, damit der Pflegebedürftige nicht wegläuft. Der Patient springt in seiner Desorientierung durch die gesicherte Terrassentür, verletzt sich die Halsschlagader und verblutet.

Der ambulante Pflegedienst muss in der Lage sein, getroffene Absprachen nachvollziehbar und transparent zu machen. Er muss die Maßnahme begründen und nachweisen können, dass die Absprachen mit legitimierten Personen erfolgten. Rechtlichen Rat sollte der Pflegedienst dann aufsuchen, wenn er Zweifel an der Richtigkeit der getroffenen Entscheidungen und Vereinbarungen hat.

> **Tipps**
> Klären Sie beim ersten Kontaktbesuch, ob freiheitsentziehende Maßnahmen nötig werden könnten. Dokumentieren Sie die Regelungen schriftlich und achten Sie darauf, dass die entsprechenden Kompetenzen der Vertrags- und Handlungsschließenden vorhanden sind, insbesondere in den Bereichen Zuschließen der Wohnungstür, Verschließen der Balkontür, Fixierungen am Bett oder Rollstuhl.

Dokumentation

Die Pflegedokumentation bei freiheitsentziehenden Maßnahmen ist wesentlich. Neben der Dokumentation sollten die Pflegeverantwortlichen ein Antragsvordruck für das Vormundschaftsgericht vorbereiten, der die Indikationen zu den freiheitsentziehenden Maßnahmen (s. oben) begründet, die Notwendigkeit der Zustimmung belegt. Der Arzt muss die Anordnung zur Fixierung schriftlich festlegen (◘ Abb. 6). Er muss außerdem den Antrag umgehend beim Vormundschaftsgericht stellen. Wenn ein einwilligungsfähiger Patient/Bewohner zu seiner eigenen Sicherheit z. B. ein Bettgitter wünscht, hat er diesen Wunsch mit Unterschrift in der Pflegedokumentation zu bestätigen (► Beweislast; ◘ Abb. 7).

◘ **Abb. 6.** Muster für ärztliche Anordnung/Fixierung

◘ **Abb. 7.** Muster für pflegerische Dokumentation/Fixierung

---

┌─ **Beispiel** ───

Urteil 1: Das Anbringen eines Therapietisches am Rollstuhl bedarf als Freiheitsentziehung durch eine mechanische Vorrichtung der vormundsgericht-
lichen Genehmigung, wenn die Maßnahme auch darauf abzielt, an der (Fort-)
Bewegung zu hindern (Landgericht Frankfurt/Main, 17.12.1992 – 2/9 T 994/92).
Urteil 2: Auch die Tatsache, dass ein Patient verwirrt ist, verpflichtet eine
Einrichtung nicht, Dauerwachen zu organisieren, und bei Patienten mit hirn-
organischem Psychosyndrom kann das Anbringen von Bettgittern kontrain-
diziert sein, wenn sie in guter körperlicher Verfassung sind. Wenn vorhersehbar ist, dass eine ausreichend rüstige Patientin versuchen wird, dass Bettgitter zu überklettern, darf ein Bettgitter keinesfalls angebracht werden. Wird
dennoch ein Bettgitter angebracht, kann dies sogar haftungsbegründend

▼

sein, zumindest in dem Ausmaß, als die Schädigung durch das vorhandene Bettgitter schwerer ausfällt, als dies ohne Bettgitter der Fall gewesen wäre (LG Heidelberg, Urteil vom 15.11.1996, AZ: 4O129/93).

Urteil 3: Auch besteht bei einer Person, die an fortgeschrittener Zerebralsklerose leidet, die zeitweise zu völliger Verwirrtheit führt, keine Pflicht des Heimbetreibers, in der Nacht ein Bettgitter anzubringen. Dass Verletzungen bei Menschen in höherem Lebensalter regelmäßig schwerwiegendere Folgen nach sich ziehen, rechtfertigt solche Sicherungsmaßnahmen für sich alleine nicht (LG Dresden, Urteil vom 29.10.1997, 10-O-3520/97).

Urteil 4: Ein Sozialversicherungsträger wollte die Kosten einer stationären Behandlung gegen ein Altenpflegeheim geltend machen. Er begründete seinen Anspruch damit, dass ein Bettgitter verhindert hätte, dass die Bewohnerin, die an mittelschwerer seniler Demenz litt, eigenmächtig das Bett verließ und sich beim Sturz verletzte. Die Klage wurde zurückgewiesen. Ein Anspruch aus übergegangenem Recht (§ 116 SGB X) aus positiver Vertragsverletzung und deliktischer Haftung sei nicht gegeben. Eine Verletzung von Sorgfalts- und Verkehrssicherungspflichten konnte ebenso wenig festgestellt werden wie eine Aufsichtspflichtverletzung. Es wurde deutlich herausgestellt, dass das Anbringen eines Bettgitters eine Freiheitsberaubung ist. Soweit eine freiheitsentziehende Maßnahme für geboten oder sinnvoll erachtet wird, müssen dem Patienten aufgrund seiner Grund- und Freiheitsrechte so viel Freiheit, aber auch so viel Schutz wie möglich gewährt werden. In Zweifelsfragen – die einer besonderen Dokumentation bedürfen – ist den Freiheitsrechten des Patienten der Vorrang zu geben (LG Essen, Urteil vom 21.08.1998).

Urteil 5: Die Ehefrau eines Patienten verlangte Schadenersatz, weil das Pflegepersonal haftungsrechtlich für den Tod ihres Ehemannes verantwortlich sei. Wegen eines akuten psychotischen Schubs kam der 63-jährige Patient in das Klinikum. Eines Abends wurde er von den zwei diensthabenden Pflegekräften wegen starker Unruhe durch einen Bauchgurt und Fußfesseln im Bett fixiert. 1,5 Stunden später entdeckte eine Pflegeperson wegen eines Hilferufes im Zimmer des Patienten ein mit starker Rauchentwicklung verbundenes Feuer. Das Bettzeug war in Brand gesetzt worden. Der Patient erlitt schwere Verbrennungen 2. und 3. Grades an Füßen und Beinen bis hinauf zu den Genitalien. Er wurde zur stationären Behandlung in ein Kran-

▼

kenhaus eingeliefert, wo er nach 3 Monaten verstarb. Die Ehefrau nahm das diensthabende Pflegepersonal, den diensthabenden Arzt und den Klinikträger auf Ersatz von Haushaltshilfekosten sowie von Aufwendungen in Zusammenhang mit der ärztlichen Behandlung, dem Krankenhausaufenthalt und der Beerdigung ihres Mannes in Anspruch.

Zur Urteilsbegründung: Die beklagten Pflegepersonen und der Klinikträger haften wegen des Todes des Ehemannes gemäß §§ 823, 844 Abs. 2, 831, 840, BGB gesamtschuldnerisch auf Schadenersatz. Das Pflegepersonal hat pflichtwidrig gehandelt, in dem es entgegen der ihnen bekannten Weisung der (ärztlichen) Klinikleitung den Patienten ohne vorherige schriftliche Anordnung des diensthabenden Arztes teilfixiert und es darüber hinaus unterlassen hat, den Arzt sofort von dieser Maßnahme zu unterrichten und dessen weitere Entschließung abzuwarten. Hierdurch hat das Pflegerpersonal, ohne über die erforderliche Sachkompetenz zu verfügen, Behandlungsmaßnahmen im weitesten Sinn ergriffen, die im Interesse des Heilerfolgs und der Sicherheit des Patienten dem Arzt vorbehalten sind (OLG Köln, Urteil vom 02.12.1992 – 27 U 103/91).

> **Tipps**
> Zweifeln Sie an der Genehmigungsbedürftigkeit, sollten Sie das Vormundschaftsgericht befragen. In Eilfällen, in denen zum Schutze des Betreuten ohne vorherige Genehmigung gehandelt werden muss, ist diese unverzüglich, spätestens nach 24 Stunden, nachzuholen. Dieser gerichtlichen Genehmigung bedürfen alle unterbringungsähnlichen Maßnahmen, Fixierung, Bettgitter etc., wenn sie regelmäßig oder über einen längeren Zeitraum durchgeführt werden. Den Antrag hat der Arzt beim Amtsgericht zu stellen, deshalb ist der jeweilige Betreuer des Patienten/Bewohners einzubeziehen. Gibt es keinen Betreuer, ist hierfür die Betreuung beim Vormundschaftsgericht durch die Pflegestation zu beantragen.
>
> Eine Fixierung bedeutet immer ein Risiko. Bevor Sie sich also für eine aus Ihrer Sicht dringend notwendige freiheitsentziehende Maßnahme entscheiden, sollten Sie sich vorher unbedingt vom Arzt die Art der Fixierung schriftlich anordnen lassen. Führen Sie außerdem ihre Beobachtungen (Beobachtungsverantwortung) zeitnah in der Durchführungsdokumentation auf.

▶ Ärztliche Anordnung, Betreuungsrecht, Beweislast

Grundpflege

Grundpflege bzw. allgemeine Krankenpflege umfasst im Sinne der Häuslichen Krankenpflege Grundverrichtungen des täglichen Lebens. In der Pflegeversicherung (SGB XI) heißt es: »Inhalt der Pflegeleistung auf der Grundlage der zuerkannten Pflegestufe sind im Rahmen der Grundpflege die im Einzelfall erforderlichen Tätigkeiten zur Unterstützung der teilweisen oder vollständigen Übernahme der Verrichtung im Ablauf des täglichen Lebens oder zur Beaufsichtigung oder Anleitung mit dem Ziel der eigenständigen Übernahme dieser Verrichtungen.«

Ziel der Körperpflege (Grundpflege) gemäß SGB XI ist die Orientierung der körperlichen Pflege an den persönlichen Gewohnheiten des Pflegebedürftigen. Dabei ist die Intimsphäre zu schützen und der Zeitpunkt mit dem Pflegebedürftigen und seinem sozialen Umfeld abzustimmen. Die Inhalte der Körperpflege (Grundpflege) sind in den jeweiligen Rahmenverträgen der einzelnen Bundesländer nach § 75 SGB XI (Pflegeversicherung) geregelt.

Die allgemeine Krankenpflege (Grundpflege) wird zum einen aus dem Krankenpflege- und Altenpflegegesetz definiert. Zum anderen befindet sie sich im Leistungsbereich der Pflegeversicherung. Eine Zuordnung bei der Durchführung und Delegation von grundpflegerischen Maßnahmen hinsichtlich Qualifikation und fachlicher Voraussetzung ist daher äußerst schwierig. Das Pflegeversicherungsgesetz hält hier viele Möglichkeiten eines einzusetzenden Personenkreises bereit.

> **Tipps**
> Jede ambulante Einrichtung sollte über Leitlinien, Richtlinien, Standards und Handlungsempfehlungen klar die Inhalte und die Durchführung von grundpflegerischen Maßnahmen beschreiben. Das Personal sollte darüber umfassend informiert sein und sich ausschließlich danach richten.

Auch in der Grundpflege gilt die Delegations- und Durchführungsverantwortung der Pflegedienstleitung (PDL). Die Pflegedienstleitung muss sich umgehend davon überzeugen, dass die delegierten Tätigkeiten durch den Mitarbeiter in vollem Umfang, unter Beachtung aller pflegewissenschaftlicher Erkenntnisse und der vertraglichen Qualitätsvereinbarung, erbracht werden können.

▶ Dekubitus, Prophylaxen, Remonstration

Haftung (Pflegefehler)

Straf- und zivilrechtliche Aspekte

In den letzten Jahren hat sich die Zahl der Prozesse gegen Pflegende erhöht (■ Abb. 8 und 9). Gründe dafür liegen in der Rechtsempfindlichkeit der Bevölkerung gegenüber der Behandlung und Pflege in den verschiedenen Leistungsbereichen. Darüber hinaus setzt die Gesetzeslage eine höhere Kompetenz und die Qualitätssicherung voraus. Die Schmerzensgeldansprüche im Rahmen von Körperverletzungen mit dauerhaften und schwerwiegenden Gesundheitsbeschädigungen sind in den letzten Jahren ebenfalls stark gestiegen. Lag die Schadenberechnungsgrenze 1979 noch bei € 50.000,-, beträgt sie seit 1985 über € 150.000,-.

Immer wieder kommt es auch in der ambulanten Pflege zu Fehlern von Mitarbeitern. Hier haftet eindeutig neben dem Mitarbeiter auch die Pflegedienstleitung (PDL) bzw. der Inhaber der Einrichtung. Anders ist die

■ Abb. 8. Schlagzeilen

Haftung, wenn der Mitarbeiter eine Tätigkeit ausführt, obwohl er weiß, dass er sowohl fachlich als auch körperlich und geistig dazu nicht in der Lage ist. Der Mitarbeiter hat hier die Verpflichtung anzuzeigen (▶ Remonstration), dass er die angeordnete Maßnahme nicht durchführen kann. Falls der Mitarbeiter die Pflegedienstleitung, welche für die fachliche Aufsicht die Verantwortung trägt, nicht darauf hinweist, trifft ihn eine Mitschuld und damit auch eine Mithaftung. Die Pflegeeinrichtung muss ausreichend Möglichkeiten zur Verfügung stellen, um Fort-, Aus- und Weiterbildung ihres Personals zu gewährleisten. Der Gesetzgeber hat diese Fortbildungsverpflichtung mit der Einführung der Gesundheitsreform zum 01.01.2004 unterstrichen. Auch das Pflegequalitätssicherungsgesetz (PQSG) ist ein klarer Auftrag des Gesetzgebers zu fortlaufender Evaluation der Betriebe und deren Mitarbeiter.

Die Pflegenden handeln im Sinne des Altenpflege- und Krankenpflegegesetzes eigenverantwortlich. Sie haften für Organisation, Anordnung von Pflege und die Durchführung. Der Arzt wiederum ist für Diagnostik und Therapie verantwortlich. Die Berufe der Alten-, Gesundheits- und Krankenpflege sowie Gesundheits- und Kinderkrankenpflege handeln auf Anordnung und haften ggf. für die falsche Durchführung. In der Diagnostik und Therapie haftet schließlich der Arzt für die Organisation und Anordnung, die Pflege bei Übernahme der Tätigkeit für die Durchführung (◘ Abb. 10).

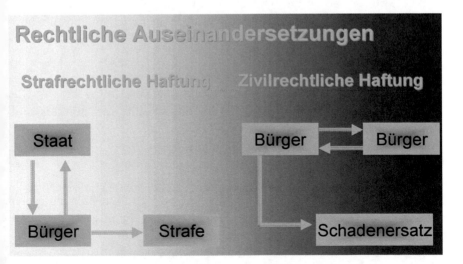

◘ **Abb. 9.** Rechtliche Auseinandersetzungen

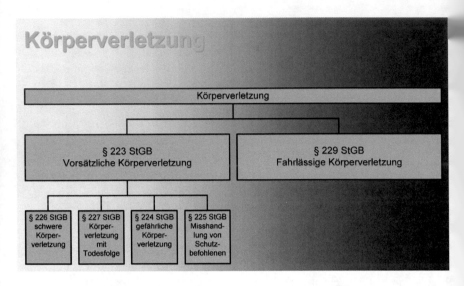

◘ Abb. 10. Körperverletzung

Vorausgesetzt wird jederzeit die Einwilligung des Patienten. So steht im Grundgesetz (GG) unter:

Artikel 1: Menschenwürde, Grundrechtsbindung der staatlichen Gewalt
(1) Die Würde des Menschen ist unantastbar. Sie zu achten und zu schützen ist Verpflichtung aller staatlichen Gewalt.

Artikel 2: Handlungsfreiheit, Freiheit der Person
(2) Jeder hat das Recht auf Leben und körperliche Unversehrtheit. Die Freiheit der Person ist unverletzlich. In diese Rechte darf nur aufgrund eines Gesetzes eingegriffen werden.

§ 228 des Strafgesetzbuches (StGB)
Wer eine Körperverletzung mit Einwilligung der verletzten Person vornimmt, handelt nur dann rechtswidrig, wenn die Tat trotz der Einwilligung gegen die guten Sitten verstößt. Zu unterscheiden sind die strafrechtlichen und zivilrechtlichen Klagen. Bei Körperverletzungen im Sinne des Strafgesetzbuches wird der Täter ermittelt und bestraft. Im Zivilrecht (BGB) klagt der Geschädigte gegen den Vertragspartner (Pflegedienst) oder gegen die für die

Schädigung verantwortliche Person. Darüber hinaus geht es hier auch um den Rückgriff des Arbeitgebers auf den Arbeitnehmer (Arbeitnehmerhaftung).

Das Strafrecht ist ausgerichtet, einen Täter zu bestrafen. Beim Zivilrecht klagt der Geschädigte gegen den Vertragspartner oder gegen den für den Schaden Verantwortlichen. Durch die Einwilligung des Patienten ist das Handeln aber grundsätzlich gerechtfertigt. Zwei Grundrechte schreiben diese Einwilligung vor: das Grundrecht zur freien Entfaltung der menschlichen Persönlichkeit (Artikel 2, Abs. 1, GG) und das Grundrecht zum Schutz der körperlichen Unversehrtheit (Artikel 2, Abs. 2, GG).

Die Verantwortungsbereiche von Arzt und Pflegepersonal sind ineinander übergreifend. Der Arzt hat ein Weisungsrecht gegenüber den »nichtärztlichen« Mitarbeitern. Hieraus ergibt sich die Anordnungsverantwortung des Arztes und die Durchführungsverantwortung des Pflegepersonals.

Strafrecht

Nach der ständigen Rechtsprechung des Bundesgerichtshofes bilden ärztliche und pflegerische Handlungen auch dann den Tatbestand einer Körperverletzung (§ 223 StGB), wenn das Handeln in heilender Absicht erfolgt und objektiv als Heilungsmaßnahme allgemein geeignet ist. Beispielhaft für den Arzt ist der chirurgische Eingriff, für die Pflegeperson das Verabreichen einer Injektion bzw. der Verbandswechsel. Die wesentlichen Vorwurfs- und Klagemomente sind Notwehr, Mord, Totschlag, Tötung auf Verlangen, fahrlässige Tötung, Körperverletzung, gefährliche Körperverletzung, Misshandlungen von Schutzbefohlenen, schwere Körperverletzung, Körperverletzung mit Todesfolge, Einwilligung fahrlässige Körperverletzung, Freiheitsberaubung und unterlassene Hilfeleistung.

Beispiel

Fall 1: Zwei Pflegerinnen in einem Altenheim hatten eine 87-jährige Bewohnerin in eine Badewanne mit zu heißem Wasser (über 50°C) gesetzt. Die Frau erlitt Verbrühungen und verstarb 12 Tage später im Krankenhaus. Nach eigenen Aussagen hatten sie die Wassertemperatur vorher nicht überprüft. Die Altenpflegerinnen wurden jeweils zu einer Geldstrafe von DM 7.000,- bzw. 8 Monaten Freiheitsstrafe für 2 Jahre auf Bewährung und zur Zahlung von DM 1.500,- an eine soziale Einrichtung verurteilt.

Strafgesetzbuch (StGB) – Auszug

Für den Pflegealltag zutreffende Paragrafen:

§ 32 Notwehr

(1) Wer eine Tat begeht, die durch Notwehr geboten ist, handelt nicht rechtswidrig.

(2) Notwehr ist die Verteidigung, die erforderlich ist, um einen gegenwärtigen rechtswidrigen Angriff von sich oder einem anderen abzuwenden.

§ 211 Mord

(1) Der Mörder wird mit lebenslanger Freiheitsstrafe bestraft.

(2) Mörder ist, wer aus Mordlust, zur Befriedigung des Geschlechtstriebs, aus Habgier oder sonst aus niedrigen Beweggründen, heimtückisch oder grausam oder mit gemeingefährlichen Mitteln oder um eine andere Straftat zu ermöglichen oder zu verdecken, einen Menschen tötet.

§ 212 Totschlag

(1) Wer einen Menschen tötet, ohne Mörder zu sein, wird als Totschläger mit Freiheitsstrafe nicht unter fünf Jahren bestraft.

(2) In besonders schweren Fällen ist auf lebenslange Freiheitsstrafe zu erkennen.

§ 216 Tötung auf Verlangen

(1) Ist jemand durch das ausdrückliche und ernstliche Verlangen des Getöteten zur Tötung bestimmt worden, so ist auf Freiheitsstrafe von sechs Monaten bis zu fünf Jahren zu erkennen.

(2) Der Versuch ist strafbar.

§ 222 Fahrlässige Tötung

Wer durch Fahrlässigkeit den Tod eines Menschen verursacht, wird mit Freiheitsstrafe bis zu fünf Jahren oder mit Geldstrafe bestraft (Siebzehnter Abschnitt Straftaten gegen die körperliche Unversehrtheit).

§ 223 Körperverletzung

(1) Wer eine andere Person körperlich misshandelt oder an der Gesundheit schädigt, wird mit Freiheitsstrafe bis zu fünf Jahren oder mit Geldstrafe bestraft.

(2) Der Versuch ist strafbar.

§ 224 Gefährliche Körperverletzung

(1) Wer die Körperverletzung

1. durch Beibringung von Gift oder anderen gesundheitsschädlichen Stoffen,

2. mittels einer das Leben gefährdenden Behandlung

begeht, wird mit Freiheitsstrafe von sechs Monaten bis zu zehn Jahren, in minder schweren Fällen mit Freiheitsstrafe von drei Monaten bis zu fünf Jahren bestraft.

(2) Der Versuch ist strafbar.

§ 225 Misshandlung von Schutzbefohlenen

(1) Wer eine Person unter achtzehn Jahren oder eine wegen Gebrechlichkeit oder Krankheit wehrlose Person, die

1. seiner Fürsorge oder Obhut untersteht,

2. seinem Hausstand angehört,

3. von dem Fürsorgepflichtigen seiner Gewalt überlassen worden oder

4. ihm im Rahmen eines Dienst- oder Arbeitsverhältnisses untergeordnet ist,

quält oder roh misshandelt, oder wer durch böswillige Vernachlässigung seiner Pflicht, für sie zu sorgen, sie an der Gesundheit schädigt, wird mit Freiheitsstrafe von sechs Monaten bis zu zehn Jahren bestraft.

§ 226 Schwere Körperverletzung

(1) Hat die Körperverletzung zur Folge, dass die verletzte Person

1. das Sehvermögen auf einem Auge oder beiden Augen, das Gehör, das Sprechvermögen oder die Fortpflanzungsfähigkeit verliert,

2. ein wichtiges Glied des Körpers verliert oder dauernd nicht mehr gebrauchen kann oder

3. in erheblicher Weise dauernd entstellt wird oder in Siechtum, Lähmung oder geistige Krankheit oder Behinderung verfällt,

so ist die Strafe Freiheitsstrafe von einem Jahr bis zu zehn Jahren.

§ 227 Körperverletzung mit Todesfolge

(1) Verursacht der Täter durch die Körperverletzung (§§ 223 bis 226) den Tod der verletzten Person, so ist die Strafe Freiheitsstrafe nicht unter drei Jahren.

(2) In minder schweren Fällen ist auf Freiheitsstrafe von einem Jahr bis zu zehn Jahren zu erkennen.

§ 229 Fahrlässige Körperverletzung

Wer durch Fahrlässigkeit die Körperverletzung einer anderen Person verursacht, wird mit Freiheitsstrafe bis zu drei Jahren oder mit Geldstrafe bestraft.

§ 239 Freiheitsberaubung

(1) Wer einen Menschen einsperrt oder auf andere Weise der Freiheit beraubt, wird mit Freiheitsstrafe bis zu fünf Jahren oder mit Geldstrafe bestraft.

(2) Der Versuch ist strafbar.

(3) Auf Freiheitsstrafe von einem Jahr bis zu zehn Jahren ist zu erkennen, wenn der Täter

1. das Opfer länger als eine Woche der Freiheit beraubt oder

2. durch die Tat oder eine während der Tat begangene Handlung eine schwere Gesundheitsschädigung des Opfers verursacht.

§ 323c Unterlassene Hilfeleistung

Wer bei Unglücksfällen oder gemeiner Gefahr oder Not nicht Hilfe leistet, obwohl dies erforderlich und ihm den Umständen nach zuzumuten, insbesondere ohne erhebliche eigene Gefahr und ohne Verletzung anderer wichtiger Pflichten möglich ist, wird mit Freiheitsstrafe bis zu einem Jahr oder mit Geldstrafe bestraft.

Beispiel

Urteil 1: Dem Patienten wurde nach der Operation ein sog. Nellaton-Blasenkatheter gelegt, der am folgenden Tag von dem beklagten Krankenpfleger mit Hilfe der beklagten Stationsschwester entfernt wurde. Dabei ließ sich der Katheter in Folge eines technischen Fehlers nur teilweise entblocken. Erst nach wiederholtem Versuch konnte er unter Schmerzen aus der Harnröhre herausgezogen werden. Der Patient erlitt dabei eine blutende Verletzung der Harnröhrenschleimhaut. Beim Eintreten von Komplikationen hat das Pflegepersonal den zuständigen Arzt zu verständigen und bis zu seinem Eintreffen eigene weitere Bemühungen einzustellen, sofern der Patient nicht akut gefährdet ist. Verstoßen Angehörige des Pflegeberufs gegen diese Regel der Zusammenarbeit zwischen Arzt und Pflegepersonal, so ist ihr Verhalten als grober Behandlungsfehler mit allen beweisrechtlichen Konsequenzen anzusehen.

▼

Das Berufungsgericht hat einen Behandlungsfehler deshalb angenommen, weil die Beklagten, obwohl sie den diensthabenden Arzt bereits verständigt hatten, sein Eintreffen nicht abgewartet, sondern weiter versucht haben, den nur teilweise entblockten Katheter herauszuziehen (LG Dortmund, Urteil vom 25.02.1985, 17 S 368–384).

Urteil 2: Die Krankenpflegeschülerin einer Allgemeinstation im 3. Ausbildungsjahr hatte in einem abgedunkelten Röntgenraum eines Krankenhauses einen Kontrasteinlauf vorzunehmen. Das Darmrohr wurde von der Angeklagten nicht in das Rektum, sondern versehentlich in die Scheide der Patientin eingeführt. Über den richtigen Sitz des Darmrohres hat sich weder die Schülerin noch der die Untersuchung vornehmende Arzt vergewissert. Eine ausgebildete medizinische Assistentin oder eine Krankenpflegeperson war nicht anwesend. Die Patientin klagte über Schmerzen, Übelkeit und verstarb innerhalb weniger Stunden. Das Verfahren gegen den beteiligten Arzt und verantwortlichen Oberarzt wurde eingestellt. Die Krankenpflegeschülerin wurde zu einer viermonatigen Freiheitsstrafe auf Bewährung verurteilt.

Urteil 3: Eine 89 Jahre alte Frau im Wachkoma rutscht in einem Seniorenheim beim Duschen vom Stuhl, fällt zu Boden und verletzt sich dabei so schwer, dass sie 2 Tage später an den Folgen des Unfalls stirbt. Eine Altenpflegehelferin wurde wegen fahrlässiger Tötung zu einer Geldstrafe von 60 Tagessätzen zu je € 25,- verurteilt. Die Stationsleiterin und der Heimleiter wurden freigesprochen. Die Pflegehelferin verwendete zum Duschen der Patientin ein neues Hebegerät. Die 89-Jährige musste in einen Tragegurt geschnallt werden. Den hatte die Pflegehelferin offenbar falsch angelegt, wie sie vor Gericht einräumte. Die Stationsleiterin hatte nach Auffassung des Gerichts mit der unsachgemäßen Bedienung des Hebegerätes nichts zu tun. In einer Einweisung hatte sie der Helferin gezeigt, wie das Gerät richtig verwendet wird.

Urteil 4: Ein 75-jähriger Patient war nach stationärer Behandlung mit zwei Hüftoperationen in ein Pflegeheim verlegt worden, nachdem sich sein Allgemeinzustand verschlechterte. Hier verstarb er nach 5 Tagen an einer Lungenentzündung. Die Obduktion ergab, dass sich im Rachenraum eine Unterkieferzahnprothese befand, die sich dort mindestens 1–2 Tage befand. Sie war sowohl ursächlich für den gestörten Schluckvorgang als auch für das Einatmen fester Speisen. Dies führte letztlich zur Lungenentzündung. Hiernach sei ein kausaler Zusammenhang zwischen der verlagerten Unterkieferprothese, dem

▼

Fieber, der Lungenentzündung und dem Todeseintritt zwanglos nachzuweisen. Die zwei verurteilten Altenpflegerinnen hätten bei sachgerechter Kontrolle und Pflege den tödlichen Ausgang verhindern oder verzögern können. Verurteilt wurde die Altenpflegerin wegen fahrlässiger Körperverletzung zu einer Geldstrafe von € 2.700,- und die andere Altenpflegerin wegen fahrlässiger Tötung zu einer Geldstrafe von € 3.000,- (AG Bühl, AZ: Cs200/Js698/03).

Zivilrecht

Haftung, zivilrechtliche Verantwortung (BGB § 276 (2)
Verantwortlichkeit des Schuldners

Die zivilrechtliche Haftung hat den Schadenersatz zum Ziel. Die Haftung des Trägers resultiert aus dem mit dem Patienten geschlossenen Pflegevertrag, der im rechtlichen Sinne ein Dienstvertrag ist. Die Einrichtung schuldet dem Patienten die ordnungsgemäße Behandlung, Pflege und sonstige Betreuung als Dienstleistung, sie schuldet ihm jedoch nicht einen Erfolg (Wiederherstellung der Gesundheit).

Diese vertragliche Haftung wird ergänzt durch das Risiko der deliktischen Haftung aus unerlaubter Handlung gemäß § 823, BGB (◘ Abb. 11). Hiernach haftet insbesondere, wer vorsätzlich oder fahrlässig das Leben, den Körper oder die Gesundheit eines anderen verletzt. Für das Verschulden der Mitarbeiter haftet der Träger nur nach den Grundsätzen über die Haftung für Verrichtungsgehilfen gemäß § 831, BGB. Der Träger kann sich durch den Nachweis entlasten, bei der Auswahl und Anleitung des Verrichtungsgehilfen die im Verkehr erforderliche Sorgfalt beachtet zu haben, oder dass der Schaden auch bei Anwendung dieser Sorgfalt entstanden wäre.

Schadenersatzansprüche aus Vertragsleistung und unerlaubter Handlung stehen nebeneinander. Wenn der Fall identisch ist, kann der Schadenersatz jedoch nur einmal gefordert werden. Der Schadenersatzanspruch aus der Vertragshaftung § 280 (1) 1, BGB beschränkt sich auf den materiellen Schaden. Bei der unerlaubten Handlung gemäß § 823, BGB besteht ein Anspruch auf Schmerzensgeld nach § 253, BGB, das bedeutet eine Entschädigung für einen Schaden, der kein Vermögensschaden ist. Die vertragliche Haftung unterliegt der allgemeinen Verjährungsfrist von 3 Jahren gemäß § 195, BGB. Schadenersatzansprüche wegen unerlaubter Handlung verjähren gemäß § 199, BGB nach 30 Jahren.

Abb. 11. Haftungsdreieck

Bürgerliches Gesetzbuch (BGB) – Auszug

§ 249 Art und Umfang des Schadensersatzes

(1) Wer zum Schadensersatze verpflichtet ist, hat den Zustand herzustellen, der bestehen würde, wenn der zum Ersatze verpflichtende Umstand nicht eingetreten wäre.

(2)

1. Ist wegen Verletzung einer Person oder wegen Beschädigung einer Sache Schadensersatz zu leisten, so kann der Gläubiger statt der Herstellung den dazu erforderlichen Geldbetrag verlangen.

2. Bei der Beschädigung einer Sache schließt der nach Satz 1 erforderliche Geldbetrag die Umsatzsteuer nur mit ein, wenn und soweit sie tatsächlich angefallen ist.

§ 253 Immaterieller Schaden

(2) Ist wegen einer Verletzung des Körpers, der Gesundheit, der Freiheit oder der sexuellen Selbstbestimmung Schadensersatz zu leisten, kann auch wegen des Schadens, der nicht Vermögensschaden ist, eine billige Entschädigung in Geld gefordert werden.

§ 276 Verantwortlichkeit des Schuldners

(1) Der Schuldner hat Vorsatz und Fahrlässigkeit zu vertreten, wenn eine strengere oder mildere Haftung weder bestimmt noch aus dem sonstigen Inhalt des Schuldverhältnisses, insbesondere aus der Übernahme einer Garantie oder eines Beschaffungsrisikos zu entnehmen ist.

(2) Fahrlässig handelt, wer die im Verkehr erforderliche Sorgfalt außer Acht lässt.

§ 278 Verantwortlichkeit des Schuldners für Dritte

1. Der Schuldner hat ein Verschulden seines gesetzlichen Vertreters und der Personen, deren er sich zur Erfüllung seiner Verbindlichkeit bedient, in gleichem Umfange zu vertreten wie eigenes Verschulden.

§ 280 Schadensersatz wegen Pflichtverletzung

(1)
1. Verletzt der Schuldner eine Pflicht aus dem Schuldverhältnis, so kann der Gläubiger Ersatz des hierdurch entstehenden Schadens verlangen.
2. Dies gilt nicht, wenn der Schuldner die Pflichtverletzung nicht zu vertreten hat.

§ 421 Gesamtschuldner

1. Schulden mehrere eine Leistung in der Weise, dass jeder die ganze Leistung zu bewirken verpflichtet, der Gläubiger aber die Leistung nur einmal zu fordern berechtigt ist (Gesamtschuldner), so kann der Gläubiger die Leistung nach seinem Belieben von jedem der Schuldner ganz oder zu einem Teile fordern.
2. Bis zur Bewirkung der ganzen Leistung bleiben sämtliche Schuldner verpflichtet.

§ 426 Ausgleichungspflicht, Forderungsübergang

(1)
1. Die Gesamtschuldner sind im Verhältnisse zueinander zu gleichen Anteilen verpflichtet, soweit nicht ein anderes bestimmt ist.
2. Kann von einem Gesamtschuldner der auf ihn entfallende Beitrag nicht erlangt werden, so ist der Ausfall von den übrigen zur Ausgleichung verpflichteten Schuldnern zu tragen.

(2)
1. Soweit ein Gesamtschuldner den Gläubiger befriedigt und von den übrigen Schuldnern Ausgleichung verlangen kann, geht die Forderung des Gläubigers gegen die übrigen Schuldner auf ihn über.
2. Der Übergang kann nicht zum Nachteile des Gläubigers geltend gemacht werden.

§ 823 Schadensersatzpflicht

(1) Wer vorsätzlich oder fahrlässig das Leben, den Körper, die Gesundheit, die Freiheit, das Eigentum oder ein sonstiges Recht eines anderen widerrechtlich verletzt, ist dem anderen zum Ersatz des daraus entstehenden Schadens verpflichtet.

§ 827 Ausschluss und Minderung der Verantwortlichkeit

Wer im Zustand der Bewusstlosigkeit oder in einem die freie Willensbestimmung ausschließenden Zustand krankhafter Störung der Geistestätigkeit einem anderen Schaden zufügt, ist für den Schaden nicht verantwortlich. Hat er sich durch geistige Getränke oder ähnliche Mittel in einen vorübergehenden Zustand dieser Art versetzt, so ist er für einen Schaden, den er in diesem Zustand widerrechtlich verursacht, in gleicher Weise verantwortlich, wie wenn ihm Fahrlässigkeit zur Last fiele; die Verantwortlichkeit tritt nicht ein, wenn er ohne Verschulden in den Zustand geraten ist.

§ 831 Haftung für den Verrichtungsgehilfen

(1) Wer einen anderen zu einer Verrichtung bestellt, ist zum Ersatz des Schadens verpflichtet, den der andere in Ausführung der Verrichtung einem Dritten widerrechtlich zufügt. Die Ersatzpflicht tritt nicht ein, wenn der Geschäftsherr bei der Auswahl der bestellten Person und, sofern er Vorrichtungen oder Gerätschaften zu beschaffen oder die Ausführung der Verrichtung zu leiten hat, bei der Beschaffung oder der Leitung die im Verkehr erforderliche Sorgfalt beobachtet oder wenn der Schaden auch bei Anwendung dieser Sorgfalt entstanden sein würde.

(2) Die gleiche Verantwortlichkeit trifft denjenigen, welcher für den Geschäftsherrn die Besorgung eines der im Abs. 1 Satz 2 bezeichneten Geschäfte durch Vertrag übernimmt.

Beispiel

Fall 2: Eine Patientin stürzt nachmittags während der Pflegemaßnahme. Der Vorfall wird durch die zuständige Pflegeperson nicht dokumentiert und der Einsatzleitung nicht mitgeteilt. Die Patientin wird vom Frühdienst bewusstlos vorgefunden, sie stirbt nach einer Schädel-Hirn-Verletzung im Krankenhaus.

Fall 3: Die Einsatzleiterin eines ambulanten Pflegedienstes beauftragt eine Urlaubsvertretung mit einer intramuskulären Injektion. Die Helferin appliziert in einen entzündeten Bereich. Dabei kommt es zu einem Spritzenabszess. Die Schmerzensgeldforderung richtet sich gegen die Leiterin des Pflegedienstes.

Fall 4: Ein Patient bekommt eine Infusion. Die Pflegekraft fixiert die Kanüle mit Pflasterstreifen. Der Patient erleidet eine schwere allergische Reaktion mit kosmetischen Dauerfolgen und fordert Schmerzensgeld. Sein Vorwurf: Die Pflegedokumentation wurde nicht entsprechend gewürdigt. Bei Übernahme der Pflege hatte er auf die Allergie hingewiesen. Diese wurde in die Dokumentation aufgenommen. Zur Untersuchung war nur ein Untersuchungsschein mitgenommen worden. Der Pflegedienst verweist auf die Verantwortung der Pflegenden im Rahmen der Dokumentations- und Informationspflicht.

Fall 5: Der Mitarbeiter einer ambulanten Pflegeeinrichtung verwechselt im Frühdienst Morgen- mit Abendinsulin. Er informiert die Pflegedienstleitung nicht und fährt zum nächsten Patienten. Der Patient erleidet einen hypoglykämischen Schock und muss in der Rettungsstelle behandelt werden.

Folgende Urteile sind bekannt:

Beispiel

Urteil 5: Eine in einem privaten Altenpflegeheim untergebrachte Frau verstarb an den Folgen eines Sturzes. Die Patientin litt an schwerer Altersdemenz und zog sich am Waschbecken eine Armfraktur und Kopfverletzungen zu, nachdem ihre Pflegerin sie dort unbeaufsichtigt stehen ließ. Der 4. Strafsenat des Oberlandesgerichts Zweibrücken sah darin – im Gegensatz zum Landgericht Kaiserslautern – eine fahrlässige Unachtsamkeit der Pflegerin und somit eine Vertragsverletzung, für die auch das Pflegeheim einzustehen hat. Das »fast maximale Sturzrisiko« sei durch die Erkrankung und einen vorangegangenen Sturz im selben Jahr, der zu einer Oberschenkelfraktur geführt hatte, begründet gewesen. Der Schmerzensgeldanspruch des Erben betrug € 8000,-.

▼

Die beklagte Pflegerin hat ihre Sorgfaltspflichten fahrlässig verletzt. Entscheidend ist, ob die Pflegerin bei Beachtung der im Verkehr erforderlichen Sorgfalt (§ 276 Abs. 3 BGB) in der Lage gewesen wäre, sich im Rahmen des ihr Zumutbaren so zu verhalten, dass ein Sturz der Ehefrau des Klägers ausgeschlossen war (OLG Zweibrücken, Urteil vom 01.06.2006, AZ: 4U68/05).

Urteil 6: Bei einem stark suizidgefährdeten Patienten ist das Krankenhauspersonal nicht nur zur Behandlung der Krankheit verpflichtet, sondern auch dazu, alle Gefahren abzuwenden, die dem Patienten durch sich selbst drohen. Die Pflicht zu ausreichender Überwachung und Sicherung besteht im Rahmen des Erforderlichen und Zumutbaren (OLG Köln, Urteil vom 19.01.1995, AZ: 5 204/94 r+s 95, 414).

Urteil 7: »Wird ein Patient bei der Behandlung durch einen Krankenpfleger verletzt, haftet das Pflegepersonal, ohne dass der Patient einen Behandlungsfehler nachweisen muss.« Das Gericht sprach mit seinem Urteil einem Patienten Schmerzensgeld wegen einer Darmverletzung zu. Die Richter betonten, ein Patient sei häufig gar nicht in der Lage, den Nachweis eines Behandlungsfehlers zu führen. Daher gelte auch bei pflegerischen Maßnahmen eine sog. Beweislastumkehr. (OLG Zweibrücken, AZ: 5U48/06).

Urteile zur unerlaubten Handlung, BGB, § 823:

Urteil 8: Für die mit einem Spritzenabszess verbundenen Komplikationen hat ein Krankenhausträger einzustehen, wenn er intramuskuläre Injektionen an nicht hinreichend qualifiziertes Personal überträgt (OLG Köln, Urteil vom 22.01.1987, AZ: 7U193/86).

Urteil 9: Eine wirksame Desinfektion vor einer Injektion setzt die Einhaltung einer Mindesteinwirkzeit des Desinfektionsmittels voraus. Ein Verstoß gegen diese elementaren und eindeutigen Regeln der Injektionstechnik ist ein grober Behandlungsfehler, mit der Folge einer Beweislastumkehr (OLG Stuttgart, Urteil vom 20.07.1989, AZ: 14U21/88).

Urteil 10: Jeder Fall einer Lähmung des Nervus ischiadicus als Folge einer intramuskulären Injektion ist ein schuldhaft verursachter Behandlungsfehler, wobei der vorzuwerfende Sorgfaltsmangel in der fehlerhaft gewählten Injektionsart und/oder der fehlerhaft vorgenommenen Einstichrichtung zu sehen ist (OLG Bremen, Urteil vom 20.09.1989, AZ: 1U26/88).

Urteil 11: Kommt es bei der intramuskulären Injektion eines Medikamentes, das bei ohnehin liegender Dauerkanüle auch intravenös hätte verabreicht

▼

werden können, zu einem Hämatom mit nachfolgender Gewebsnekrose, so ist grundsätzlich eine Haftung des behandelnden Arztes bzw. des Krankenhausträgers zu bejahen (OLG Düsseldorf, Urteil vom 06.12.1984, AZ: 8U217/82).

Urteil 12: Treten nach einer glutealen Injektion eines Antirheumatikums in den Gesäßmuskeln sofort erhebliche Schmerzen und Lähmungen auf, so spricht der Anscheinsbeweis für eine falsche Injektionstechnik (LG Ravensburg, Urteil vom 28.12.1987, AZ: 2O259/87).

Urteil 13: BGB § 276 Vertragsverletzung Arztvertrag: Ist die Schädigung des Patienten Folge eines Fehlers im pflegerischen Bereich des Krankenhauses, hat der Arzt dafür grundsätzlich nicht einzustehen (OLG Düsseldorf, Urteil vom 05.02.1987, AZ: 8U112/85).

Urteil 14: Bei einer diabeteskranken Patientin wurde wegen eines Gangräns eine Notfallbehandlung durchgeführt. Dem Pflegedienst wurde vorgehalten, die Veränderung am Fuß nicht rechtzeitig erkannt und falsch behandelt zu haben. Von Patientenseite wurde behauptet, der Pflegedienst habe nicht auf die Notwendigkeit einer frühzeitigen ärztlichen Behandlung hingewiesen. Das Gericht wies die Klage jedoch nur aufgrund der lückenlosen Dokumentation ab (Amtsgericht Neuss, Urteil vom 08.11.2000, AZ: 37C7054/99).

Pflegefehler müssen sofort an die zuständige Leitung bzw. den behandelnden Arzt weitergegeben werden, um ein schnelles Eingreifen zu ermöglichen. Der gesamte Ablauf, vom Fehler bis zur Korrektur, muss lückenlos dokumentiert sein. Ratsam ist auch, den zuständigen Kostenträger über den Sachverhalt aufzuklären. Das Nichtbekanntgeben und Anzeigen von Pflegefehlern hat im Nachgang weitreichende strafrechtliche, haftungsrechtliche sowie zum Teil arbeitsrechtliche Folgen.

❯ Tipps

Dokumentieren Sie im Schadensfall korrekt die Umstände und die eingeleiteten Maßnahmen, um bei einer Klage gegen die Einrichtung oder gegen Sie Ihr korrektes Handeln beweisen zu können. Richten Sie Ihre Bedenken über die mangelnde Versorgungsqualität und die für Sie nicht tragbaren Organisationsverantwortung schriftlich an die Pflegedienstleitung.

▶ Arbeitnehmerhaftung, Beweislast, Dekubitus, Einwilligung, Fahrlässigkeit, Prophylaxen, Rahmenvertrag, Remonstration, Risikodokumentation, Verjährung, Versicherung, Verordnungsrichtlinie

Hygiene

Die noch immer zu hohe Zahl von nosokomialen Infektionen muss alle Beteiligten zu einem weiteren Engagement in der Infektionsprophylaxe und -therapie veranlassen. Eine sachgemäße Hygiene in der ambulanten Pflege gewährleisten verschiedene Maßnahmen der Infektionsverhütung.

Ein Hygienemanagement ist notwendig, um durch gezielte Maßnahmen eine Infektion rechtzeitig zu erkennen und ihre Weiterverbreitung zu verhindern. Der Hygieneplan, in dem innerbetriebliche Verfahrensweisen zur Infektionshygiene festgelegt sind, ist nicht nur staatliche und berufsgenossenschaftliche Vorgabe zum Arbeitsschutz, auch Empfehlungen zur Prävention nosokomialer Infektionen, die für alle medizinischen Einrichtungen gelten, verweisen auf seine Notwendigkeit. Hygienemanagement beinhaltet Regelungen, Verantwortung, Anleitung und Kontrolle für einzelne hygienische Bereiche. Gerade die Zunahme von nosokomialen Infektionen und die ambulante Versorgung von vielen Patienten mit MRSA macht es in haftungsrechtlicher Hinsicht notwendig, klare Hygienerichtlinien im ambulanten Bereich zu etablieren.

In der ambulanten Pflege wird unterscheiden zwischen:

1. **Allgemeiner Wohn- und Sanitärhygiene**
   Ambulante Pflegedienste haben hier oft wenig Einfluss, wenn sie nicht mit der Dienstleistung der hauswirtschaftlichen Versorgung beauftragt sind. Es geht in erster Linie um die allgemeine Reinigung der Wohn- und Sanitärräume, d.h. um die Reinigung von Flächen und Gegenständen. Ist der Pflegedienst mit diesen hauswirtschaftlichen Dingen beauftragt, ist innerbetrieblich zu regeln, ob es Unterschiede für die Reinigung von Sanitär- bzw. anderen Räumen gibt und ob beim Desinfektionsmittel zwischen Boden- und Staubwischen unterschieden wird.

2. **Lebensmittelhygiene**
   Sie beinhaltet den Umgang, die Lagerung und die Verwertung von Lebensmitteln, z.B. von Fleisch, Fisch, Geflügel und Eier, aus Einkäufen für die Patienten.

3. **Persönliche Hygiene**
   Sie umfasst das gründliche Reinigen der Hände, ggf. Desinfektion, und den Umgang mit Dienst- bzw. Privatkleidung. Ambulante Dienste sind verpflichtet, hier klare Regelungen und Leitlinien aufzustellen. Zum Teil sind die hygienischen Bestimmungen in den einzelnen Rahmenverträgen bzw. Versorgungsverträgen mit den Kostenträgern geregelt.

4. **Maßnahmenhygiene**

Hier geht es um den Umgang mit hygienischen Fragen bei einzelnen pflegerischen und medizinischen Maßnahmen wie z. B. Injektionen, Verbandswechsel, Inhalation, Katheterisierung und Stomapflege.

Wichtige Fragen:

a) Sind Sie als Pflegedienst auf dem neuesten wissenschaftlichen Stand, gerade zu Einwirkzeiten von Desinfektionsmitteln, Verträglichkeiten, Anwendungen usw.?

b) Kennen Sie die Anforderungen aus dem Rahmenvertrag?

c) Kennen Sie die neuen Richtlinien-Standards (national/international)?

5. **Betriebshygiene**

Weitere Fälle von Hygienefehlern im rechtlichen Sinne sind u. a.:

a) Vorbereitung von Desinfektionslösungen für mehr als 24 Stunden im voraus

b) Verwendung offener Harnableitungssysteme

c) Zu lange andauerndes Liegenlassen intravenöser Katheter und deren falsche Handhabung

d) Einsatz von kontaminierten Inhalatoren

e) Verbandwechsel mit Kontamination des Umfeldes

f) Aseptische Operationen in einem nicht ausreichend desinfizierten Operationssaal

Die hygienerechtlichen Grundlagen und Anforderungen ergeben sich aus folgenden Gesetzen und Verordnungen:

- Infektionsschutzgesetz
- Lebensmittel- und Bedarfsgegenständegesetz
- Jugend- und Arbeitsschutzgesetz
- Mutterschutzgesetz
- Strahlenschutzverordnung
- Medizinproduktegesetz
- Vorschriften der Hygieneverordnungen der Länder
- Landeskrankenhausgesetze
- Unfallverhütungsvorschriften
- Auflagen der Berufsgenossenschaften

> **Tipps**
> Grundlegende sowie spezielle Fragen zur Hygiene sollten in ambulanten Diensten in alle Standards, Richtlinien und Leitlinien eingearbeitet werden. So ist es wichtig zu unterscheiden, ob es um den Patienten- oder um den Mitarbeiterschutz geht. Bei jedem ambulanten Pflegedienst sollten Hygienepläne vorhanden sein. Entsprechende Regelungen könnten auch in entsprechenden Verfahrensanweisungen oder einer Betriebsordnung geregelt werden. Sie sind regelmäßig zu evaluieren und den Mitabeitern bekannt zu geben.

Beispiel

Urteil 1: Eine Einrichtung hat für die Folgen einer Infektion aus einem beherrschbaren Bereich einzustehen, sofern sie sich nicht dahingehend zu entlasten vermag, dass sie alle organisatorischen und technischen Vorkehrungen gegen vermeidbare Keimübertragungen getroffen hat (BGH, Urteil VersR 1991, S. 467 ff).

Das Infektionsschutzgesetz vom 20.07.2000 (BGBl. 1 S. 1045), BGBl. III 2126–13; zuletzt geändert durch Viertes Gesetz für moderne Dienstleistungen am Arbeitsmarkt vom 24.12.2003 (BGBl. 1 S. 2954, 2982), stellt auch für die Pflegenden hohe Anforderungen an Vorbeugung, Erkennung und Weiterverbreitung von Infektionen. Insbesondere zu beachten sind die §§ 1, 2, 4, 6, 23, 31, 36, 73.

Hygienemaßnahmen als wesentliche Faktoren der Qualitätssicherung

Stellt eine Pflegeperson bei Verantwortlichen eine Unterbrechung in der Hygienekette fest und mahnt diese an, wird dies nicht selten als Besserwisserei aufgefasst. Gleichwohl ist dieses Handeln richtig.

Beispiel

Urteil 2: »Die unzureichende Desinfektion der Hände verstößt gegen elementare Behandlungsregeln und stellt einen groben Behandlungsfehler dar. Wird ein solcher festgestellt, muss der Arzt den Beweis erbringen, dass der

▼

---

eingetretene Schaden nicht auf diesem groben Fehler beruht.« (OLG Düsseldorf). Ein Patient forderte Schmerzensgeld von einem niedergelassenen Chirurgen wegen Teilversteifung des Ellbogens mit 20%iger Erwerbsminderung. Das OLG gab der Klage statt, weil der Beklagte nach der Untersuchung zweier anderer Patienten beim Kläger eine Injektion im rechten Ellbogen vorgenommen hatte, ohne zuvor seine Hände desinfiziert zu haben. Die Nadel hat sich nach der Einführung von der Spritze gelöst und wurde vom Arzt wieder aufgesetzt. Der Ellbogen entzündete sich und musste zweimal stationär im Krankenhaus behandelt werden (OLG Düsseldorf, Urteil vom 04.06.1987, AZ: 8U113/85).

Urteil 3: Nach einer Zystoskopie wurden Pyozyaneusbakterien im Urin festgestellt. Bei der Spiegelung selbst war der Patient völlig ohne Befund. Da das restliche zur Füllung verwendete Wasser jeweils erst am nächsten Tag mit neuem Wasser aufgefüllt und nur einmal wöchentlich der Glasbehälter sterilisiert wurde, sah das OLG Münster darin eine Verletzung der notwendigen sterilen Vorkehrungen. Die Infektion samt Nebenhodenentzündung wurde als ersatzpflichtiger Schaden anerkannt (OLG Münster, Urteil vom 25.02.1982).

Eine Haftung wegen fehlender oder mangelnder Aufklärung über Infektionsrisiken durch Hygienemängel ist in den Fällen gegeben, in denen sich die Ursache zwischen Hygienemangel und eingetretenem Schaden nicht exakt abgrenzen lässt.

> **Tipps**
> Einwegmaterial ist für die einmalige Verwendung gedacht. Resterilisierte Einwegprodukte gefährden die Sicherheit des Patienten. Teilen Sie daher bei Zuwiderhandlung unbedingt Ihre Bedenken dem behandelnden Arzt bzw. der Abteilungsleitung mit.
> Beachten Sie, dass Hygienepläne nicht gleichzeitig Desinfektionspläne sind und eine zeitnahe Dokumentation der Maßnahmen erforderlich ist.

▶ Betriebsordnungen, Haftung, Medizinproduktegesetz, Remonstration, Verantwortung

nfusion

Das Anlegen von Infusionen, Perfusoren und Infusomaten ist ein strittiges Thema. Die Anordnung und Dosierung obliegen dem Arzt im Sinne seiner Verantwortung für diagnostische und therapeutische Entscheidungen. Die Delegation einzelner ärztlicher Tätigkeiten auf das Pflegepersonal ist nach der Rechtsprechung des Bundesgerichtshofes grundsätzlich erlaubt. Mit dem Alten- und Krankenpflegegesetz wird die Ausführung ärztlich verordneter Maßnahmen jeweils im § 3 als Kenntnis, Fähigkeit und Fertigkeit vorausgesetzt.

Bei der Durchführung von ärztlichen Anordnungen ist die fachliche Qualifikation der Pflegekraft entscheidend. In der Anästhesie, Intensivpflege und Dialyse sind diese Aufgaben für die Pflegeperson selbstverständlich, zumal sie sich für den jeweiligen Bereich zusätzlich qualifizieren musste. Doch geht es im Wesentlichen nicht nur um die zu erlernende Technik, sondern um die Fähigkeit, im Vorfeld mögliche Komplikationen abschätzen zu können. Darüber hinaus sind die Rahmenbedingungen des Arbeitsvertrages, der Dienstanweisungen, Standards, Einwilligung des Patienten, personelle und zeitliche Ressourcen zu berücksichtigen.

Bei der Delegation sollte jedoch immer berücksichtigt werden, dass die Umsetzung ärztlicher Tätigkeiten die Kapazitäten der eigenverantwortlichen Aufgaben und Verantwortungsbereiche der Pflege nicht zusätzlich belasten darf. Der Träger der Einrichtung bzw. die Pflegedienstleitung muss daher im Sinne der Organisationsverantwortung, Vertragshaftung sowie der Qualitätssicherung dafür sorgen, dass die quantitative und qualitative Sicherheit gewährleistet ist. Hierbei kann eine Kategorisierung in »delegationsfähig« oder »nicht delegationsfähig« hilfreich sein. Rechtlich verbindlich sind Standards, Dienstanweisungen und Befähigungsnachweise. Diese Sicherheitselemente dienen der multiprofessionellen Zusammenarbeit. Sie helfen zugleich bei der Beweisführung im aufkommenden Haftungsprozess für den Träger gegenüber dem Patienten im Sinne des Pflegevertrages sowie der Pflegeperson im Falle der persönlichen deliktischen Haftung.

Beispiel

Fall: Bei einem Säugling liegt nach einer Operation eine Infusion. Die Kanüle ist durch einen Verband verdeckt. Nachdem die Infusion in das Gewebe

▼

(para) eingelaufen ist und dem Kind schwere Schäden entstanden sind, mussten mehrere Folgeoperationen am Arm durchgeführt werden. Die Eltern klagten auf Schmerzensgeld gegen die Klinik und gegen die Nachtwache als »Verrichtungshilfe«.

Hierzu sind folgende Urteile bekannt:

Beispiel

Urteil: »Wird ein Krankenhauspatient an seiner Gesundheit geschädigt, weil die ihm verabreichte Infusionsflüssigkeit bei oder nach der Zubereitung im Krankenhaus unsteril wurde, dann muss der Krankenhausträger beweisen, dass dieser Fehler nicht auf einem, ihm zuzurechnenden Organisations- oder Personalverschulden, beruht.« (BGH)

Die Patientin (Klägerin) wurde im Jahre 1975 in die Diagnostik-Klinik (Beklagte) aufgenommen. Wegen des Verdachts auf Hyperkalzämie sollte bei ihr ein Kyle-Test durchgeführt werden, bei dem per Infusion Calcium gluconicum in Lävuloselösung verabreicht wird. Der diensthabende Assistenzarzt legte die Infusion an. Etwa 1 Stunde später traten bei ihr Schüttelfrost und hohes Fieber sowie Beklemmungs- und Schmerzbeschwerden in Magen, Brust und Rücken auf. Der Kyle-Test wurde daraufhin abgebrochen und die Klägerin, die einen septischen Schock erlitten hatte, intensivärztlich versorgt. Ursache war eine Verunreinigung der Infusionslösung mit Enterobacter aerogenes. Die Klägerin, die nach ihrer Behauptung Dauerschäden, u. a. eine rechtsseitige Teilparese, davongetragen hat, forderte von der Klinik die Zahlung eines Schmerzensgeldes und die Feststellung der Ersatzpflicht für die eingetretenen und zukünftigen Schäden. Der Vorwurf lautete, die Infusionslösung sei bei der Zubereitung durch die diensthabende Schwester verunreinigt worden. Zu der Unsterilität sei es gekommen, weil die Schwester die Lösung nicht, wie es den Anforderungen an die Hygiene entspräche, erst kurz vor der Applikation, sondern länger als 1 Stunde vorher zubereitet habe. Die Beklagte bestritt einen ursächlichen Verstoß gegen Hygienevorschriften bei der Infusionszubereitung. In der ersten Instanz wurde der Klage auf Schmerzensgeld in Höhe von DM 5.000,- stattgegeben und die Verpflichtung zum Ersatz des Zukunftsschadens festgestellt. Die Klinik (Beklagte) forderte mit der Revision vor dem BGH die volle Abweisung der Klage (BGH, Urteil vom 03.11.1981, AZ: VI ZR 119/80).

Tipps

Bestehen Sie auf eine grundsätzliche Regelung für Infusionen. Die Infusion muss schriftlich angeordnet sein. Bei Komplikationen verständigen Sie sofort den Arzt. Prüfen Sie die Einwilligung des Patienten, bevor Sie als Pflegeperson eine ärztliche Maßnahme durchführen. Wenn Sie persönlich für eine bestimmte Maßnahme nicht die fachliche Qualifikation besitzen und eine Patientengefährdung vermuten, richten Sie Ihre Bedenken in schriftlicher Form an den zuständigen Arzt.

Ärztliche Anordnung, Aufgabenstellung, Aufzeigen von Bedenken, Befähigungsnachweis, Delegation, Haftung, Injektion, Verordnungsrichtlinie

Notizen für den Alltag

Injektion

Injektionen und Blutentnahmen aller Art sind grundsätzlich ärztlicher Verantwortungsbereich. Diese Maßnahmen kann der Arzt delegieren, er muss jedoch sowohl das Gefährdungspotential für den Patienten als auch die Fähigkeit der Pflegekraft, der er die Tätigkeit überantworten möchte, richtig einschätzen. Dieses Vorgehen ist sowohl im Altenpflegegesetz als auch im Krankenpflegegesetz, jeweils § 3, und dem entsprechenden gültigen Rahmenvertrag SGB V auf der Grundlage des §§ 132/132a sowie der Verordnungsrichtlinie Häusliche Krankenpflege nach § 92 Abs. 7 SGB geregelt.

Bei Übernahme und Durchführung trägt die Pflegeperson die Durchführungsverantwortung im Sinne der deliktischen Haftung für die falsche Technik, die Missachtung der hygienischen Erfordernisse oder die Verwechslung des Patienten. Mögliche Komplikationen sind: Nervenlähmung, Spritzenhämatom, Spritzenabszess, Injektion, Nekrosen und in Folge Amputation von betroffenen Gliedmaßen.

Die Pflege von Patienten hat dem aktuellen Stand der Wissenschaft in Medizin und Pflege zu folgen. Um dies zu gewährleisten, sind die jeweilige Einrichtung und der Pflegedienst angehalten, zeitnah evaluierte Standards umzusetzen. Die Standards sind Bestandteil der Dienstanweisungen und müssen definieren, wie und wer Injektionen und Blutentnahmen durchführen darf. So hat sich etwa für die intramuskuläre Injektion in den letzten 30 Jahren durch die Fachliteratur, die ventrogluteale Applikation nach von Hochstetter (◘ Abb. 12) bzw. Lanz-Wachsmuth als Standard etabliert.

Sollte die Situation des Patienten, z. B. Verbände in diesem Bereich, eine andere Applikation erforderlich machen, muss das in der Dokumentation (Beweisführung) gesondert vermerkt werden. Zu beachten ist aber auch hier die klare Festlegung anhand von Standards und Dienstanweisungen, um die rechtliche Sicherheit zu gewährleisten.

Für Altenpfleger ist zu beachten, dass es bis 2003 unterschiedliche Schwerpunkte in den 16 Bundesländern zu Ausbildungsinhalten, Behandlungspflege und Ausführung ärztlicher Maßnahmen gab. Im Sinne der Übergangsregelung des Altenpflegegesetzes 2003 wird von den Absolventen der bisherigen Ausbildung erwartet, dass sie nach § 3 (AlpfG) die Leistungen qualifiziert erbringen. Neben dieser formalen Qualifikation wird von jedem Altenpfleger und der Pflegedienstleitung die materielle Qualifikation erwar-

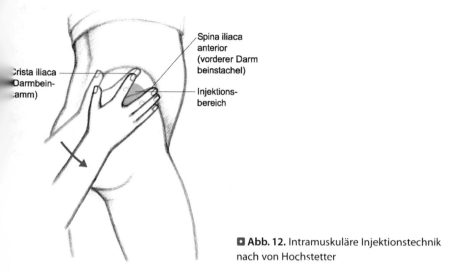

Spina iliaca
anterior
(vorderer Darm
beinstachel)

Crista iliaca
(Darmbein-
.amm)

Injektions-
bereich

❏ **Abb. 12.** Intramuskuläre Injektionstechnik nach von Hochstetter

tet, d. h. die Fähigkeit richtig einzuschätzen und dem geforderten Stand der Wissenschaft anzugleichen.

Als Grundlage der Leistung sind jeweils die Verordnungsrichtlinie Häusliche Krankenpflege (s. Verordnungsrichtlinie Häusliche Krankenpflege § 92 Abs. 7 SGBV) und gleichzeitig der entsprechend geschlossene Rahmenvertrag auf der Grundlage des §§ 132/132 a SGB V für das jeweilige Bundesland maßgeblich. In einzelnen Bundesländern ist hier die Durchführung von Injektionen (Behandlungspflege) durch 3-jährig examinierte Altenpflegekräfte möglich, allerdings immer unter der Verantwortung der entsprechenden Pflegedienstleitung (PDL).

In der Häuslichen Krankenpflege wird die entsprechende behandlungspflegerische Maßnahme als ärztlich delegierte Maßnahme durch den Arzt verordnet und auf den Pflegedienst delegiert. Der Pflegedienst ist dafür verantwortlich, dass diese Maßnahmen auf der Grundlage des geschlossenen Rahmenvertrages, Häusliche Krankenpflege SGB V, auf der Grundlage der verordneten medizinisch notwendigen und bewilligten Maßnahme und auf dem neuesten Stand der wissenschaftlichen Erkenntnisse durch entsprechend geschulte Mitarbeiter erbracht werden. Die Pflegedienstleitung steht dabei in der vollen Verantwortung. Pflegedienste und Pflegedienstleitung sollten unbedingt den Inhalt des aktuellen Rahmenvertrages mit dem jeweiligen Kostenträger kennen, um genau auf dieser Grundlage, unter Einhaltung aller qualitätsorientierten Maßnahmen und Maßstäbe, entsprechende Maßnahmen durchzuführen.

Grundlage aller Tätigkeiten in der Häuslichen Krankenpflege bei verordnungsfähigen Maßnahmen sind immer der gültige Rahmenvertrag, die geschlossenen Qualitätsvereinbarungen, pflegewissenschaftliche Erkenntnisse/ Standards und die durch einen zugelassenen Vertragsarzt verordnete und bewilligte Leistung.

Das bedeutet, dass die 3-jährig ausgebildete Pflegeperson nicht intramuskuläre Injektionen an Altenpflege- oder Krankenpflegehelfer sowie subkutane Injektionen nicht an unausgebildete Hilfskräfte übertragen darf. Der Arzt hat seine Anordnung in gutem Glauben an den hierfür qualifizierten Mitarbeiter delegiert. Somit übernimmt die weiter delegierende Pflegeperson/Pflegefachkraft bei möglichen Schäden dafür die Anordnungs- und Durchführungsverantwortung.

Zwar gibt es für den ambulanten Bereich kaum Gerichtsentscheidungen zu diesem Problem, die folgenden Fälle könnten dennoch in der ambulanten Pflege stattgefunden haben.

Beispiel

Urteil 1: In einem Zivilprozess forderte der Patient (Kläger) von der Stadt (Beklagte), die Trägerin des Krankenhauses ist, einen Schadenersatzanspruch: Der Patient unterzog sich 1972 in der chirurgischen Station des Krankenhauses einer Bruchoperation. Im Anschluss an diese Operation erhielt der Patient täglich Injektionen von Megacillin in die Gesäßmuskulatur. Durch eine fehlerhaft gesetzte Spritze zog sich der Patient eine sog. Spritzenlähmung im linken Bein zu. Diese Spritze wurde nicht durch eine voll ausgebildete Krankenschwester, sondern durch eine nach 1-jähriger Ausbildung examinierte Krankenpflegehelferin (§ 14a Krankenpflegegesetz vom 20.09.1965) gesetzt.

Zur Urteilsbegründung: Dafür, dass eine Krankenpflegehelferin generell zur Ausführung von Injektionen befugt und befähigt wäre, ergibt sich ein Hinweis weder aus der Ausbildungs- und Prüfungsordnung von Krankenpflegehelfer vom 02.08.1966, noch aus Richtlinien der Deutschen Krankenhausgesellschaft. Demnach spricht vieles dafür, dass auch heute noch intramuskulären Injektionen durch Krankenpflegehelfer grundsätz-

▼

lich nicht geduldet werden darf, weil deren fehlerhafte Ausführung zu schwerwiegenden Schädigungen führen kann. Der Bundesgerichtshof hielt den Anspruch des Patienten gegen die beklagte Stadt für begründet und verurteilte die Stadt, Schmerzensgeld zu zahlen (BGH, Urteil vom 08.05.1979).

Urteil 2: Für die mit einem Spritzenabszess verbundenen Komplikationen hat ein Krankenhausträger einzustehen, wenn er intramuskuläre Injektionen an nicht hinreichend qualifiziertes Personal überträgt (OLG Köln, Urteil vom 22.01.1987, AZ: 7U193/86).

Urteil 3: Das Verabreichen einer Spritze stellt einen Eingriff in die körperliche Unversehrtheit des Patienten dar und erfüllt den Tatbestand der Körperverletzung im Sinne § 223 des Strafgesetzbuches. Die Einwilligung eines Patienten erstreckt sich auch auf die Delegation von Injektionen auf medizinisches Hilfspersonal, soweit sie nach objektiven Maßstäben als zulässig anzusehen ist. Vor der Delegation ärztlicher Tätigkeiten auf Hilfskräfte ohne pflegerische Ausbildung ist zwingend die materielle Qualifikation durch einen Arzt festzustellen.

Zur Urteilsbegründung: Das Landgericht hat eine Heimleiterin wegen Anstiftung zur Körperverletzung verurteilt, weil sie einen fachlich nicht qualifizierten Mitarbeiter beauftragt hatte, subkutan Insulin zu spritzen. Das LG Waldshut sah darin eine vorsätzliche Körperverletzung. Da die Patientin nicht im voraus über die fehlende Qualifikation des Mitarbeiters unterrichtet wurde, konnte sie nicht wirksam in die Injektionen einwilligen. Der Heimträger und die Pflegedienstleitung müssten seine »materielle Qualifikation«, d. h. sein Wissen und Können im Zusammenhang mit den ihm übertragenen Aufgaben, prüfen und die Delegation mit dem behandelnden Arzt oder einem Beratungsarzt des Heimes abklären (LG Waldshut-Tiengen, Urteil vom 23.03.2004, AZ: 2Ns13Js1059/99).

Urteil 4: Ein Patient erhielt in einer Praxis wegen seiner Beschwerden im Sprunggelenk einmal pro Woche eine Spritze zur Schmerzlinderung. Eines Morgens jedoch hatte die Arzthelferin alle für den Tag vorgesehenen Spritzen »en bloc« aufgezogen. Dabei war die Helferin unerkannt mit Streptokokken infiziert und trug weder Mundschutz noch sterile Handschuhe. Die Spritzen hatte sie bei Raumtemperatur aufbewahrt. Der Patient erkrankte nach der Injektion so stark, dass das behandelte Bein amputiert werden musste. Wochen später verstarb er an Multiorganversagen.

Aus der Entscheidung: Die morgendliche Vorbereitung von Spritzen und die anschließende ungekühlte Lagerung sind ein Verstoß gegen die Hygienevorschriften. Die einschlägigen Richtlinien sehen eine Ampullenöffnung erst kurz vor der Injektion vor. Die tödliche Infektion muss als unmittelbare Folge der mangelnden Hygiene gesehen werden. Den Hinterbliebenen des Patienten steht deshalb angemessener Schadensersatz zu (LG München I, AZ: 9 O 18834/00).

 Tipps
Berücksichtigen Sie vor einer Injektion die Anordnung, die für Applikation, Dosis und Patienten gilt. Beachten Sie Ihre Delegationshaftung, wenn Sie die Ihnen gestellte Aufgabe auf eine andere Pflegeperson übertragen.

Intravenöse Injektionen

Intravenöse (i.v.-) Injektionen sind nach der Verordnungsrichtlinie Häusliche Krankenpflege als ärztliche Leistung ausgewiesen: »Wechseln und erneutes Anhängen der ärztlich verordneten Infusion bei ärztlich gelegtem peripheren oder zentralen i.v.-Zugang oder des ärztlich punktierten Port-a.-Cath zur Flüssigkeitssubstitution oder parenteralen Ernährung, Kontrolle der Laufgeschwindigkeit (ggf. per Infusionsgerät) und der Füllmenge, Durchspülen des Zugangs nach erfolgter Infusionsgabe oder/und Verschluss des Zugangs.« Unter Bemerkung heißt es weiter, »die i.v.-Medikamentengabe, die venöse Blutentnahme sowie die arterielle und subkutane Infusion sind keine Leistungen der Häuslichen Krankenpflege.«

— **Beispiel** —
Fall: Der Patient wird mit einem Port-a.-Cath aus dem Krankenhaus entlassen. Über diesen Port soll er nach ärztlicher Verordnung 2-mal täglich Antibiotika per Infusion erhalten. Der Patient beauftragt den Pflegedienst mit dieser Aufgabe. Der Pflegedienst reicht die Verordnung bei der zuständigen Krankenkasse ein. Auf der Grundlage der Verordnungsrichtlinie lehnt die Krankenkasse ab. Lediglich die Flüssigkeitssubstitution wird genehmigt.

Aus der Korrcktur der Richtlinie des Gemeinsamen Bundesausschusses vom 6.03.2007 geht hervor, dass auch im Einzelfall Leistungen der Häuslichen Krankenpflege zugeordnet werden können, die nicht im Leistungsverzeichnis abgebildet sind. Damit wäre eine solche Genehmigung der dargelegten Leisung möglich. Voraussetzung hierfür ist jedoch, dass der Pflegedienst einen entsprechenden Rahmenvertrag hat und über qualifizierte examinierte Krankenpflegekräfte verfügt, die Erfahrung im Umgang mit Port-Applikationen von Antibiotika haben.

Bei allen i.v.-Injektionen sowie Blutentnahmen sollte mit dem entsprechenden Arzt eine Vereinbarung im Sinne eines Befähigungsnachweises geschlossen werden, in der die durchführenden Mitarbciter namentlich genannt werden. Der Pflcgedienst sollte sich versichern, ob die entsprechenden Qualifikationen und Fähigkeiten vorliegen und ob ein ständiger fachlicher Austausch, einmal zwischen dem Arzt und der Pflegeeinrichtung, genauso wie innerhalb der Pflegeeinrichtung auf der Grundlage neuester wissenschaftlicher Erkenntnisse stattfindet. Somit wäre im Haftungsfall gewährleistet, dass sich alle Seiten an die Vereinbarung gehalten haben. Dem Arzt wäre damit auch klar, wer die einzelnen Tätigkeiten durchführt. Der Pflegedienst wiederum könnte diese Mitarbeiter entsprechend qualifiziert schulen. Entscheidend ist auch, dass der Patient immer aufgeklärt werden muss, wenn die Leistungen durch nichtärztliches Personal durchgeführt werden. Er muss hierzu sein Einverständnis geben. Die Krankenkassen schließen im Einzelfall Leistungsvereinbarungen mit Pflegediensten für solche speziellen Fälle ab. Es ist ratsam, mit der zuständigen Krankenkasse in Kontakt zu treten.

> **Tipps**
> Es sollte immer genau unterschieden werden, welche Leistungen der Pflegedienst durchführen *kann* und welche er durchführen *darf*. Wenn die Krankenkasse die Leistung genehmigt und der Arzt weiß, welcher Mitarbeiter die Tätigkeit ausführt, können spezielle ärztliche Aufgaben im Einzelfall auch delegiert werden, wie die Punktion des Port-a.-Cath.

▶ Aufgabenstellung, Ärztliche Anordnung, Befähigungsnachweis, Behandlungspflege, Delegation, Einwilligung, Haftung, Infusion, Rahmenverträge, Sorgfaltspflicht, Standards

Kodex für professionelles Verhalten

Der Kodex für professionelles Verhalten wurde durch die Nationale Konferenz zur Errichtung von Pflegekammern in der Bundesrepublik Deutschland erarbeitet und im Jahr 2002 veröffentlicht. Er definiert den Anspruch, den eine Pflegekammer an das professionelle Verhalten ihrer Mitglieder bei der Berufsausübung stellt, und er dient der ethischen Orientierung sowie als beruflicher Ratgeber in der Pflege. Mitglieder sollen sich stets so verhalten, dass das von der Bevölkerung in sie gesetzte Vertrauen in die professionelle Pflege gerechtfertigt wird, dass das Ansehen des Berufsstandes gewahrt und gefördert wird. Den gesundheitspflegerischen individuellen Bedürfnissen der Bevölkerung ist Rechnung zu tragen.

Jedes Mitglied ist für die Qualität der von ihm erbrachten Dienstleistung voll verantwortlich. Für die berufliche Ausübung pflegerischer Tätigkeiten gilt Folgendes:

- Das Mitglied hat sich stets so zu verhalten, dass das Wohlbefinden von Patienten, Hilfebedürftigen, Betreuten, Klienten gefördert und geschützt wird.
- Das Mitglied muss sicherstellen, dass in seinem Verantwortungsbereich nichts geschieht oder unterlassen wird, das sich nachteilig auf den Zustand oder die Sicherheit der Patienten, Hilfebedürftigen, Betreuten, Klienten auswirken könnte.
- Das Mitglied muss jede Gelegenheit wahrnehmen, um sein berufliches Wissen und seine pflegerische Kompetenz zu erhalten und zu vermehren.
- Das Mitglied sollte Defizite seiner pflegerischen Kompetenz erkennen und in einem solchen Fall als delegierte Aufgaben ablehnen.
- Das Mitglied hat in unterstützender und kooperativer Weise mit Vertretern anderer Gesundheitsberufe zusammenzuarbeiten und deren speziellen Beitrag innerhalb des Gesundheitsteams zu respektieren und anzuerkennen.
- Das Mitglied muss die Kulturtraditionen, individuellen Werte und religiösen Gepflogenheiten von Patienten, Hilfebedürftigen, Betreuten, Klienten berücksichtigen.
- Das Mitglied verpflichtet sich, entsprechenden vorgesetzten Personen oder offiziellen Stellen bekanntzugeben, dass aufgrund von Gewissenskonflikten in bestimmten Situationen professioneller Einspruch erhoben

wird oder von einer Durchführungsverweigerung bestimmter Tätigkeiten Gebrauch gemacht wird.

- Das Mitglied muss jeglichen Missbrauch oder den Anschein eines Missbrauchs vermeiden.
- Das Mitglied hat Patienten, Hilfebedürftigen, Betreuten, Klienten freien Zugang zu deren Eigentum, Wohnung oder Arbeitsplatz zu garantieren.
- Das Mitglied muss erhaltene Informationen während der Ausübung professioneller Tätigkeiten vertraulich behandeln und darf diese nicht ohne Erlaubnis des Betroffenen oder deren gesetzlichen Vertreter publik machen, es sei denn, dass dies rechtlich oder gerichtlich oder im gesellschaftlichen Interesse erforderlich ist.
- Das Mitglied darf keine Geschenke, Gefälligkeiten oder Einladungen annehmen, die als Einflussnahme zum Zwecke bevorzugter Behandlung ausgelegt werden können.
- Das Mitglied sollte immer das Umfeld von Patienten, Hilfebedürftigen, Betreuten, Klienten in Betracht ziehen und dessen Auswirkungen auf deren physisches, psychisches, spirituelles und soziales Wohlbefinden beachten.
- Das Mitglied hat die vorhandenen Ressourcen zu berücksichtigen.
- Das Mitglied muss die Einhaltung bestehender Sicherheitsstandards in der pflegerischen Praxis einfordern und bei Verletzung dieser Standards von der Durchführungsverweigerung Gebrauch machen sowie seine Vorgesetzten bzw. die entsprechenden Gesundheitsbehörden informieren.
- Das Mitglied hat die Aufgabe, auf der Basis beruflichen Wissens, beruflicher Erfahrung und Position andere Pflegepersonen beim Erwerb ihrer beruflichen Kompetenz zu unterstützen.
- Das Mitglied hat den Gebrauch beruflicher Titel bei der Förderung kommerzieller Produkte zu vermeiden, um die Unabhängigkeit beruflicher Begutachtung nicht zu kompromittieren.

Ethikkodex für Pflegende (ICN)

Der ICN ist ein Zusammenschluss von nationalen Berufsverbänden der Pflege und vertritt weltweit Millionen von Pflegenden. Seit 1899 ist der von Pflegenden für Pflegende geführte Verband die internationale Stimme der Pflege und macht sich zum Ziel, Pflege von hoher Qualität für alle sicherzustellen und sich für eine vernünftige Gesundheitspolitik weltweit einzusetzen.

Elemente des Ethikkodex

1. Pflegende und ihre Mitmenschen

Die grundlegende berufliche Verantwortung der Pflegenden gilt dem pflegebedürftigen Menschen. Bei ihrer beruflichen Tätigkeit fördert die Pflegende ein Umfeld, in dem die Menschenrechte, die Wertvorstellungen, die Sitten und Gewohnheiten sowie der Glaube des Einzelnen, der Familie und der sozialen Gemeinschaft respektiert werden. Die Pflegende gewährleistet, dass der Pflegebedürftige ausreichende Informationen erhält, auf die er seine Zustimmung zu seiner pflegerischen Versorgung und Behandlung gründen kann. Die Pflegende behandelt jede persönliche Information vertraulich und geht verantwortungsvoll mit der Informationsweitergabe um. Die Pflegende teilt mit der Gesellschaft die Verantwortung, Maßnahmen zugunsten der gesundheitlichen und sozialen Bedürfnisse der Bevölkerung, besonders der von benachteiligten Gruppen, zu veranlassen und zu unterstützen.

2. Pflegende und die Berufsausübung

Die Pflegende ist persönlich verantwortlich und rechenschaftspflichtig für die Ausübung der Pflege sowie für die Wahrung ihrer fachlichen Kompetenz durch kontinuierliche Fortbildung. Die Pflegende achtet auf ihre eigene Gesundheit, um ihre Fähigkeit zur Berufsausübung zu erhalten und sie nicht zu beeinträchtigen. Die Pflegende beurteilt die individuellen Fachkompetenzen, wenn sie Verantwortung übernimmt oder delegiert. Die Pflegende soll in ihrem beruflichen Handeln jederzeit auf ein persönliches Verhalten achten, das dem Ansehen der Profession dient und das Vertrauen der Bevölkerung in sie stärkt. Die Pflegende gewährleistet bei der Ausübung ihrer beruflichen Tätigkeit, dass der Einsatz von Technologie und die Anwendung neuer wissenschaftlicher Erkenntnisse vereinbar sind mit der Sicherheit, der Würde und den Rechten der Menschen.

3. Pflegende und die Profession

Die Pflegende übernimmt die Hauptrolle bei der Festlegung und Umsetzung von Standards für die Pflegepraxis, das Pflegemanagement, die Pflegeforschung und Pflegebildung. Die Pflegende wirkt aktiv bei der Weiterentwicklung des wissenschaftlich fundierten professionellen Wissens mit. Durch ihren Berufsverband setzt sich die Pflegende dafür ein, dass gerechte soziale und wirtschaftliche Arbeitsbedingungen in der Pflege geschaffen und erhalten werden.

. **Pflegende und ihre Kollegen**
Die Pflegende sorgt für eine gute Zusammenarbeit mit den Kollegen aus der Pflege und anderen Professionen. Die Pflegende greift zum Schutz des Patienten ein, wenn sein Wohl durch einen Kollegen oder eine andere Person gefährdet ist. Pflegende sind Personen, die die Profession Pflege ausüben: Krankenschwester/-pfleger, Kinderkrankenschwester/-pfleger, Alternpfleger/in.

► Berufsordnung

Notizen für den Alltag

Kooperation

Die aktuellen Herausforderungen im Gesundheits- und Pflegebereich sind auf eine integrierte Versorgung gerichtet. Im Mittelpunkt steht der Pflegebedürftige. Er geht davon aus, dass alle beteiligten Professionen in seinem Sinne kommunizieren und kooperieren (◘ Abb. 13).

Kooperationspapier für den ärztlichen Dienst und den Pflegedienst

Eine Kooperation zwischen Arzt und Pflege ist für den Patienten existentiell. Das 1993 zwischen Bundesärztekammer und den Pflegeverbänden (ADS, BeKD, BA, BALK, DBfK) vereinbarte Kooperationspapier mit der gegenseitigen Anerkennung von Aufgabenstellungen im ärztlichen Dienst und im Pflegedienst kann als Grundlage dienen, um Stellenbeschreibungen, Zuständigkeiten und Dienstanweisungen der einzelnen Abteilung zu strukturieren.

◘ **Abb. 13.** Netzwerk

n diesem Kooperationspapier wurde u. a. vereinbart:

I. Kooperation ist kein Selbstzweck, sondern Folgewirkung in einem arbeitsteilig organisierten und durch berufliche Spezialisierung gekennzeichneten Gesundheitswesen. Aus der Arbeitsteilung und Spezialisierung resultierende Vorteile können durch Kooperation besser genutzt, Nachteile leichter gemindert werden. Wenn bei den absehbaren Entwicklungen unseres Gesundheitswesens – insbesondere der ökonomischen und personellen Ressourcenbegrenzung – die ärztlichen und pflegerischen Versorgungsstandards bei gleichzeitiger Zielsetzung der stärkeren Patientenorientierung beibehalten werden sollen, zeichnet sich die Notwendigkeit interprofessioneller Kooperation deutlicher ab.

Viele Versorgungsprobleme der Zukunft können und müssen durch effizientere organisatorische Strukturen und die dazugehörende Kommunikation bewältigt werden. Dies gilt für die stationäre und die ambulante Versorgung sowie für die Schnittstellenbereiche gleichermaßen. Ärzte und Pflegekräfte als die zahlenmäßig größten Berufsgruppen arbeiten eng zusammen, sei es als Angestellte oder Freiberufler. Ihr Zusammenwirken zum Wohle des Patienten ist gemeinsames Anliegen dieser Vereinbarung.

II. Grundlage der Kooperation zwischen Ärzten und Pflegekräften ist gegenseitige Akzeptanz und Wertschätzung der beruflichen Qualifikation, der fachlichen Kompetenz, der spezifischen Zuständigkeiten und Verantwortlichkeiten und der jeweiligen Aufgabenbereiche und Tätigkeiten. Gemeinsames Ziel ist es, Leben zu erhalten, die Gesundheit zu schützen und wiederherzustellen sowie Leiden zu lindern.

Dem Arzt obliegen alle Entscheidungen über diagnostische und therapeutische Maßnahmen am Patienten. Die Pflegenden sind für die umfassende sach- und fachkundige Pflege des Menschen verantwortlich (KrPflG, § 4). Sie leisten Hilfe zur Erhaltung, Anpassung und Wiederherstellung der physischen, psychischen und sozialen Funktionen und Aktivitäten von gesunden und kranken Menschen. Sie sind verpflichtet, diese im Rahmen einer ganzheitlich fördernden Prozesspflege zu erfassen, zu planen, auszuführen, zu dokumentieren und zu überprüfen. Sie unterstützen den Arzt in der Durchführung diagnostischer und therapeutischer Maßnahmen.

III. Im ambulanten Bereich müssen Leistungen des niedergelassenen Arztes, des medizinischen Dienstes der Krankenkassen, der sozial- und gesundheitspflegerischen Dienste und der ambulant tätigen Pflegekräfte aufeinander abgestimmt werden. Die wachsende Zahl chronisch kranker, behinderter und pflegebedürftiger sowie alter Menschen macht in dem zunehmend an Bedeutung gewinnenden gemeinsamen Arbeitsfeld der Gesundheits- und Sozialpflege die Beschreibung von Zuständigkeiten und Verantwortlichkeiten notwendig.

Aufgabenbereiche der hausärztlichen Versorgung sind gesetzlich geregelt (SGB V, § 73). Danach obliegt dem Vertragsarzt insbesondere

– die Koordination diagnostischer, therapeutischer und pflegerischer Maßnahmen

– die Einleitung oder Durchführung präventiver und rehabilitativer Maßnahmen sowie die Integration nicht-ärztlicher Hilfen und flankierender Dienste in die Behandlungsmaßnahmen.

Qualifizierte Pflegekräfte erfüllen ihre pflegerischen Tätigkeiten aufgrund ihrer Ausbildung und Kompetenz auch in der ambulanten Pflege eigenverantwortlich und autonom. Sie wirken u. a. auch mit bei diagnostischen und therapeutischen Maßnahmen, laut Anordnung des Hausarztes. Pflegekräfte können bei der Begutachtung von Pflegebedürftigkeit durch den medizinischen Dienst der Krankenkassen (SGB V, § 275) aufgrund ihrer umfassenden Kenntnisse des Umfeldes des Patienten bzw. Klienten und bei der Verschreibung von Pflegehilfsmitteln durch den Arzt qualifiziert und umfassend beraten.

Eine stärkere Verzahnung zwischen pflegerischer und hausärztlicher Betreuung durch institutionalisierte Formen der Kommunikation, z. B. gemeinsame Fallbesprechungen, Supervision und Qualitätszirkel können zu einer reibungsloseren und effizienteren Patientenversorgung beitragen.

Voraussetzungen für Kooperation in der ambulanten Pflege

- Klare Definition des eigenen Betriebes hinsichtlich Inhalt und Philosophie
- Transparenz und Beschreibung der eigenen Struktur und Ausrichtung
- Nachvollziehbare Definition des Ist-Zustandes
- Belegbarmachen von Schwachstellen
- Klare Definition von Unternehmenszielen
- Offenlegung von funktionierenden Maßnahmen
- Erkennen von fehlgeschlagenen Maßnahmen

Kooperation bedeutet: Unter einem gemeinsamen Ziel, das eigene Arbeitsverhalten mit den Arbeitsabläufen, Methoden und Ausrichtungen anderer abzustimmen. Gemeinsamkeit im Handeln also (◘ Abb. 14 und 15).

Kooperationen leben von:
- Offenheit und Transparenz
- Zieldefinitionen
- Klaren Strukturen
- Klaren Führungsansprüchen
- Mitspracherechten
- Klaren Regeln und Kriterien, wer mitmachen darf und wer nicht!

! Nicht jede Kooperation führt zu gewünschten Zielen, auch gegenteilige Wirkungen sind möglich!

Wenn Kooperationen von Prozessinnovationen, von Ökonomisierung der Abläufe und Produktinnovationen getragen sind, und die Partner gleichberechtigt beteiligt sind, besteht eine reelle Chance auf den Einfluss des Kooperationssystems, auf die Versorgungsstruktur und den Markt der betroffenen Regionen.

IV. Gemeinsames Ziel von Ärzteschaft und Pflegeverbänden muss es sein, zur Sicherung und Verbesserung der Versorgungsstrukturen beizutragen. Die Intensivierung der partnerschaftlichen Zusammenarbeit von Ärzten und Pflegenden »vor Ort« kann wesentlich zur Erhöhung der Motivierung und Arbeitszufriedenheit beitragen. Neben der konkreten alltäglichen Arbeit in Einrichtungen des Gesundheitswesens kommt der gemeinsamen Fortbildung eine besondere Bedeutung zu. Wichtig ist darüber hinaus die gute Zusammenarbeit der Verbände.

Anmerkung: Durch das Krankenpflegegesetz vom 16.07.2003 ist die Aufgabenstellung der Pflege in § 3 (vorher § 4) geregelt.

> Tipps

Die Kooperationsvereinbarung ist eine gute Argumentationsgrundlage für die Zusammenarbeit zwischen Ärzten und Pflegenden in der jeweiligen Abteilung und gleichfalls ein Element zur Qualitätssicherung. Sorgen Sie in Ihrer Einrichtung für klare Konzepte, Dienstanweisungen und Standards im Sinne der Verantwortungsebenen (Organisation, Anordnung, Durchführung).

▶ Qualitätssicherung

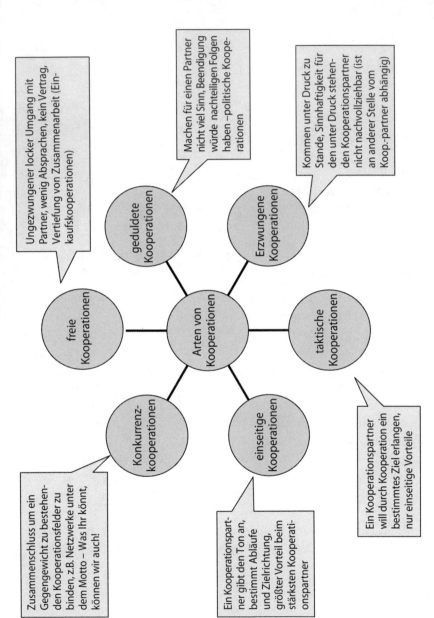

Abb. 14. Formen der Kooperation

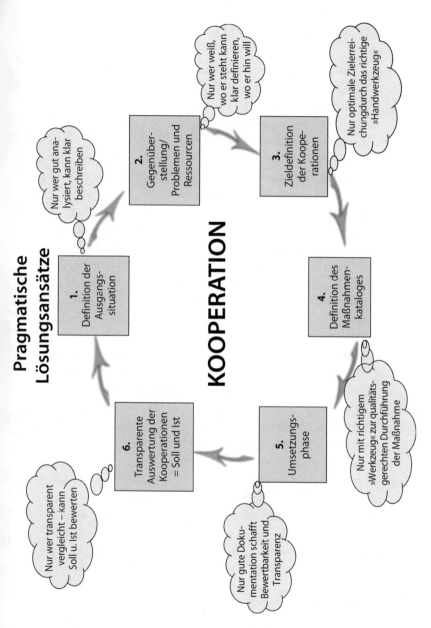

■ **Abb. 15.** Pragmatische Lösungsansätze für Kooperationen

Krankenbeobachtung

Krankenbeobachtung ist zwar im ähnlichen Maße ein Bestandteil pflegerischer/krankenpflegerischer Leistungen, dennoch verweigern bundesdeutsche Kostenträger kontinuierlich deren Kostenübernahme.

Beispiel

Fall: In seinem Urteil vom 10.11.2005 hat das Bundessozialgericht unter dem Kennzeichen B3KR38/04R-St./.WEK in Sachen Krankenbeobachtung und damit Bewilligungen von Behandlungspflege eine klare Entscheidung für Patienten und Pflegedienste getroffen.

Der 1982 geborene Kläger hat nach seiner Geburt einen Herz- und Atemstillstand erlitten und ist seitdem schwerstbehindert. Es besteht eine ausgeprägte Hirnschädigung mit der Folge der Bewegungs-, Schluck und Sprachunfähigkeit. Ferner liegt ein therapieresistentes Anfallsleiden vor, mit wechselnder Häufigkeit und Schwere der Anfälle, deren Auftreten nicht vorhersehbar ist. Verstärkt treten Infekte der oberen Luftwege auf, wobei es zu starken Verschleimungen kommt, die in Verbindung mit eingeschränkter Schluckmotorik zu bedrohlichen Hustenanfällen führen können. Wegen seines Gesundheitszustandes bedarf der Kläger ständiger Beobachtung durch eine medizinische Fachkraft. Dies wird im Wesentlichen von seiner Mutter, einer examinierten Krankenschwester, sichergestellt. Daneben erhält der Kläger für die Grundpflege Sachleistungen der Pflegeversicherung nach Pflegestufe III. Da hierdurch der rund um die Uhr bestehende Pflegebedarf des Klägers nicht abgedeckt wurde, beantragte er von der beklagten Krankenkasse die Gewährung von täglich 9,5 Stunden Behandlungspflege. Die beklagte Krankenkasse war jedoch lediglich bereit, Sachleistungen für die Dauer bis zu 2 Stunden täglich zu gewähren, weil sie die reinen Beobachtungszeiten nicht als Maßnahmen der Häuslichen Krankenpflege ansah. Sie wurde vom Sozialgericht im Wege der einstweiligen Anordnung verpflichtet, vorläufig täglich 9,5 Stunden Behandlungspflege zu erbringen. Mit der Revision machte die Beklagte weiterhin geltend, die allgemeine Krankenbeobachtung sei keine Maßnahme der Häuslichen Krankenpflege, die vom Arzt verordnet werden könne. Sie beruft sich in so weit auf die Richtlinie des Gemeinsamen Bundesausschusses über Häusliche Krankenpflege, die

▼

nur eine spezielle Krankenbeobachtung bei akuter Verschlechterung einer Krankheit zur Kontrolle der Vitalwertfunktion sowie die Überwachung eines Beatmungsgerätes vorsehe (SG Dortmund – S8KR347/00, LSG Nordrhein-Westfalen-L5KR13/03).

> **Tipps**
> Die betreuende Pflegeeinrichtung sollte immer prüfen, ob die notwendige Krankenbeobachtung mit der genehmigten und damit vergüteten Leistung abgegolten ist. Sieht die Einrichtung hier eine Diskrepanz zwischen dem fachlichen Aufwand und der Vergütung, muss sie den Kostenträger darauf hinweisen und die vorgetragene Position fachlich begründen.

Notizen für den Alltag

Krankenpflegegesetz

Das Gesetz über die Berufe in der Krankenpflege (Krankenpflegegesetz – KrPflG) vom 16.07.2003 (BGBl. I S. 1442, BGBl. III S. 2124–2123, BGBl. I S. 1776, 1789) trat am 01.01.2004 in Kraft. Neben den veränderten Berufsbezeichnungen ist die Erweiterung des Ausbildungsziels (§ 3) wesentlich für den Pflegealltag. In § 3 wurde die Eigenverantwortlichkeit der Pflege festgelegt. Hieraus leitet sich auch ein Haftungsanspruch im Sinne der Organisations-, Anordnungs- und Durchführungsverantwortung für die Träger der Einrichtung und für den Patienten ab. Im Folgenden sind Auszüge des Gesetzes aufgeführt:

§ 1 Führen der Berufsbezeichnungen

(1) Wer eine der Berufsbezeichnungen
1. »Gesundheits- und Krankenpflegerin« oder »Gesundheits- und Krankenpfleger« oder
2. »Gesundheits- und Kinderkrankenpflegerin« oder »Gesundheits- und Kinderkrankenpfleger« führen will, bedarf der Erlaubnis.

(2) Krankenschwestern und Krankenpfleger, die für die allgemeine Pflege verantwortlich und Staatsangehörige eines Vertragsstaates des Europäischen Wirtschaftsraumes sind, dürfen die Berufsbezeichnungen nach Abs. 1 im Geltungsbereich dieses Gesetzes ohne Erlaubnis führen, sofern sie ihre Berufstätigkeit als vorübergehende Dienstleistung im Sinne des Artikels 50 des EG-Vertrages im Geltungsbereich dieses Gesetzes ausüben. Sie unterliegen jedoch der Anzeigepflicht nach diesem Gesetz. Gleiches gilt für Drittstaaten und Drittstaatsangehörige, soweit sich hinsichtlich der Diplomanerkennung nach dem Recht der Europäischen Gemeinschaften eine Gleichstellung ergibt.

§ 2 Voraussetzungen für die Erteilung der Erlaubnis

(1) Eine Erlaubnis nach § 1 Abs. 1 ist auf Antrag zu erteilen, wenn die Antragstellerin oder der Antragsteller
1. die durch dieses Gesetz vorgeschriebene Ausbildungszeit abgeleistet und die staatliche Prüfung bestanden hat,
2. sich nicht eines Verhaltens schuldig gemacht hat, aus dem sich die Unzuverlässigkeit zur Ausübung des Berufs ergibt, und
3. nicht in gesundheitlicher Hinsicht zur Ausübung des Berufs ungeeignet ist.

(2) Die Erlaubnis ist zurückzunehmen, wenn bei Erteilung der Erlaubnis eine der Voraussetzungen nach Abs. 1 Nr. 1 bis 3 nicht vorgelegen hat oder die Ausbildung nach den Abs. 3 bis 6 oder die nach § 25 nachzuweisende Ausbildung nicht abgeschlossen war. Die Erlaubnis ist zu widerrufen, wenn nachträglich die Voraussetzung nach Abs. 1 Nr. 2 weggefallen ist. Die Erlaubnis kann widerrufen werden, wenn nachträglich die Voraussetzung nach Abs. 1 Nr. 3 weggefallen ist.

§ 3 Ausbildungsziel

(1) Die Ausbildung für Personen nach § 1 Abs. 1 Nr. 1 und 2 soll entsprechend dem allgemein anerkannten Stand pflegewissenschaftlicher, medizinischer und weiterer bezugswissenschaftlicher Erkenntnisse fachliche, personale, soziale und methodische Kompetenzen zur verantwortlichen Mitwirkung insbesondere bei der Heilung, Erkennung und Verhütung von Krankheiten vermitteln. Die Pflege im Sinne von Satz 1 ist dabei unter Einbeziehung präventiver, rehabilitativer und palliativer Maßnahmen auf die Wiedererlangung, Verbesserung, Erhaltung und Förderung der physischen und psychischen Gesundheit der zu pflegenden Menschen auszurichten. Dabei sind die unterschiedlichen Pflege- und Lebenssituationen sowie Lebensphasen und die Selbständigkeit und Selbstbestimmung der Menschen zu berücksichtigen (Ausbildungsziel).

(2) Die Ausbildung für die Pflege nach Abs. 1 soll insbesondere dazu befähigen,

1. die folgenden Aufgaben eigenverantwortlich auszuführen:
   a) Erhebung und Feststellung des Pflegebedarfs, Planung, Organisation, Durchführung und Dokumentation der Pflege,
   b) Evaluation der Pflege, Sicherung und Entwicklung der Qualität der Pflege,
   c) Beratung, Anleitung und Unterstützung von zu pflegenden Menschen und ihrer Bezugspersonen in der individuellen Auseinandersetzung mit Gesundheit und Krankheit,
   d) Einleitung lebenserhaltender Sofortmaßnahmen bis zum Eintreffen der Ärztin oder des Arztes,

2. die folgenden Aufgaben im Rahmen der Mitwirkung auszuführen:
   a) eigenständige Durchführung ärztlich veranlasster Maßnahmen,
   b) Maßnahmen der medizinischen Diagnostik, Therapie oder Rehabilitation,

c) Maßnahmen in Krisen- und Katastrophensituationen,
3. interdisziplinär mit anderen Berufsgruppen zusammenzuarbeiten
    und dabei multidisziplinäre und berufsübergreifende Lösungen von
    Gesundheitsproblemen zu entwickeln.

§ 21 Ordnungswidrigkeiten

(1) Ordnungswidrig handelt, wer
1. ohne Erlaubnis nach § 1 Abs. 1 eine der Berufsbezeichnungen führt.

(2) Die Ordnungswidrigkeit kann mit einer Geldbuße bis zu dreitausend
Euro geahndet werden.

§ 23 Weitergeltung der Erlaubnis zur Führung der Berufsbezeichnungen

(1) Eine vor Inkrafttreten dieses Gesetzes erteilte Erlaubnis als »Krankenschwester« oder »Krankenpfleger« oder als »Kinderkrankenschwester«
oder »Kinderkrankenpfleger« oder eine einer solchen Erlaubnis durch das
Krankenpflegegesetz vom 4. Juni 1985 (BGBl. I S. 893), zuletzt geändert
durch Artikel 20 des Gesetzes vom 27. April 2002 (BGBl. I S. 1467), gleichgestellte staatliche Anerkennung als »Krankenschwester« oder »Krankenpfleger« oder »Kinderkrankenschwester« oder »Kinderkrankenpfleger«
nach den Vorschriften der Deutschen Demokratischen Republik gilt als
Erlaubnis nach § 1 Abs. 1 Nr. 1 oder 2.

(2) »Krankenschwestern«, »Krankenpfleger«, »Kinderkrankenschwestern«,
»Kinderkrankenpfleger«, die eine Erlaubnis oder eine einer solchen Erlaubnis gleichgestellte staatliche Anerkennung nach dem in Abs. 1 genannten Gesetz besitzen, dürfen die Berufsbezeichnung weiterführen.
Die Berufsbezeichnung »Krankenschwester«, »Krankenpfleger«, »Kinderkrankenschwester«, »Kinderkrankenpfleger« darf nur unter den Voraussetzungen des Satzes 1 geführt werden.

Krankenversicherung

Auswirkungen der Gesundheitsreform auf ambulante Pflege und integrierte Versorgung

Das unter der Kurzbezeichnung Gesundheitsreform am 01.04.2007 in Kraft getretene Gesetz ist eigentlich das Gesetz zur Stärkung des Wettbewerbs in der gesetzlichen Krankenversicherung (GKV-Wettbewerbsstärkungsgesetz – GKV – WSG). Folgende wesentliche Punkte werden geregelt:

- Ab 01.04.2007 schrittweise Einführung eines generellen Versicherungs- schutzes, Pflicht zur Krankenversicherung
- Neue Pflichtleistungen der Krankenkassen
- Medizinische Rehabilitation
- Impfungen (wenn vom Bundesausschuss der Ärzte und Krankenkassen empfohlen)
- Eltern-Kind-Kuren
- Ausweitung ambulanter Versorgung in Krankenhäusern
- Absenkung des Mindestbeitrages für freiwillig Versicherte/Selbstständige bisher € 1.837,50, neu € 1.225,-
- Einführung von Wahltarifen, Pflichtwahltarife für Kassen

Für besondere Versorgungsformen:
- **Pflichttarife der Kassen:**
  - Integrierte Versorgung
  - Besondere ambulante ärztliche Versorgung
  - Strukturierte Behandlungsprogramme bei chronischen Krankheiten
  - Spezielle Hausarzttarife
- **Freiwillige Wahltarife der Kassen:**
  - Selbstbehalttarife
  - Tarife für die Nichtinanspruchnahme von Leistungen
  - Variable Kostenerstattungstarife
  - Tarife für die Übernahme der Kosten für Arzneimittel der besonderen Therapieeinrichtungen (die von der Regelversorgung ausgeschlossen sind)
  - Alle freiwilligen Tarife sind an eine Mindestbindungsfrist von 3 Jahren gebunden

– Hier kann die Krankenkasse nur in Härtefällen (z. B. Arbeitslosigkeit gewechselt werden
– Maximale Rückzahlungsmöglichkeit der Krankenkassen (Bonus) € 600, im Jahr
– Finanzielle Verbesserung für Träger von Kinderhospizen
– Medizinische Versorgungsmaßnahmen/Rehabilitation für Mütter und Väter werden Pflichtleistungen
– Die Krankenkassen sind verpflichtet, bei ambulanten Geburten im Geburtshaus eine Betriebskostenzuschuss zu zahlen, den bisher in aller Regel die Versicherten tragen mussten

Stärkung der betrieblichen Gesundheitsförderung:
– Bei der Entlassung aus dem Krankenhaus wird ein Anspruch der Versicherten auf ein Versorgungsmanagement eingeführt
– Übergang vom Krankenhaus zur sachgerechten Anschlussversorgung soll verbessert werden, Zusammenarbeit Krankenhaus, Pflegedienst, niedergelassener Arzt
– Finanzielle Beteiligung der Versicherten (z. B. bei Schönheitsoperationen)

Beteiligung der Versicherten an möglichen Folgekosten für medizinisch notwendige Maßnahmen wie z. B. ästhetische Operationen, Tätowierungen oder Piercings:
– Es soll künftig geprüft werden, ob die Preise für Arzneimittel in einem angemessenen Verhältnis zu ihrem therapeutischen Nutzen stehen
– Apothekenrabatt bisher € 2,- auf € 2,30 angehoben
– Kassenübergreifende Fusionen möglich
– Ab 01.07.2008 Gründung eines Spitzenverbandes Bund der Krankenkassen
– Ab 2009 Einführung eines Gesundheitsfonds
– Ab 2011 neues Ärztevergütungssystem

Spezielle Änderungen für die Pflege ab 01.04.2007:
– Leistungserbringer nach SGB XI können zukünftig an integrierter Versorgung teilnehmen
– Gesetzlicher Anspruch auf Rehabilitationsleistung – auch ambulant
– Bei Heimbewohnern mit besonderem Aufwand soll die medizinische Behandlungspflege künftig von den Krankenkassen bezahlt werden

- Der Begriff Häuslichkeit soll deutlich erweitert werden (betreute Wohnformen, Schulen, Kindergärten, Behindertenwerkstätten, etc. – Festlegung aber erst durch Bundesausschuss der Ärzte und Krankenkassen)
- Bundesrahmenempfehlung nach §§ 132/132a SGB V bleibt erhalten
- Schwerstpflegebedürftige in Heimen haben jetzt erneut Anspruch auf Hilfsmittel. Überleitung von Krankenhaus in Pflegeeinrichtung geregelt (Versorgungsmanagement § 11 Abs. 4 SGB V)
- Verordnung häuslicher Krankenpflege durch Krankenhäuser prinzipiell möglich (max. 3 Tage)
- Palliativpflege soll gefördert werden (flächendeckende, pflegerische und ärztliche Versorgung für Menschen mit speziellem Hilfebedarf in der letzten Lebensphase und deren Angehörige)
- Krankheitsspezifische Maßnahmen gehören zur häuslichen Krankenpflege (Klärung durch Bundesausschuss der Ärzte und Krankenkassen, GBA)

Integrierte Versorgung
- Integrierte Versorgung ist bereits seit 2000 durch den §§ 140a ff. SGB V geregelt (fast ausschließlich auf Praxisnetze beschränkt)
- Seit 01.01.2004 Reformierung der integrierten Versorgung durch das Gesundheitsmodernisierungsgesetz (GKV – Modernisierungsgesetz/Gesundheitsreform)

Im § 140 a SGB V (Krankenversicherung) heißt es zur Integrierten Versorgung:

(1) Abweichend von den übrigen Regelungen dieses Kapitels können die Krankenkassen Verträge über eine verschiedene Leistungssektoren übergreifende Versorgung der Versicherten oder eine interdisziplinär – fachübergreifende Versorgung, mit den im § 140b Abs. 1 genannten Vertragspartnern abschließen. Soweit die Versorgung der Versicherten nach diesen Verträgen durchgeführt wird, ist der Sicherstellungsauftrag nach § 75 Abs. 1 eingeschränkt. Das Versorgungsangebot und die Voraussetzungen seiner Inanspruchnahme ergeben sich aus dem Vertrag zur Integrierten Versorgung.

(2) Die Teilnahme der Versicherten an den Integrierten Versorgungsformen ist freiwillig. Ein behandelnder Leistungserbringer darf aus der gemeinsamen Dokumentation nach § 140b Abs. 3, die den Versicherten

betreffenden Behandlungsdaten und Befunde nur dann abrufen, wenn der Versicherte ihm gegenüber seine Einwilligung erteilt hat. Die Information für den konkret anstehenden Behandlungsfall genutzt werden soll und der Leistungserbringer zu dem Personenkreis gehört, der nach § 203 des Strafgesetzbuches zur Geheimhaltung verpflichtet ist.

(3) Die Versicherten haben das Recht, von ihrer Krankenkasse umfassend über die Verträge zur Integrierten Versorgung der teilnehmenden Leistungserbringer besondere Leistungen und vereinbarten Qualitätsstandards informiert zu werden.

Auch wenn die Zahl der ambulanten Pflegeeinrichtungen in Bezug auf die Beteiligung an integrierten Versorgungsverträgen noch sehr gering ist, bietet die integrierte Versorgung den ambulanten Pflegediensten dennoch die Chance, sich innovativ an neuen Betreuungs- und Versorgungskonzepten innerhalb der medizinisch-pflegerischen Versorgung zu beteiligen.

> **Tipps**

Als ambulanter Pflegedienst sollten Sie sich bei zuständigen Kostenträgern über die laufenden integrierten Versorgungsverträge und geplanten Modellverträge informieren, aber auch gleichzeitig vertragliche Regelungen genau prüfen und darauf achten, dass gerade in der Vergütung nicht bereits unterzeichnete Vergütungsvereinbarungen unterschritten werden. Ambulante Dienste sind gut beraten, sich darüber auf Landesebene mit anderen Berufspartnern auszutauschen bzw. dies über entsprechende Berufsverbände zu tun. Integrierte Versorgungsverträge sind auch Patientensteuerungsverträge, sie können somit für nicht-teilhabende Leistungsanbieter zum Nachteil werden.

▶ Behandlungspflege, Pflegerische Betreuungsformen, Rahmenverträge

Kündigung

Zur Kündigung bedarf es der schriftlichen Erklärung, das Arbeitsverhältnis beenden zu wollen. Nur bei der außerordentlichen Kündigung sind Gründe anzugeben. Wirksam wird die Kündigung mit Zugang beim Empfänger. Es empfiehlt sich die Kündigung per Einschreiben im Sinne der Dokumentation zu versenden.

Ordentliche Kündigung

Die ordentliche Kündigung muss sich an den gesetzlichen bzw. vertraglichen Fristen (§ 622 BGB, § 34 TVÖD) orientieren. Eine ordentliche Kündigung ist ausgeschlossen während der Schwangerschaft (§ 9 Abs. 1 Mutterschutzgesetz), des Erziehungsurlaubs (§ 18 Bundeserziehungsgeldgesetz), gegenüber Mitgliedern des Betriebsrates oder Personalvertretung (§ 15 Kündigungsschutzgesetz) und bei Schwerbehinderten nur mit Zustimmung des Integrationsamtes (SGB IX) möglich.

Die soziale Rechtfertigung für eine Kündigung durch den Arbeitgeber ist möglich bei folgenden Ursachen:

- In der Person des Arbeitnehmers (personenbedingt) z. B. lange Dauererkrankung, negative Prognose, erhebliche Betriebsstörung durch bzw. bei Arbeitsunfähigkeit
- Im Verhalten des Arbeitnehmers (verhaltensbedingt) z. B. bei Vertragsversetzung im Leistungsbereich oder im Vertrauensverhältnis
- Bei dringenden betrieblichen Erfordernissen (betriebsbedingt) z. B. bei dringenden betrieblichen Veränderungen wie Schließung der Einrichtung, Abteilung oder Station

---

Beispiel

Urteil: Die Klägerin ist als Krankenschwester in einem Alten- und Pflegeheim beschäftigt. Darüber hinaus hat sie einen Abschluss als »Lehrerin für Pflegeberufe«. Am 11.06 hatte die Klägerin einen Unfall. Sie behauptet, dass ihre körperliche Einschränkung Folge dieses Unfalls ist und nicht auf ihrer allgemeinen körperlichen Disposition beruht. Aus der eingeholten ar-

▼

beitsmedizinischen Stellungnahme geht hervor, dass der Klägerin schwere
körperliche Belastung in der bisher ausgeübten Tätigkeit nicht mehr zuzumuten ist, andernfalls sei eine Verschlechterung ihres Leidens zu erwarten.
Das Landesarbeitsgericht wies die Berufung der Klägerin ab. Es ging davon
aus, dass das Arbeitsgericht die fristgerechte Kündigung des Arbeitsverhältnisses der Klägerin zu Recht für wirksam erachtet hat.
Leitsatz: Ist eine in einem Alten- und Pflegeheim beschäftigte Krankenschwester aus gesundheitlichen Gründen auf Dauer nicht mehr in der Lage,
ihre vertraglich geschuldeten Tätigkeiten zu verrichten, und ist dem Arbeitgeber deshalb unter Würdigung aller Umstände des Einzelfalles eine weitere
Fortsetzung des Arbeitsverhältnisses weder auf ihrem bisherigen noch auf
einem anderen, freien, Arbeitsplatz möglich und zumutbar, so ist eine per-
sonenbedingte Kündigung wegen Krankheit rechtlich nicht zu beanstanden
(LAG Schleswig-Holstein, Urteil vom 08.12.1995, 6SA184/95, Vorinstanz:
ArbG Kiel, Urteil vom 08.12.1994, H 5a Ca 1610/94).

Aus § 1 des Kündigungschutzgesetzes (KSchG) leitet die Rechtsprechung im
Wesentlichen vier Voraussetzungen für eine sozial gerechtfertigte krankheits-
bedingte Kündigung her (▶ Übersicht).

Voraussetzungen für eine krankheitsbedingte Kündigung

1. Erhebliche Krankheitszeiten durch lang anhaltende Krankheitszeiten
   oder durch häufige Kurzerkrankungen
2. Objektive Anhaltspunkte für ein weiteres langfristiges Andauern der erheblichen Krankheitszeiten, deren Ende nicht genau abzusehen ist (sog.
   negative Zukunftsprognose)
3. Erhebliche betriebliche Störungen durch die Arbeitsunfähigkeit, z. B.
   im Arbeitsablauf, beim Arbeitnehmereinsatz, Nichtgewährleistung
   ordnungsgemäßer Krankenpflege (s. vorliegenden Fall), zu den betrieblichen Gründen zählen auch außergewöhnlich hohe Kostenbelastungen
   durch Vergütungsfortzahlung
4. Im Rahmen einer auf den Einzelfall zugeschnittenen Interessenabwägung
   muss feststehen, dass dem Arbeitgeber die Weiterbeschäftigung des Arbeitnehmers nicht zuzumuten ist; dabei ist das Bestandsinteresse gerade
   langjährig beschäftigter Arbeitnehmer ausreichend zu berücksichtigen

Außerordentliche Kündigung

Eine außerordentliche Kündigung kann fristlos erfolgen und bedarf eines wichtigen Grundes (§ 626 BGB und § 34 TVÖD). Die Kündigung muss innerhalb von 2 Wochen nach Bekanntwerden der Tatsachen für den wichtigen Kündigungsgrund dem Arbeitnehmer zugehen.

Gründe für eine außerordentliche Kündigung

- Alkohol, Drogenmissbrauch, Medikamentenmissbrauch
- Arbeitsverweigerung
- Nichteinhaltung der Dienstanweisungen
- Nichtbeachtung vorliegender Standards
- Kompetenzüberschreitung
- Dokumentationsmängel
- Ungerechtfertigte freiheitsentziehende Maßnahmen
- Körperverletzung
- Unpünktlichkeit
- Eigenmächtiger Urlaubsantritt
- Diebstahl von Medikamenten

Schadenersatzansprüche des Arbeitnehmers

Eine rechtswidrige Kündigung kann eine Pflichtverletzung begründen. Dies ist nicht der Fall, wenn die Kündigung auf einem vertretbaren Rechtsstandpunkt des Arbeitgebers beruht. Dieser Schadenersatzanspruch gilt auch, wenn eine ordentliche Kündigung nicht mit korrekter Frist ausgesprochen wurde und gerade hierdurch ein Schaden entstanden ist.

▶ Abmahnung, Zeugnis

Laienpflege

Die demographische Entwicklung und die schwindenden Ressourcen der Sozialversicherungsleistungen führen letztlich dazu, dass Angehörige verstärkt in die pflegerische Betreuung und Versorgung eingebunden werden müssen. Diese Entwicklung stellt besonders Pflegefachkräfte vor eine neue Herausforderung. Ihnen kommt eine wesentliche Rolle im Rahmen der Planung, Durchführung spezifischer Pflegemaßnahmen, Kommunikation und Kooperation mit den Pflegebedürftigen, Angehörigen und dem zuständigen Arzt zu.

Pflegerische Aufgabe ist es, den Pflegebedürftigen vor Schäden wie Dekubitus, chronischen Wunden, Stürze und Fehlmedikation zu bewahren. Hinzu kommt, dass Pflegende ihr Augenmerk auf die Angehörigen richten müssen. Überforderungssymptomen sollte entsprechend begegnet werden, außerdem obliegen der Fachkraft die Beratung und Schulung der Laienpfleger.

Beratungs- und Schulungsthemen sind u. a.:

- Dekubitusprophylaxe
- Sturzprophylaxe
- Schmerzbeobachtung
- Kontinenzförderung
- Körperpflege bei Bettlägerigen
- Hautpflege
- Rückenschonende Arbeitsweise
- Krankenbeobachtung
- Besonderheiten bei Diabetes mellitus
- Unterstützung bei der Medikamenteneinnahme

Im Rahmen des Entlassungsmanagements sind die Angehörigen wichtig. Gerade bei Pflegebesuchen bzw. Beratungseinsätzen nach § 37 Abs. 3 SGB XI besteht für professionelle Pflegekräfte die Möglichkeit, mit Angehörigen, also Laien, zusammen zu arbeiten. Ambulante Pflegedienste sind gut beraten, wenn sie diese Chance der Zusammenarbeit nutzen. Der Begriff Laienpflege spiegelt nicht die tatsächliche Fachlichkeit wider, vielmehr macht er deutlich, dass es sich hier um eine angelernte Qualifikation handelt. Laienkräfte verfügen heute über teilweise hohe fachliche Kenntnisse und detailliertes Wissen über die zu Versorgenden. Laienpflege steht in ambulanter pflegerischer Sicht an erster Stelle, da sie zum Teil die Hauptlast der pflegerischen Versorgung übernimmt (◧ Abb. 16).

Abb. 16. Angehörige, Pflegefachkraft, Arzt

Ambulante Pflegedienste sind gut beraten, wenn sie die Aufteilung, also die Organisation, der Gesamtpflege schriftlich niederlegen, ggf. auch in den Pflegevertrag schreiben, welche Tätigkeiten von wem durchzuführen sind. Professionelle ambulante Pflegekräfte müssen dafür Sorge tragen, dass die pflegerische bzw. ärztliche Therapie konsequent durchgeführt wird. Laien müssen darüber informiert werden, wenn Tätigkeiten verändert oder verbessert werden müssen. Pflegekräfte sollten die Möglichkeit nutzen, Laienkräfte professionell zu schulen.

Rechtliche Grundlage für die Verantwortung der Pflegefachkraft bilden das Altenpflegegesetz, das Krankenpflegegesetz und die Leistungsgesetze SGB V und SGB XI.

> **Tipps**

Wenn Sie gemeinsam mit Angehörigen Pflegemaßnahmen durchführen, berücksichtigen Sie in der Planung deren Ressourcen und Fähigkeiten. Für Ihren Pflegeauftrag haften Sie. Beachten Sie, dass ärztlich verordnete Maßnahmen nur von Ihnen oder einer anderen Fachkraft ausgeführt werden dürfen.

▶ Aufgabenstellung, Delegation, Standards, Pflegevertrag

Leistungen

Leistungssegmente

Im Gegensatz zur stationären Pflege ist die sog. »ganzheitliche Pflege« im ambulanten Bereich durch Einzelleistungen geprägt, die nach verschiedenen Kostenträgern und Qualifikationen aufgeschlüsselt sind. So ist der Pflegedienst zum einen verpflichtet, ganzheitlich zu pflegen, auf der anderen Seite den konkreten Leistungsauftrag zu erfüllen. In der Pflegeversicherung wird dies besonders bei der Wahl der vom Pflegedienst vorgeschlagenen Leistungen deutlich. Der Patient wählt hier im Regelfall nicht das, was er benötigt, und was pflegefachlich notwendig wäre, sondern nur das, was er im konkreten Einzelfall bezahlen kann bzw. was durch die Leistungsgrenze der Pflegeversicherung im ambulanten Bereich abgedeckt ist.

> **Tipps**
>
> Wenn Sie als Pflegedienstverantwortlicher feststellen, dass die Versorgung mit dem vom Patienten gewählten Pflegeumfang nicht möglich ist, müssen Sie den Patienten und die Angehörigen schriftlich darauf hinweisen und ihnen sich daraus ergebende Konsequenzen aufzeigen. Dies betrifft in erster Linie die Bereiche Ernährung, Lagerung, Sturzrisiko, Hygiene und Präventionsmaßnahmen. Der Pflegedienst sollte den entsprechenden Kostenträger über seine Erkenntnisse informieren. Dabei muss der Pflegedienst immer darauf achten, dass der Hinweis sach- und fachgerecht, vor allem aber für einen Laien verständlich formuliert ist. Ambulante Pflegedienste geraten hier schnell in Haftungsprobleme, wenn sie ohne Hinweise streng dem eigentlichen Pflegeauftrag folgen.

Beispiel

Fall: Ein Pflegedienst erhält die ärztliche Anordnung, einem Patienten Insulin zu verabreichen. Der Pflegedienst injiziert die ärztlich vorgegebene Insulinmenge täglich zweimal. Der Patient lebt in einem verwahrlosten Wohnumfeld. Auch die allgemeine Körperhygiene, die Ernährung und die Flüssigkeitszufuhr lassen zu wünschen übrig. Der Pflegedienst ist in diesem Fall verpflichtet, auf die Verwahrlosung hinzuweisen. Angesichts der Fürsorgepflicht für seine Mitarbeiter kann er die Behandlung und die Erbringung von Leistungen der Häuslichen Krankenpflege auch ablehnen.

Leistungen/Leistungsträger

Häusliche Krankenpflege besteht aus allgemeiner Krankenpflege (grundpflegerische Versorgung) und spezieller Krankenpflege (behandlungspflegerische Versorgung) sowie zu einem immer geringer werdenden Teil aus hauswirtschaftlicher Versorgung. Die Leistungen der Häuslichen Krankenpflege müssen ausschließlich ärztlich verordnet werden. Sie sollen helfen, Krankenhausaufenthalte zu verkürzen oder ganz zu vermeiden sowie das ärztliche Behandlungsziel zu sichern. Häusliche Krankenpflege ist auch verordnungsfähig, wenn ein Krankenhausaufenthalt notwendig, aber nicht ausführbar ist. Die einzelnen Leistungen der Häuslichen Krankenpflege sind in der Verordnungsrichtlinie Häusliche Krankenpflege auf der Grundlage des § 92, Abs. 7 SGB V (s. Verordnungsrichtlinien nach §92,7 SGB V) durch den Bundesausschuss der Ärzte und Krankenkassen geregelt. Damit sind sie für Ärzte, Krankenpflegedienste und Kostenträgern bindend. Die Leistungen sind gehaltsunabhängig, jedoch seit der Einführung des GMG (01.01.2004) z. T. zuzahlungspflichtig.

Leistungen des SGB XI (Pflegeversicherung) müssen durch den Betroffenen mit Unterstützung der Familie bzw. des Betreuers bei der zuständigen Pflegekasse beantragt werden. Diese entscheidet nach Begutachtung durch den Medizinischen Dienst der Krankenversicherung (MDK) die Notwendigkeit und prüft den Leistungsanspruch nach den gesetzlichen Vorgaben (Stufe 1, Stufe 2, Stufe 3 bzw. Härtefallregelung). Die Leistungsinhalte des SGB XI beschränken sich derzeit ausschließlich auf Grundpflege, hauswirtschaftliche Versorgung, Ernährung und Mobilität. Die Untergliederung der Leistungseinheiten/Leistungskomplexe der einzelnen eben genannten Bereiche werden auf Landesebene vertraglich nach § 75 SGB XI mit den jeweiligen Anbietern vertraglich geregelt. Voraussetzung dabei ist die Zulassung der Einrichtung nach § 72 SGB XI. Leistungen der Pflegeversicherung werden unabhängig von Einkommen und Besitz gewährt. Die Leistungen der Pflegestufen, egal ob Sach- oder Geldleistung, sind nach oben gedeckelt. Ein Mehrbedarf an Leistungen wäre für die Pflegekasse nur durch eine andere Pflegestufe kostenrelevant. Der Versicherte muss sonst zuzahlen oder der Sozialhilfeträger übernimmt die Kostendifferenz nach Berechtigungsprüfung (◘ Abb. 17 und 18).

Im Gegensatz zu diesen Leistungen muss vor Inanspruchnahme von Leistungen des SGB XII (Sozialhilfeträger/ehemals BSHG) der Patient seine

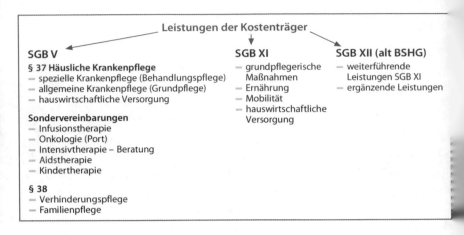

Abb. 17. Leistungen der Kostenträger

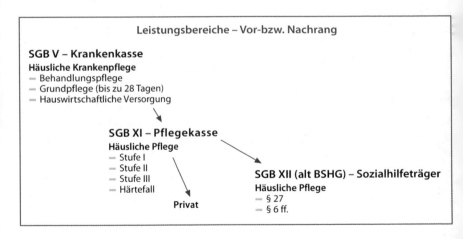

Abb. 18. Leistungsbereich: Vor- bzw. Nachrang

finanzielle Situation offen legen. Nach Prüfung der Zugangsvoraussetzung des SGB XII und der Berechtigung der Leistungen wird der Bedarf an Hilfeleistungen ermittelt und nach Bewilligung durch den zuständigen Sozialhilfeträger durch ambulante Pflegedienste bzw. Sozialstationen erbracht. Es handelt sich im Wesentlichen um weiterführende Leistungen des ausgeschöpften Kontingentes der Pflegeversicherung (SGB XI) bzw. um ergänzende Leistungen.

Voraussetzungen für die Leistungen		
SGB V **Häusliche Krankenpflege**	**SGB XI** **Pflegeversicherung**	**SGB XII (alt BSHG)** **Bundessozialhilfegesetz**
– Verordnungen durch den Vertragsarzt – Empfehlung durch das Krankenhaus – Sicherung des Ziels der ärztlichen Behandlung – Krankenhausverkürzung – Krankenhausvermeidung – wenn Krankenhausaufenthalt geboten aber nicht ausführbar ist	– Antrag an die Pflegekasse (ca. 1 Monat) – Prüfung durch MDK – Einstufen in die Pflegestufe durch die Pflegekasse – Leistungsgewährung bei positiven Bescheid ab Antragstellung	– Antrag an Sozialhilfeträger – Prüfung – Bewilligung

Abb. 19. Voraussetzungen für die Leistungen

Ambulante Pflege- bzw. Sozialstationen müssen, bevor sie diese Leistungen erbringen dürfen, in den genannten Kostenträgerbereichen Verträge mit den entsprechenden Kostenträgern schließen. In diesen Verträgen sind die Anforderungen an die Einrichtungen, an das Qualitätsmanagement, mit Struktur-, Prozess- und Ergebnisqualität klar geregelt. Für die Häusliche Krankenpflege (SGB V) ist § 132a die Grundlage, für die Pflegeversicherung (SGB XI) ist dies die Zulassung nach § 72 SGB XI und für den Sozialhilfeträger (SGB XII) der § 75 (SGB XII). Nur diese zugelassenen Einrichtungen dürfen die beschriebenen Sachleistungen erbringen (Abb. 19).

SGB V § 37 Häusliche Krankenpflege

(1) Versicherte erhalten in ihrem Haushalt oder ihrer Familie neben der ärztlichen Behandlung häusliche Krankenpflege durch geeignete Pflegekräfte, wenn Krankenhausbehandlung geboten, aber nicht ausführbar ist, oder wenn sie durch die häusliche Krankenpflege vermieden oder verkürzt wird. Die häusliche Krankenpflege umfasst die im Einzelfall erforderliche Grund- und Behandlungspflege sowie hauswirtschaftliche Versorgung. Der Anspruch besteht bis zu vier Wochen je Krankheitsfall. In begründeten Ausnahmefällen kann die Krankenkasse die häusliche Krankenpflege für einen längeren Zeitraum bewilligen, wenn der Medizinische Dienst (§ 275) festgestellt hat, dass dies aus den in Satz 1 genannten Gründen erforderlich ist.

(2) Versicherte erhalten in ihrem Haushalt oder ihrer Familie als häusliche Krankenpflege Behandlungspflege, wenn sie zur Sicherung des Ziels der

ärztlichen Behandlung erforderlich ist; der Anspruch umfasst das Anzie
hen und Ausziehen von Kompressionsstrümpfen ab Kompressionsklasse
2 auch in den Fällen, in denen dieser Hilfebedarf bei der Feststellung der
Pflegebedürftigkeit nach den §§ 14 und 15 des Elften Buches zu berücksichtigen ist. Die Satzung kann bestimmen, dass die Krankenkasse zusätzlich zur Behandlungspflege nach Satz 1 als häusliche Krankenpflege auch
Grundpflege und hauswirtschaftliche Versorgung erbringt. Die Satzung
kann dabei Dauer und Umfang der Grundpflege und der hauswirtschaftlichen Versorgung nach Satz 2 bestimmen. Leistungen nach den Sätzen 2
und 3 sind nach Eintritt von Pflegebedürftigkeit im Sinne des Elften
Buches nicht zulässig. Versicherte, die nicht auf Dauer in Einrichtungen
nach § 71 Abs. 2 oder 4 des Elften Buches aufgenommen sind, erhalten
Leistungen nach den Sätzen 1 bis 4 auch dann, wenn ihr Haushalt nicht
mehr besteht und ihnen nur zur Durchführung der Behandlungspflege
vorübergehender Aufenthalt in einer Einrichtung oder in einer anderen
geeigneten Unterkunft zur Verfügung gestellt wird.

(3) Der Anspruch auf häusliche Krankenpflege besteht nur, soweit eine
im Haushalt lebende Person den Kranken in dem erforderlichen Umfang
nicht pflegen und versorgen kann.

(4) Kann die Krankenkasse keine Kraft für die häusliche Krankenpflege
stellen oder besteht Grund, davon abzusehen, sind den Versicherten
die Kosten für eine selbstbeschaffte Kraft in angemessener Höhe zu
erstatten.

(5) Versicherte, die das 18. Lebensjahr vollendet haben, leisten als Zuzah-
lung den sich nach § 61 Satz 3 ergebenden Betrag, begrenzt auf die für die
ersten 28 Kalendertage der Leistungsinanspruchnahme je Kalenderjahr
anfallenden Kosten an die Krankenkasse.

§ 132a Versorgung mit häuslicher Krankenpflege

(1) Die Spitzenverbände der Krankenkassen gemeinsam und einheitlich und die für die Wahrnehmung der Interessen von Pflegediensten maßgeblichen Spitzenorganisationen auf Bundesebene sollen unter Berücksichtigung der Richtlinien nach § 92 Abs. 1 Satz 2 Nr. 6
gemeinsam Rahmenempfehlungen über die einheitliche Versorgung
mit häuslicher Krankenpflege abgeben; für Pflegedienste, die einer
Kirche oder einer Religionsgemeinschaft des öffentlichen Rechts oder
einem sonstigen freigemeinnützigen Träger zuzuordnen sind, können

die Rahmenempfehlungen gemeinsam mit den übrigen Partnern der Rahmenempfehlungen auch von der Kirche oder der Religionsgemeinschaft oder von dem Wahlfahrtsverband abgeschlossen werden, dem die Einrichtung angehört. Vor Abschluss der Vereinbarung ist der Kassenärztlichen Bundesvereinigung und der Deutschen Krankenhausgesellschaft Gelegenheit zur Stellungnahme zu geben. Die Stellungnahmen sind in den Entscheidungsprozeß der Partner der Rahmenempfehlungen einzubeziehen. In den Rahmenempfehlungen sind insbesondere zu regeln:

1. Inhalte der häuslichen Krankenpflege einschließlich deren Abgrenzung,
2. Eignung der Leistungserbringer,
3. Maßnahmen zur Qualitätssicherung und Fortbildung,
4. Inhalt und Umfang der Zusammenarbeit des Leistungserbringers mit dem verordnenden Vertragsarzt und dem Krankenhaus,
5. Grundsätze der Wirtschaftlichkeit der Leistungserbringung einschließlich deren Prüfung und
6. Grundsätze der Vergütungen und ihrer Strukturen.

(2) Über die Einzelheiten der Versorgung mit häuslicher Krankenpflege, über die Preise und deren Abrechnung und die Verpflichtung der Leistungserbringer zur Fortbildung schließen die Krankenkassen Verträge mit den Leistungserbringern. Wird die Fortbildung nicht nachgewiesen, sind Vergütungsabschläge vorzusehen. Dem Leistungserbringer ist eine Frist zu setzen, innerhalb derer er die Fortbildung nachholen kann. Erbringt der Leistungserbringer in diesem Zeitraum die Fortbildung nicht, ist der Vertrag zu kündigen. Die Krankenkassen haben darauf zu achten, dass die Leistungen wirtschaftlich und preisgünstig erbracht werden. In den Verträgen ist zu regeln, dass im Falle von Nichteinigung eine von den Parteien zu bestimmende unabhängige Schiedsperson den Vertragsinhalt festlegt. Einigen sich die Vertragspartner nicht auf eine Schiedsperson, so wird diese von der für die vertragschließende Krankenkasse zuständigen Aufsichtsbehörde bestimmt. Die Kosten des Schiedsverfahrens tragen die Vertragspartner zu gleichen Teilen. Bei der Auswahl der Leistungserbringer ist ihrer Vielfalt, insbesondere der Bedeutung der freien Wohlfahrtspflege, Rechnung zu tragen. Abweichend von Satz 1 kann die Krankenkasse zur Gewährung von häuslicher Krankenpflege geeignete Personen anstellen.

§ 3 SGB XI Vorrang der häuslichen Pflege

Die Pflegeversicherung soll mit ihren Leistungen vorrangig die häusliche Pflege und die Pflegebereitschaft der Angehörigen und Nachbarn unterstützen, damit die Pflegebedürftigen möglichst lange in ihrer häuslichen Umgebung bleiben können. Leistungen der teilstationären Pflege und der Kurzzeitpflege gehen den Leistungen der vollstationären Pflege vor.

§ 36 (1) Pflegesachleistung

(1) Pflegebedürftige haben bei häuslicher Pflege, Anspruch auf Grundpflege und hauswirtschaftliche Versorgung als Sachleistung (häusliche Pflegehilfe). Leistungen der häuslichen Pflege sind auch zulässig, wenn Pflegebedürftige nicht in ihrem eigenen Haushalt gepflegt werden; sie sind nicht zulässig, wenn Pflegebedürftige in einer stationären Pflegeeinrichtung oder in einer Einrichtung im Sinne des § 71 Abs. 4 gepflegt. werden. Häusliche Pflegehilfe wird durch geeignete Pflegekräfte erbracht, die entweder von der Pflegekasse oder bei ambulanten Pflegeeinrichtungen, mit denen die Pflegekasse einen Versorgungsvertrag abgeschlossen hat, angestellt sind. Auch durch Einzelpersonen, mit denen die Pflegekasse einen Vertrag nach § 77 Abs. 1 abgeschlossen hat, kann häusliche Pflegehilfe als Sachleistung erbracht werden.

§ 77 (1) Häusliche Pflege durch Einzelpersonen

(1) Zur Sicherstellung der häuslichen Pflege und hauswirtschaftlichen Versorgung kann die zuständige Pflegekasse einen Vertrag mit einzelnen geeigneten Pflegekräften schließen, soweit und solange eine Versorgung nicht durch einen zugelassenen Pflegedienst gewährleistet werden kann; Verträge mit Verwandten oder Verschwägerten des Pflegebedürftigen bis zum dritten Grad, sowie mit Personen, die mit dem Pflegebedürftigen in häuslicher Gemeinschaft leben, sind unzulässig. In dem vertrag sind Inhalt, Umfang, Vergütung sowie Prüfung der Qualität und Wirtschaftlichkeit der vereinbarten Leistungen zu regeln. In dem Vertrag ist weiter zu regeln, dass die Pflegekräfte mit dem Pflegebedürftigen, dem sie Leistungen der häuslichen Pflege und der hauswirtschaftlichen Versorgung erbringen, kein Beschäftigungsverhältnis eingehen dürfen. Soweit davon abweichend Verträge geschlossen sind, sind sie zu kündigen.

§ 11 SGB XI Rechte und Pflichten der Pflegeeinrichtungen

(1) Die Pflegeeinrichtungen pflegen, versorgen und betreuen die Pflegebedürftigen, die ihre Leistungen in Anspruch nehmen, entsprechend dem allgemein anerkannten Stand medizinisch-pflegerischer Erkenntnisse. Inhalt und Organisation der Leistungen haben eine humane und aktivierende Pflege unter Achtung der Menschenwürde zu gewährleisten.

Die Rechtsbeziehung zwischen ambulantem Pflegedienst und Patienten ist jeweils im Pflegevertrag geregelt. Zwischen dem Arzt und dem Pflegedienst besteht, vergleichbar zum Krankenhaus, keine Rechtsbeziehung. Diese Tatsache ist insbesondere bei Übernahme ärztlicher Tätigkeiten durch den Pflegedienst zu beachten. Vertraglich gebunden sind der Patient mit seiner Krankenkasse und seinem Arzt, der Pflegedienst per Vertrag mit der Krankenkasse (§ 132a SGB V) oder mit dem Patienten direkt.

> ### Tipps
> Beachten Sie im Rahmen Ihres gesetzlichen Auftrages, dass Sie Beobachtungen am Patienten, notwendige Maßnahmen und ggf. trotz Ihrer Anregung nicht ärztlich verordnete Maßnahmen dokumentieren und dem Arzt zur Kenntnis geben müssen. In Konfliktfällen sollten Sie den MDK oder die zuständige Kassenärztliche Vereinigung (KAV) einbeziehen. Pflegedienste sind gut beraten, wenn sie im Rahmen ihrer Beratungspflicht ausführlich auf die Möglichkeiten von ambulanter Pflege und ambulanten Pflegeleistungen hinweisen.

Leistungsanspruch gegenüber Krankenkassen und Leistungspflicht/Leistungsverweigerung

Durch die Verordnungsrichtlinie (s. Verordnungsrichtlinie nach § 92 Abs. 7 SGB V) ist in der Häuslichen Krankenpflege mindestens in einem großen Teil die Verordnungsfähigkeit von Leistungen und damit auch die Kostenübernahme durch entsprechende Kostenträger geregelt. In der täglichen Praxis kommt es trotzdem immer häufiger vor, dass Krankenkassen die vom Arzt verordneten Leistungen aus unterschiedlichen Gründen ablehnen bzw.

reduziert genehmigen. Kranken- und Pflegekassen haben in Deutschland einen Sicherstellungsauftrag. Sie müssen ihren Versicherten die pflegerisch, medizinisch notwendigen Leistungen gewähren und sich dafür geeignete Leistungsanbieter suchen. Entsprechende Zulassungsvoraussetzungen regeln die Rahmenverträge in den jeweiligen Bundesländern für die Bereiche SGB V, XI und XII.

Seit dem Inkrafttreten der Verordnungsrichtlinie für Häusliche Krankenpflege ist geregelt, dass rückwirkende Kostenablehnungen für Pflegedienste in Ausnahmen und begründeten Einzelfällen möglich sind. Diese Einzelfälle sind in den jeweiligen Rahmenverträgen für Häusliche Krankenpflege auf der Grundlage des § 132a SGB V im jeweiligen Bundesland geregelt. Rückwirkende Verordnungen müssen im Einzelfall begründet und bis zum dritten Arbeitstag bei der zuständigen Krankenkasse eingereicht werden.

Der Arzt, vor allem aber auch der Pflegedienst haben die Pflicht, Patienten und Angehörige sachlich sowie auf der Grundlage gesetzlicher Regelungen aufzuklären und über Rechte und Pflichten, über Möglichkeiten eines Widerspruchs bis hin zum Klageweg, zu informieren. Dazu gehört auch das Einklagen von ärztlich notwendigen und verordneten Leistungen.

> **Tipps**
> Klären Sie Angehörige, Versicherte, Freunde der Patienten sachlich über Grenzen, Chancen und Möglichkeiten von Widersprüchen und Klageverfahren auf.

Nachfolgende Rechtsentscheidungen, die für den ambulanten Bereich zahlreich existieren, machen deutlich, dass es offensichtlich eine hohe Anzahl von Fehlentscheidungen bei Leistungsreduzierung bzw. -verweigerung der Kostenträger gibt. Hier lohnt es sich, auf einschlägige Datenbanken zurückzugreifen, Fachanwälte aufzusuchen bzw. bei Berufsverbänden über höchstrichterliche Entscheidungen nachzufragen. Jede fachlich begründete Berufung, jeder fachlich begründete Widerspruch und jeder fachlich begründete Klageweg verbessern die Gesamtsituation von Menschen in besonders schweren Lebenslagen.

— **Beispiel** —————————————

Urteil 1: Über den Tatbestand der selbst beschaffenen Hilfeleistung: Kosten, die dadurch entstanden sind, dass sich der Versicherte eine Leistung selbst beschafft hat, weil die Krankenkasse eine unaufschiebbare Leistung nicht rechtzeitig erbringen konnte oder eine Leistung zu Unrecht abgelehnt hat, sind in der entstandenen Höhe zu erstatten. Diese auf der Erstattung schon verauslagten Kosten zugeschnittene Regelung (Kostenerstattungsanspruch) ist entsprechend auf die Freistellung des Versicherten, von einer ihm gegenüber bestehenden, aber wegen Stundung noch nicht erfüllten Forderung eines Leistungserbringers anzuwenden.

Zur Behandlungspflege gehören alle Pflegemaßnahmen, die nur durch eine bestimmte Krankheit verursacht werden. Speziell aus dem Krankheitszustand des Versicherten ausgerichtet sind und dazu beitragen, die Krankheit zu heilen, ihre Verschlimmerung zu verhüten oder Krankheitsbeschwerden zu verhindern oder zu lindern, wobei diese Maßnahmen typischer Weise nicht von einem Arzt, sondern von Vertretern medizinischer Heilberufe oder auch von Laien erbracht werden (BSG, Urteil vom 17.03.2005, AZ: B3KR9/04).

Urteil 2: Der krankenversicherungsrechtliche Anspruch auf Häusliche Krankenpflege umfasst auch die ständige Beobachtung des Versicherten durch eine medizinische Fachkraft, wenn diese wegen der Gefahr lebensbedrohlicher Komplikationen von Erkrankungen jederzeit einsatzbereit sein muss, um die nach Lage der Dinge jeweils erforderliche medizinischen Maßnahme durchzuführen (BSG, Urteil vom 10.11.2005 AZ: B3KR4/98R).

Urteil 3: »Der Versicherten stand ein Sachleistungsanspruch auf Häusliche Krankenpflege zu, weil Haushaltsangehörige zur Verabreichung der Spritzen entweder nicht zur Verfügung standen oder damit überfordert waren«, so der Richter am BSG » die Beklagte hat damit die Leistungen zu Unrecht verweigert und dadurch die Selbstbeschaffungskosten verursacht«. Die Kostenerstattungsansprüche waren uneingeschränkt begründet. Der Versicherten stand in allen hier streitigen Zeiträumen ein Sachleistungsanspruch gegen die Beklagte auf 2-mal täglich subkutane Insulininjektionen als Häusliche Krankenpflege nach § 37 Abs. 3 SGB V (Behandlungspflege) zu (BSG, Urteil vom 03.08.2006, AZ: B3KR24/05R).

Mehrere bundesdeutsche Gerichte haben bereits klargestellt, dass auch nich
verschreibungspflichtige Medikamente durch die Verordnung Häuslich
Krankenpflege appliziert werden dürfen, so z. B. das Landessozialgerich
Rheinland Pfalz, Urteil vom 16.03.2006, AZ: L5KR40/05. Das Sozialgerich
Saarland entschied am 15.01.2007 (AZ: S24KN44/06KR), dass eine Kran-
kenkasse auch bei verspätet eingereichter Verordnung zahlen muss (s. auch
Urteil 5).

Hilfsmittelversorgung

Mitglieder der gesetzlichen Krankenkasse haben nach § 31 SGB V Anspruch
auf Versorgung mit Hörhilfen, Körperersatzstücken, orthopädischen oder
anderen Hilfsmitteln, sofern damit der Erfolg der Krankenbehandlung, einer
drohenden Behinderung vorzubeugen, gesichert wird. Das Hilfsmittel darf
jedoch nicht als allgemeiner Gebrauchsgegenstand des täglichen Lebens anzusehen sein.

Überregionale Leistungserbringung
durch ambulante Pflegedienste

> **Beispiel**
>
> **Urteil 4:** Die Festlegung eines örtlichen Einzugsbereiches in einem Versor-
> gungsvertrag über die Erbringung ambulanter Pflegeleistung für den Pfle-
> gedienst stellt kein Hindernis dar, die Versorgungsleistung auch außerhalb
> des Einzugsbereiches zu erbringen, um mit der Pflegekasse abzurechnen.
> Geklagt hatte ein Pflegedienst aus Sachsen-Anhalt, der einen Wohnsitz in
> Nordrhein-Westfalen hat und vom Pflegedienst aus Sachsen-Anhalt ver-
> sorgt wurde. Obwohl in den ersten beiden Instanzen die Leistung als nicht
> vergütungsfähig durch die Gerichte angesehen wurde, rügte das Bundesso-
> zialgericht mit der Revision der Kläger eine Verletzung seiner Rechte sowie
> die unzutreffende Interpretation des Versorgungsvertrages (BSG, Urteil vom
> 24.05.2006, AZ: B3P1/05R).

24-Stunden-Versorgung

Krankenkassen müssen für eine Betreuung rund um die Uhr zahlen, weil Patienten jederzeit Lebensgefahr drohen kann. Diese sog. »Interventionsbeobachtung« ist laut Bundessozialgericht (AZ: B3KR38/04R) Teil der Häuslichen Krankenpflege. Der Richterspruch wendet sich auch gegen die Richtlinien des Gemeinsamen Bundesausschuss zur Häuslichen Krankenpflege, auf die sich die beklagte Krankenkasse im Prozess gestützt hatte. Das Bundessozialgericht stellte allerdings mit seiner Entscheidung auch klar, medizinische Hilfe, die unvorhergesehen nötig werde, lasse sich zwangsläufig nicht von reinen Beobachtungszeiträumen trennen.

Beispiel

Urteil 5: Eine geringfügig verspätete Vorlage der Verordnung bei einer Krankenkasse entbindet nicht von der Vergütung, wenn die Maßnahmen medizinisch notwendig sind und bereits eine Verordnung gleichen Inhalts bewilligt wurde. Die Verordnungen seien nach Einholung der Unterschrift der Versicherten unverzüglich von den Mitarbeitern des Pflegedienstes auf den Postweg gebracht worden. Nach Auffassung des Gerichtes hat der klagende Pflegedienst Anspruch auf Vergütung der erbrachten Pflegeleistung, nach Maßgabe von §§ 37, 38 des »Rahmenvertrages über die einheitliche Versorgung mit Häuslicher Krankenpflege und Haushaltshilfe«. Der Anspruch des Klägers in der geltend gemachten Höhe sei ebenso, wie die Verordnungsfähigkeit und medizinische Notwendigkeit der erbrachten Pflegeleistungen, im Sinne der Richtlinien über die Verordnung Häuslicher Krankenpflege, unstreitig (SG Düsseldorf, Urteil vom 15.01.2002).

▶ Berufsordnung, Haftung, Patientenrechte, Pflegevertrag, Qualitätssicherung

Medikamente

Im Pflegealltag gilt zum Umgang mit und in der Verabreichung von Me
dikamenten grundsätzlich die Anordnungs- und Verordnungspflicht de
Arztes. Er zeichnet für Diagnostik und Therapie verantwortlich. Pflegepersonen dürfen nicht eigenmächtig in die Medikation eingreifen. Ausnahme
ist lediglich die sog. Notfallkompetenz, d. h. es liegt eine akute Gefährdung
von Leben und Gesundheit des Patienten bei Unerreichbarkeit oder Un-
abkömmlichkeit eines Arztes vor. In diesem Fall hat die Pflegekraft eine
sog. Stellvertreterposition, die eine erforderliche Sorgfalt und Vermeidung
zusätzlicher Gefährdung für den Patienten bedeutet. Vom Grundsatz her
kann und muss die Pflegeperson der ärztlichen Anordnung vertrauen (Anordnungsverantwortung und Haftung). Sollte sie aufgrund ihrer Erfahrungen und ihren pharmakologischen Kenntnissen Kontraindikationen und
sich abzeichnende Komplikationen erkennen, so ist sie verpflichtet, ihre
Bedenken dem Arzt mitzuteilen. Wird eine ärztliche Anordnung schriftlich
deligiert, so ist die Pflegefachkraft verpflichtet, alle zum Einsatz kommen-
den Medikamente in der Dokumentation lückenlos aufzuführen. Darüber
hinaus ist sie verpflichtet, dass nur solche pflegerischen Mitarbeiter für die
Applikation ausgewählt werden, die in der Medikamentengabe und mit den
unterschiedlichen Wirkungen vertraut sind. Hierzu gehört, dass die Pflegeperson mit der Situation des Patienten/Bewohners und einer möglichen
Komplikationswahrscheinlichkeit kundig ist, z. B. bei Allergien oder bei
kummulativ bedingtem Schock.

Das Vorbereiten bzw. Stellen der Medikamente darf nur von qualifizierten Pflegekräften (Krankenpflege- und Altenpflegegesetz) durchgeführt
werden. Strittig ist oft die Frage, ob die Medikamente bereits für den gesamten Tag oder für eine Woche für die Patienten der Station gerichtet werden
dürfen. Zu beachten ist hierbei, dass es zwischen der Vorbereitung und der
Applikation der Medikamente eine Zeitspanne gibt, in der möglicherweise
Veränderungen im Zustand des Patienten oder Veränderungen des Medikamentes, u. a. auch unter hygienischer Sicht, stattfinden können. Besonders
problematisch ist die schichtübergreifende Vorbereitung von Medikamenten. Wenn dieses erfolgt, ist eine jeweilige Kontrolle durch die zuständige
Schicht vor der Applikation notwendig. So ist es auch haftungsrechtlich
bedenklich, wenn vom Nachtdienst die Medikamente für den folgenden Tag
gestellt werden.

Verabreichen und Aufbewahren von Medikamenten

Beim Verabreichen eines Medikaments sind sowohl die Situation des Patienten als auch die Wirkung des Medikaments genauestens zu beobachten. Ist ein Patient in der Lage, den vorgegebenen Medikamentenrahmen morgens, mittags und abends eigenständig umzusetzen, sollte sich das Pflegepersonal lediglich rückversichern, ob die Selbstmedikation erfolgreich verlaufen ist. Bei desorientierten Patienten hingegen muss die Einnahme mit Hilfestellungen durchgeführt und die Wirkung überwacht werden. So ist die Pflegeperson bei fehlender Eigenverantwortlichkeit des Patienten für die Kontrolle des erfolgten bzw. nicht erfolgten Medikamentenverbrauchs verantwortlich.

Für die ordnungsgemäße Lagerung und Kontrolle der Medikamente haften der Arzt und die Stationsleitung.

! Arzneimittelschränke sind abzuschließen.
Verfallene Arzneimittel dürfen nur an eine Apotheke zur Vernichtung überantwortet werden.

Wichtig ist eine übersichtliche Lagerung, sinnvoll ist eine alphabetische Anordnung mit einer Sortierung nach Applikationsformen wie z. B. Ampullen, Tabletten, Zäpfchen. Zu beachten sind jeweils die Produkthinweise des Herstellers. Hierzu gehört auch die Überprüfung der Verfallsdaten.

Beispiel

Fall 1: Der Spätdienst stellt in der Wohnung des Patienten die Tablettendragees und Filmtabletten vorbereitend für den nächsten Tag. Der Frühdienst des nächsten Tages übernimmt nach nochmaliger Kontrolle die Verteilung der vorbereiteten Medikamente und gibt sie dem Patienten. Zwischenzeitlich wurde die Medikation verändert, dies jedoch nicht berücksichtigt.

Fall 2: Mitarbeiter aus dem sozialen Dienst einer Heimeinrichtung verabreichen Medikamente an die Heimbewohner. Die Medikamentengabe durch Erzieher oder Pädagogen ohne besondere Qualifizierung ist grundsätzlich nicht zulässig.

Das Bundessozialgericht (AZ: B3KR8/04R) hat entschieden, dass die Medikamentengabe als krankheitsspezifische Maßnahme nicht der Leistungspflicht der Krankenkasse entzogen werden kann. Außerdem haben die Richter eine verfassungskonforme Auslegung zu den Regelungen, der seit Januar 2004 geltenden Neuregelung § 37 SGB V im Kontext, sämtlicher krankheitsspezifischer Pflegeleistungen getroffen.

> **Tipps**

Beachten Sie, dass das Richten und Austeilen von Medikamenten die Aufgabe von Pflegefachkräften im Sinne der Ausführung ärztlicher Anordnungen ist. Die Vorbereitung und die Applikation müssen jeweils dokumentiert werden. Achten Sie in der Praxis auch darauf, ob Angehörige bzw. Patienten bereits gestellte Medikamente verändern oder diese umtauschen. Fertig gestellte Medikamente müssen im Inhalt und in der Anzahl dokumentiert werden und sollten möglichst verschlusssicher und nur unter Zugriff von Berechtigten aufbewahrt werden. Im Rahmen der Diskussion um eine Verblisterung von Medikamenten durch Apotheken ist kritisch zu hinterfragen und zu klären, wer für welche Schadensfälle haften würde. Auch sind Patienten und Angehörige darauf hinzuweisen, wie mit entsprechenden Medikamenten bzw. Tagesdosierboxen umgegangen werden sollte. In der Beratungs- und Aufklärungspflicht sollten sowohl die Haftung als auch die gesundheitlichen Risiken und Wirkungen thematisiert werden.

► Ärztliche Anordnung, Aufklärung, Betäubungsmittel

Notizen für den Alltag

Medizinproduktegesetz (MPG)

Das Medizinproduktegesetz (MPG) vom 02.08.1994 (BGBL 1994 I, S. 163, geändert durch das 2. MPG-Änderungsgesetz vom 13.12.2001, BGBL. 2001, S. 3586), stellt rechtliche Anforderungen an den Pflegedienst. Das Gesetz bezweckt, den Verkehr mit Medizinprodukten zu regeln und dadurch für die Sicherheit, Eignung und Leistung von Medizinprodukten sowie für die Gesundheit und den erforderlichen Schutz der Patienten, Anwender, u. a. Pflegepersonal, und Dritter an der Pflegehandlung Unbefugter zu sorgen. Dies gilt für das Herstellen, das Inverkehrbringen, das Inbetriebnehmen, das Aufstellen, das Errichten, das Betreiben und das Anwenden von Medizinprodukten sowie deren Zubehör. Zubehör wird als eigenständiges Medizinprodukt behandelt. Gemäß § 3 sind Medizinprodukte Gegenstände mit diagnostischer, therapeutischer und helfender Funktion.

Wesentlich für den Pflegealltag ist § 4 Verbote zum Schutz von Patienten, Anwendern und Dritten: Es ist verboten, Medizinprodukte in Verkehr zu bringen, zu errichten, in Betrieb zu nehmen, zu betreiben oder anzuwenden, wenn

(1) der begründete Verdacht besteht, dass sie die Sicherheit und Gesundheit der Patienten, der Anwender oder Dritter bei sachgemäßer Anwendung, Instandhaltung und ihrer Zweckbestimmung entsprechender Verwendung über ein nach den Erkenntnissen der medizinischen Wissenschaft vertretbares Maß gehend gefährden oder

(2) das Datum abgelaufen ist, bis zu dem eine gefahrlose Anwendung nachweislich möglich ist (Verfalldatum).

Diese Formulierung bekräftigt auch, dass die Resterilisation von Einwegprodukten im Sinne des MPG unzulässig ist. Der Patient hat einen Anspruch auf eine sichere Versorgung nach den aktuellen Erkenntnissen der Wissenschaft. Die Gefährdungshaftung bei unsachgemäßer Behandlung von Geräten, Instrumenten, Kathetern, bei falscher Wiederaufbereitung liegt beim anordnenden bzw. durchführenden Arzt und der verantwortlich mitwirkenden Pflegekraft. Die Pflegeperson muss den Arzt schriftlich auf etwaige Bedenken hinweisen, falls ein defektes Gerät bzw. resterilisierte Instrumente oder Katheter eingesetzt werden sollen. Setzt der Arzt trotz dieser Bedenken ein nicht zulässiges Sterilisationsverfahren oder später das mangelhafte Gerät am Patienten ein, so haftet ausschließlich er für Komplikationen.

Medizinprodukte sind z. B.:
- Hilfsmittel, wie Rollstühle, Lifter, Pflegebett, Toilettenstuhl oder andere Mobilitätshilfen
- Spritzen
- Beatmungsgeräte
- Absauggeräte
- Orthopädische Hilfsmittel
- Hilfsmittel aus dem hygienischen Bereich
- Elektrisch betriebene Krankenbetten

§ 31 MPG Medizinprodukteberater

Der Medizinprodukteberater informiert und weist ein. Dies kann in schriftlicher, mündlicher oder telefonischer Form erfolgen. Er besitzt Sachkenntnis, ist auf die jeweiligen Medizinprodukte geschult, dokumentiert das abgesicherte Anwendungsspektrum und verweist auf eventuelle Risiken.

Strafrechtliche Konsequenzen

Eine Zuwiderhandlung gegen § 4 (1) MPG ist nach § 40 MPG mit Geld- oder Freiheitsstrafe bei fahrlässigem Handeln bis zu 1 Jahr, in besonderen Fällen bis zu 5 Jahren sanktioniert. Der Versuch ist strafbar. Ein besonders schwerer Fall liegt vor, wenn der Täter die Gesundheit einer großen Zahl von Menschen gefährdet oder einen anderen in die Gefahr des Todes oder einer schweren Schädigung bringt. Die zivilrechtliche Haftung ergibt sich aus dem BGB (▶ Haftung).

❗ Es dürfen nur Medizinprodukte mit CE-Kennzeichnung eingesetzt werden. Verweigern Sie den Umgang mit defekten Geräten und Zubehör!

▶ Delegation, Haftung, Remonstration

Notfallsituation

Steht eine ambulante Pflegekraft vor verschlossener Tür und erhält weder auf Klopfen noch auf Klingeln eine Reaktion, so kann das auf einen Notfall hinweisen.

Folgende Fragen sind in dieser Situation zu klären:

- In welchem Zustand befand sich der Patient beim letzten Besuch?
- Wann fand dieser Besuch statt?
- Wie groß ist die Möglichkeit, dass dem Patienten etwas zugestoßen ist bzw. wie groß ist die Möglichkeit, dass er einkaufen oder anderweitig unterwegs ist?
- Gibt es Angehörige oder Nachbarn?
- Stehen Telefonnummern von Ansprechpartnern in der Patientenakte des Pflegedienstes?

Es ist wichtig, im ersten Kontaktgespräch ein Handlungsschema für Notfallsituationen zu erarbeiten. Wer entscheidet in Notfallsituationen? Bei Unsicherheit sollte die Pflegekraft mit der zuständigen Pflegedienstleitung im Büro oder in der Pflegeeinrichtung Rücksprache halten.

Beispiel

Fall 1: Der Mitarbeiter trifft den Patienten nicht an. Er informiert die zuständige Pflegedienstleitung und vermutet, dass der Handlungsbedarf nicht so groß ist. Nach 30 Minuten und nach 1 Stunde fährt er erneut zum Patienten. Durch den Pflegedienst werden Angehörige und der Hausarzt befragt bzw. informiert. Diese Informationen gehen an den zuständigen Mitarbeiter. Gleichzeitig wird vom Büro der Pflegeeinrichtung die Feuerwehr angerufen und nachgefragt, ob der Patient in den letzten 24 Stunden in ein Krankenhaus eingeliefert wurde.

Fall 2: Ein Patient öffnet die Tür nicht. Der Mitarbeiter hat den Schlüssel zur betreffenden Wohnung. Er klingelt beim Nachbarn, schildert die Situation und geht gemeinsam mit ihm in die Wohnung. Hierbei klärt sich, ob akuter Hilfebedarf gefragt ist oder ob der Patient unterwegs ist.

Fall 3: Der Mitarbeiter hat keinen Wohnungsschlüssel, erreicht weder Angehörige noch Hausarzt. Nach seiner Einschätzung ist ein akuter Handlungsbedarf geboten. Hier sollte unmittelbar Rücksprache mit der zuständigen Pflegedienstleitung gehalten und danach der Notruf ausgelöst werden.

Bereits in mehreren gerichtlichen Verfahren wurde entschieden, dass der Mitarbeiter eines Pflegedienstes bei Verdacht auf einen Notfall nicht nur berechtigt, sondern in jedem Falle auch verpflichtet ist, die Tür zu öffnen, egal ob mit Schlüssel, Polizei oder Feuerwehr.

> **Tipps**
> Pflegedienste sollten beim Erstgespräch Notsituationen ansprechen und bei Bedarf sich mit entsprechender Kompetenz ausstatten lassen (schriftliche Vollmacht bzw. Einverständniserklärung), damit Regressforderungen, Reparaturkosten von zerstörten Schlössern und Türen abgewehrt werden können. Diese Regelung sollte gemeinsam mit Namen, Telefonnummer und entsprechender Erreichbarkeit sowie unter Einbeziehung des Hausarztes aufgenommen werden.

▶ Aufklärung von Patienten

Notizen für den Alltag

Patientenrechte

Die Rechte des Patienten ergeben sich u. a. aus dem Grundgesetz, Sozialversicherungsgesetzen mit Qualitätskriterien, dem Straf- und Zivilrecht. Verdeutlicht werden die Rechte in der Patientencharta und einer im Jahr 2005 veröffentlichten Charta der Rechte hilfe- und pflegebedürftiger Menschen.

Patientencharta – Auszug

Patientenrechte in Deutschland vom 16.10.2002. Darin heißt es:

I. Einleitung

[...] Der Patient hat Anspruch auf angemessene Aufklärung und Beratung sowie auf eine sorgfältige und qualifizierte Behandlung. Diagnostische und therapeutische Maßnahmen sind mit dem Patienten abzustimmen. Jede Behandlung erfordert die Mitwirkung des Patienten. Ein Behandlungserfolg kann jedoch trotz bester Therapie nicht garantiert werden. Der Patient ist für seine Gesundheit mitverantwortlich und kann durch eine gesundheitsbewusste Lebensführung, durch frühzeitige Beteiligung an gesundheitlichen Vorsorgemaßnahmen sowie durch aktive Mitwirkung an Krankenbehandlung und Rehabilitation dazu beitragen, den Eintritt von Krankheit und Behinderung zu vermeiden oder ihre Folgen zu überwinden. [...] Wer als Patient seine Rechte und Pflichten kennt, kann sich aktiv am Behandlungsprozess beteiligen. Wer als Arzt seine Rechte und Pflichten kennt, kann Patienten besser unterstützen. [...]

II. Das Behandlungsverhältnis

1. Durch wen kann sich der Patient behandeln lassen?

   Der Patient hat grundsätzlich das Recht, Arzt und Krankenhaus frei zu wählen und zu wechseln.

2. Welche Qualität muss eine medizinische Behandlung haben?

   Der Patient hat Anspruch auf eine qualifizierte und sorgfältige medizinische Behandlung nach den anerkannten Regeln der ärztlichen Kunst. Sie umfasst eine qualifizierte Pflege und Betreuung.

3. Was bedeutet die Einwilligung des Patienten?

   Der Patient hat das Recht, Art und Umfang der medizinischen Behandlung selbst zu bestimmen. Er kann entscheiden, ob er sich behandeln lassen will oder nicht. Der Patient kann eine medizinische Versorgung also grundsätzlich auch dann ablehnen, wenn sie ärztlich geboten erscheint.

4. Selbstbestimmung am Ende des Lebens

Auch bei der Behandlung Sterbender hat der Arzt das Selbstbestimmungsrecht und die menschliche Würde des Patienten zu berücksichtigen. Patienten im Sterben haben das Recht auf eine angemessene Betreuung, insbesondere auf schmerzlindernde Behandlung. Sie können über Art und Ausmaß diagnostischer und therapeutischer Maßnahmen selbst entscheiden. Patienten, die entscheidungsfähig sind, können den Behandlungsabbruch oder das Unterlassen lebensverlängernder Maßnahmen verlangen. Eine gezielte Lebensverkürzung durch Maßnahmen, die den Tod herbeiführen oder das Sterben beschleunigen sollen, ist unzulässig und mit Strafe bedroht, auch wenn der Patient sie verlangt. Bei Patienten, die nicht entscheidungsfähig sind, muss auf ihren mutmaßlichen Willen abgestellt werden.

Zur Ermittlung des mutmaßlichen Willens sind insbesondere frühere schriftliche oder mündliche Äußerungen des Patienten und seine sonstigen erkennbaren persönlichen Wertvorstellungen zu berücksichtigen. Eine wesentliche Rolle nimmt dabei die Befragung von Ehepartnern oder Lebensgefährten, Angehörigen und Freunden sowie von anderen nahe stehenden Personen über die mutmaßlichen Behandlungswünsche des Patienten ein. Patienten können für den Fall, dass sie nicht mehr entscheidungsfähig sind, vorsorglich im Rahmen einer sog. Patientenverfügung auf lebenserhaltende oder lebensverlängernde Maßnahmen verzichten.

Der in einer Patientenverfügung niedergelegte Wille ist für den Arzt im Grundsatz bindend. Bei einer Patientenverfügung muss der Arzt im Einzelfall jedoch genau prüfen, ob die konkrete Situation derjenigen entspricht, die sich der Patient beim Abfassen der Verfügung vorgestellt hatte, und ob der in der Patientenverfügung geäußerte Wille im Zeitpunkt der ärztlichen Entscheidung nach wie vor aktuell ist. Der Patient kann in einer Patientenverfügung Vertrauenspersonen benennen und den Arzt ihnen gegenüber von der Schweigepflicht entbinden. Informationen zu Patientenverfügungen können beispielsweise bei Landesgesundheitsbehörden, Ärztekammern, Kirchengemeinden, Wohlfahrtsverbänden, Verbraucherzentralen, Patientenorganisationen oder Sozialstationen angefordert werden.

5. Was ist hinsichtlich der Aufklärung und Information des Patienten zu beachten?

Der Arzt hat den Patienten rechtzeitig vor der Behandlung und grundsätzlich in einem persönlichen Gespräch über Art und Umfang der Maßnahmen und der damit verbundenen gesundheitlichen Risiken aufzuklären und die Einwilligung des Patienten dazu einzuholen.

6. Versuchsbehandlungen

Vor einer Teilnahme an sog. Versuchsbehandlungen, deren Wirksamkeit und Sicherheit wissenschaftlich noch nicht abgesichert sind, muss der Patient umfassend über die Durchführungsbedingungen, über Nutzen und Risiken sowie über Behandlungsalternativen aufgeklärt werden.

7. Welche medizinischen Maßnahmen sind zu dokumentieren?

Die wichtigsten diagnostischen und therapeutischen Maßnahmen (z. B. Diagnoseuntersuchungen, Funktionsbefunde, Medikation, ärztliche Hinweise für und Anweisungen an die Funktions- und Behandlungspflege, Abweichung von einer Standardbehandlung) und Verlaufsdaten (z. B. Aufklärung bzw. der Verzicht auf eine Aufklärung durch den Patienten, Operationsbericht, Narkoseprotokoll, Besonderheiten im Behandlungsverlauf) sind zu dokumentieren. Eine Aufzeichnung in Stichworten reicht aus, sofern diese für die mit- oder nachbehandelnden Ärzte verständlich sind. Routinehandreichungen und Routinekontrollen müssen grundsätzlich nicht dokumentiert werden. Die Dokumentation ist vor unbefugtem Zugriff und vor nachträglicher Veränderung zu schützen.

8. Kann der Patient in die Behandlungsunterlagen einsehen?

Der Patient hat das Recht, die ihn betreffenden Behandlungsunterlagen einzusehen und auf seine Kosten Kopien oder Ausdrucke von den Unterlagen fertigen zu lassen. Der Patient kann eine Person seines Vertrauens mit der Einsichtnahme beauftragen. Der Anspruch auf Einsichtnahme erstreckt sich auf alle objektiven Feststellungen über den Gesundheitszustand des Patienten (z. B. naturwissenschaftlich objektivierbare Befunde, Ergebnisse von Laboruntersuchungen sowie von Untersuchungen am Patienten wie EKG, Röntgenbilder usw.) und die Aufzeichnungen über die Umstände und den Verlauf der Behandlung (z. B. Angaben über verabreichte oder verordnete Arzneimittel, Operationsberichte, Arztbriefe und dergleichen). Das Einsichtsrecht erstreckt sich nicht auf Aufzeichnungen, die subjektive Einschätzungen und Eindrücke des Arztes betreffen. Weitere Einschränkungen des Einsichtsrechts können im Bereich der psychiatrischen Behandlung bestehen und wenn Rechte anderer in die Behandlung einbezogener Personen (z. B. Angehörige, Freunde) berührt werden.

9. Was ist im Hinblick auf den Persönlichkeitsschutz und die Vertraulichkeit von Patientendaten zu beachten?

Die den Patienten betreffenden Informationen, Unterlagen und Daten sind von Ärzten, Pflegepersonal, Krankenhäusern und Krankenversicherern vertraulich zu behandeln. Sie dürfen nur mit Zustimmung des Patienten oder auf der Grundlage gesetzlicher Bestimmungen weitergegeben werden. Die ärztliche Schweigepflicht besteht auch gegenüber anderen Ärzten. In Datenbanken gespeicherte Angaben über den Patienten sind technisch und organisatorisch vor Zerstörung, Änderung und unbefugtem Zugriff zu schützen. Sie sind nach Ablauf der Aufbewahrungsfrist zu löschen. Bei stationären Behandlungen soll der Patient darüber informiert werden, wer ihn in Behandlung und Pflege betreut. Bei therapeutischen Gesprächen ist Vertraulichkeit zu gewährleisten. Grundsätzlich darf der Gesundheitszustand des Patienten auch Angehörigen nicht offenbart werden. Der Patient kann jedoch den Arzt ermächtigen, anderen Personen Auskunft über seinen Gesundheitszustand zu geben. Die benannten Personen können von dem Arzt Auskunft über den Gesundheitszustand des Patienten verlangen.

III. Im Schadensfall
a) Beratung
b) Geltendmachung von Ersatzansprüchen

Schadenersatzansprüche können außergerichtlich oder gerichtlich geltend gemacht werden. Unter Umständen, etwa bei Vorliegen eines groben Behandlungsfehlers, greifen aber zugunsten des Patienten Beweiserleichterungen bis hin zu einer Beweislastumkehr, d. h. der Schädiger muss den Gegenbeweis antreten. Der Beweis der ordnungsgemäßen Aufklärung des Patienten obliegt in strittigen Fällen dem behandelnden Arzt. Bei Dokumentationsmängeln wird zu Lasten des Arztes vermutet, dass eine nicht dokumentierte Maßnahme unterblieben ist.

Charta der Rechte hilfe- und pflegebedürftiger Menschen

Im September 2003 initiierten die Bundesministerin für Familie, Senioren, Frauen und Jugend und die Bundesministerin für Gesundheit und Soziale

Sicherung einen »Runden Tisch Pflege«. Ziel war die Verbesserung der Qualität in der Betreuung und Pflege in ambulanten Diensten und Heimen. Die Charta der Rechte hilfe- und pflegebedürftiger Menschen entstand.

Artikel der Charta (Stand: 21.03.2007)

- **Artikel 1: Selbstbestimmung und Hilfe zur Selbsthilfe**
  Jeder hilfe- und pflegebedürftige Mensch hat das Recht auf Hilfe zur Selbsthilfe sowie auf Unterstützung, um ein möglichst selbstbestimmtes und selbstständiges Leben führen zu können.

- **Artikel 2: Körperliche und seelische Unversehrtheit, Freiheit und Sicherheit**
  Jeder hilfe- und pflegebedürftige Mensch hat das Recht, vor Gefahren für Leib und Seele geschützt zu werden.

- **Artikel 3: Privatheit**
  Jeder hilfe- und pflegebedürftige Mensch hat das Recht auf Wahrung und Schutz seiner Privat- und Intimsphäre.

- **Artikel 4: Pflege, Betreuung und Behandlung**
  Jeder hilfe- und pflegebedürftige Mensch hat das Recht auf eine an seinem persönlichen Bedarf ausgerichtete, gesundheitsfördernde und qualifizierte Pflege, Betreuung und Behandlung.

- **Artikel 5: Information, Beratung und Aufklärung**
  Jeder hilfe- und pflegebedürftige Mensch hat das Recht auf umfassende Informationen über Möglichkeiten und Angebote der Beratung, der Hilfe, der Pflege sowie der Behandlung.

- **Artikel 6: Kommunikation, persönliche Zuwendung und Teilhabe an der Gesellschaft**
  Jeder hilfe- und pflegebedürftige Mensch hat das Recht auf Wertschätzung, Austausch mit anderen Menschen und Teilhabe am gesellschaftlichen Leben.

- **Artikel 7: Religion, Kultur und Weltanschauung**
  Jeder hilfe- und pflegebedürftige Mensch hat das Recht, seiner Kultur und Weltanschauung entsprechend zu leben und seine Religion auszuüben.

- **Artikel 8: Palliative Begleitung, Sterben und Tod**
  Jeder hilfe- und pflegebedürftige Mensch hat das Recht, in Würde zu sterben.

Beispiel

Urteil: In seinem Urteil stellte der Bundesgerichtshof fest: »Maßstab müssen das Erforderliche und für die Heimbewohner Zumutbare sein, wobei insbesondere auch die Würde und die Selbständigkeit der Bewohner zu wahren sind.« (BGH, Urteil vom 28.04.2005, AZ. III ZR 399/04)

❯ **Tipps**

Machen Sie sich mit den zugesicherten Rechten für Patienten bzw. Bewohner vertraut.

▶ Aufgabenstellung, Berufsordnung, Kodex für professionelles Verhalten, Remonstration

Notizen für den Alltag

Patientenverfügung/Vorsorgevollmacht

Patientenverfügung

Die Patientenverfügung ist eine vorsorgliche Verfügung für die medizinische und pflegerische Betreuung. Sie richtet sich in erster Linie an die Ärzte und das Behandlungsteam. Im pflegerischen Alltag steht im Zusammenhang lebenserhaltender und lebensverlängernder Maßnahmen oft die Frage nach dem Willen des Patienten. Pflegende befinden sich nach einer Grundsatzentscheidung des Bundesgerichtshofs innerhalb des therapeutischen Teams. Diese Entscheidung ist wesentlich für die Arbeit von Pflegekräften, Medizinern und Betreuern (► Sterbehilfe).

Inhaltlich hat sich eine Patienten- und Betreuungsverfügung laut BGH an folgenden Anforderungen zu orientieren, um als rechtswirksam und verbindlich angesehen werden zu können:

- Zeitnahe Formulierung und Abfassung
- Richtige Wertung von hoffnungsloser Prognose und nichtreparablen Schäden

Im konkreten Einzelfall ist es für den Arzt und das Pflegepersonal in erster Linie entscheidend, ob die Äußerung des Patienten so eindeutig ist, dass sie für den konkreten Behandlungsfall und die konkrete Entscheidungssituation einen eindeutigen Schluss zulässt.

Empfehlungen des Bundesministeriums der Justiz für den Aufbau einer schriftlichen Patientenverfügung

- Eingangsformel*
- Situationen, für die die Patientenverfügung gelten soll*
- Festlegungen zu ärztlichen/pflegerischen Maßnahmen*
- Wünsche zu Ort und Begleitung
- Aussagen zur Verbindlichkeit
- Hinweise auf weitere Vorsorgeverfügungen
- Hinweise auf beigefügte Erläuterungen zur Patientenverfügung
- Organspende
- Schlussformel*

▼

- Schlussbemerkungen
- Datum, Unterschrift*
- Aktualisierung(en), Datum, Unterschrift
- Anhang: Wertvorstellungen
* Besonders wichtige Bestandteile.

Vorsorgevollmacht

In der Patientenverfügung kann eine Vorsorgevollmacht an eine Vertrauensperson des Patienten übertragen werden. Die Vertrauensperson wird mit dieser Vollmacht dazu ermächtigt, den Patienten in all seinen Angelegenheiten zu vertreten, die er entsprechend festgelegt hat. Mit dieser Vollmacht soll eine vom Gericht angeordnete Betreuung vermieden werden. Sie bleibt auch bei Geschäftsunfähigkeit des Vollmachtgebers in Kraft. Die Vollmacht ist nur wirksam, solange die bevollmächtigte Person die Urkunde im Original vorlegen kann. Hiermit bevollmächtigt ein Bürger eine andere Person in seinem Namen und Wirkung, Erklärungen zu geben bzw. Entscheidungen auf der Grundlage seiner Patientenverfügung zu treffen. Hiermit ist auch die Anordnung einer Betreuung (Betreuungsverfügung, § 1896, Abs. 2 BGB) entbehrlich (▶ Anhang: Vorsorgevollmacht).

Betreuungsverfügung

Mit der Betreuungsverfügung wird vom Vormundschaftsgericht ein Betreuer bestellt. Sie enthält Bestimmungen für den/die Betreuer zur Übertragung bestimmter Aufgaben bzgl. Lebensgestaltung der Wohnung oder Unerbringung (§§ 1901, 1906, 1907 BGB).

❯ **Tipps**
Fragen Sie bei Übernahme der Pflege (Erstgespräch) nach Patientenverfügung und Vorsorgevollmacht. Dokumentieren Sie die Informationen bzw. legen Sie eine Kopie der Urkunde/n bei.

▶ Berufsordnung, Betreuungsrecht, Kodex für professionelles Verhalten, Patientenrecht

Personalsituation

Im Gegensatz zu stationären Pflegeeinrichtungen gibt es im ambulanten Bereich keinen Personalschlüssel bzw. eine Personalschlüsselquote. Es gibt nur Personalmindestvorhaltungen, die in den einzelnen Bundesländern regeln, wie viele Mitarbeiter, wie viele Vollzeitbeschäftigte mit welcher Qualifikation eine ambulante Pflegeeinrichtung benötigt, um entsprechende Rahmenverträge und Zulassungen in der Häuslichen Krankenpflege (SGB V) oder der Pflegeversicherung (SGB XI) bzw. im Bereich des Sozialhilfeträgers (SGB XII) zu bekommen. Im Gegensatz zu stationären Einrichtungen, wo die Anzahl und die Schlüsselquote abhängig von der Anzahl der Betreuungsplätze ist, sind in ambulanten Pflegediensten keine festen Patientenschlüssel im Verhältnis zu betreuten Patienten festgelegt.

Kleine Dienste haben hier oft das Problem, Personal auszulasten, wenn mehrere Patienten ins Krankenhaus gekommen sind. Gleichzeitig besteht auch das Problem, Patienten ausreichend und qualitativ hochwertig zu versorgen, wenn mehrere Patienten an einem Tag aufgenommen werden. Eine hohe Verantwortung kommen somit dem Personalmanagement, der Personalverwaltung und der Dienstwagengestaltung zu, verbunden mit der entsprechenden Tourenplanung. Ambulante Pflegedienste müssen sowohl nach SGB V als auch nach SGB XI die Versorgung der Patienten und Versicherten sicherstellen. Daher sollten sie Handlungsanweisungen für Notfallsituationen, Krankheit oder Unfall eines Mitarbeiters in verständlich formulierten Ausarbeitungen/Notfallplänen erstellen.

Bei Unterschreitung der Mindestpersonalvorhaltung sind Pflegeeinrichtungen verpflichtet, entsprechende Kostenträger und Vertragspartner zu informieren. Sollte die leitende Pflegedienstleitung zu der Erkenntnis kommen, dass eine fachliche, sachgerechte und qualitativ hochwertige Versorgung der Patienten mit dem zur Verfügung stehenden Personal nicht mehr möglich ist, müssen umgehend entsprechende Kostenträger informiert bzw. nach Möglichkeiten gesucht werden, um die Patienten kontinuierlich weiter zu versorgen. Auch Kooperationen können hierfür ein hilfreiches Instrument sein.

> **Tipps**
> Betrachten Sie rückwirkend das letzte Jahr, um durchschnittliche Patientenzahlen zu klären. Planen Sie künftige Personaleinstellungen und entspre-

chende Auslastungen. Basiert die Dienstplanung auf der Anzahl von Pfle-
getouren, macht es mindestens theoretisch Sinn, eine langfristige Dienst-
plangestaltung zu entwerfen, um zu sehen, welche Runden an welchem Tag
unbesetzt bleiben.

▶ Haftung, Kooperation, Remonstration

Notizen für den Alltag

Pflegerische Betreuungsformen

Ambulant betreute Wohngemeinschaften

Ambulant betreute Wohngemeinschaften mit Pflegebedürftigen bzw. gerontopsychiatrisch erkrankten Menschen sind nicht nur relativ junge Betreuungsformen in der Pflegelandschaft, sondern sie bedeuten auch in letzter Konsequenz einen echten Paradigmenwechsel im Verhältnis zwischen Pflegeanbieter und Patienten (◘ Abb. 20). Spätestens seit dem Gesetz zur Stärkung des Wettbewerbs in der gesetzlichen Krankenversicherung (GKV-WSG), GKV-Wettbewerbsstärkungsgesetz, unterstützt der Gesetzgeber neue und alternative Betreuungsformen im ambulanten Bereich. Genauso wie in der traditionellen ambulanten Pflege im Einzelhaushalt des Patienten bestimmen in der Wohngemeinschaft die Bewohner bzw. deren Angehörige und Betreuer,

- wer Pflege und Betreuung bereitstellt,
- wie Pflege und Betreuung strukturiert sein soll,
- mit wem die Wohnung geteilt wird (keine »Personenneutralität« wie im Heim),
- wie die Wohnung ausgestattet wird,
- was gegessen und getrunken wird etc.

Essentiell für ambulant betreute Wohngemeinschaften sind engagierte Bewohner bzw. Angehörige und gesetzliche Betreuer. Der von den Bewohnern gewählte Pflegeanbieter hat insofern moderierende bzw. unterstützende Funktion bei der Erfüllung der täglich anfallenden Aufgaben. Von entscheidender Bedeutung ist auch hier, dass Vermieter und Pflegeanbieter nicht identisch sind. Ambulant betreute Wohngemeinschaften sind keine Einrichtung, sondern ein freiwilliger Zusammenschluss von Menschen in einer besonderen Lebenslage.

Viele Initiativen, Verbände und Vereine beschäftigen sich bereits mit Strukturen, Qualitätssicherungselementen, Grundvoraussetzungen und Anforderungen von ambulant betreuten Wohngemeinschaften. Es liegt in der Verantwortung ambulanter Pflegedienste, diese Betreuungsform fach- und qualitätsgerecht durchzuführen. Nur wer diese unkomplizierte alternative Versorgungsform sensibel und patientenorientiert gestaltet, verhindert mögliche bürokratische Auflagen.

Es gelten alle gesetzlichen und vertraglichen Regelungen der ambulanten Pflege in den Bereichen SGB V, SGB XI, SGB XII und andere.

◼ **Abb. 20.** Betreuungsformen

Betreutes Wohnen

Beim betreuten Wohnen soll sichergestellt werden, dass bei gleicher Unterstützung zur Bewältigung der individuellen Probleme die größtmögliche Autonomie der zu Pflegenden gewährleistet bleibt. Die Betreuung richtet sich nach dem individuellen Bedarf. So gibt es Personen, die in ihrer eigenen Wohnung leben und Unterstützung von ihrem Einzelfallhelfer oder einem ambulanten Pflegedienst erhalten. Hier ist oft nur wichtig, dass die zu betreuende Person eine Hilfestellung für alltägliche Erledigung erfährt.

Beispiel

Urteil: Der Bundesgerichtshof hat in zwei Entscheidungen darauf hingewiesen, dass die Verknüpfung zwischen Miet- und Betreuungsvertrag im Betreuten Wohnen zulässig ist, wenn es sich um Mietverhältnisse der Bewohner/Mieter handelt. Anders wird dies in einem Urteil des Bundesgerichtshofs vom 13.10.2006 (AZ: VZR289/05) gesehen. Hier handelte es sich nicht um einen Mietvertrag, sondern um Wohneigentum in einer betreuten Wohnanlage.

> **Tipps**
> Alle Leistungsangebote müssen inhaltlich und preislich definiert sowie in entsprechenden Verträgen geregelt sein. Es ist wichtig darauf zu achten, dass auch Kündigungen bzw. Teilleistungsabnahmen fixiert wurden. So muss der Bewohner wissen, wer die entsprechende Dienstleistung anbietet und was passiert, wenn er diese von einem anderen Anbieter wählt.

Betreutes Einzelwohnen

Das betreute Einzelwohnen ist für Menschen mit Behinderung gedacht, die in hohem Maße selbstständig leben können, jedoch sozialpädagogische Unterstützung, Beratung und Begleitung benötigen. Die Hilfen im Rahmen des Betreuten Einzelwohnens können in Absprache mit dem Kostenträger vorübergehend oder dauerhaft in Anspruch genommen werden.

Teilstationäre Betreuung

Die teilstationäre Pflege schließt die Lücke zwischen der stationären Pflege im Heim und der ambulanten Betreuung durch Pflegedienste zu Hause. In teilstationären Pflegeeinrichtungen werden hilfebedürftige Menschen tagsüber oder nachts von Fachkräften betreut. Eine Tages- oder Nachtpflege bietet Pflegebedürftigen, die allein nicht mehr zurechtkommen und/oder deren Angehörige sie nicht rund um die Uhr versorgen können, die Möglichkeit, trotzdem weiter zu Hause zu wohnen. Die teilstationäre Pflege erspart vielen Pflegebedürftigen den Umzug in ein Heim und ermöglicht es ihren Angehörigen, sie zu betreuen, ohne ihren gesamten Alltag an der Pflege auszurichten.

Tagespflege/Nachtpflege

Regelungsgegenstand der Norm sind die Tages- und Nachtpflege als Ausprägungen der teilstationären Pflege. Da häusliche Pflege den Vorrang vor stationärer Pflege genießt, soll in Fällen, in denen die häusliche Pflege nicht rund um die Uhr sichergestellt werden kann, dem Pflegebedürftigen die beschränkte Inanspruchnahme stationärer Pflege unter teilweiser Aufrechterhaltung der Pflege im häuslichen Bereich ermöglicht werden. Entsprechend regelt die Vorschrift auch das Verhältnis zu den anderen Leistungen bei häuslicher Pflege (§ 3 SGB XI). Ebenso wie die übrigen Leistungen der Pflegever sicherung sind sie im Umfang begrenzt (§ 2 SGB XI).

Die Pflegekassen stellen ihren Versicherten auch teilstationäre Pflege zu Verfügung, wenn diese zur Unterstützung der häuslichen Pflege erforderlich ist. Die teilstationäre Pflege kann als Tages- oder Nachpflege gewährt werden Während Tagespflegeeinrichtungen in Deutschland sehr häufig zu finden sind, sind Nachtpflegeeinrichtungen bislang kaum verbreitet. Das Programm in den Nachpflegeeinrichtungen ist auf die Bedürfnisse der Besuchenden ausgerichtet, die einen veränderten Tag-Nacht-Rhythmus haben. So gibt es neben unterhaltenden Aktivitäten und aktivierenden Hilfen auch Angebote zur Entspannung.

Kurzzeitpflege

Kurzzeitpflege nach § 42 SGB XI umfasst die zeitlich befristete, also nur vorübergehende Versorgung und Betreuung pflegebedürftiger alter Menschen in einer stationären Einrichtung. Inhalt der allgemeinen Pflegeleistungen sind die im Einzelfall erforderlichen Hilfen in der anerkannten Pflegestufe zur Unterstützung, zur teilweisen oder zur vollstationären Übernahme der Aktivitäten im Ablauf des täglichen Lebens oder zur Beaufsichtigung oder Anleitung mit dem Ziel der eigenständigen Durchführung von Aktivitäten.

Anlässe für eine Kurzzeitpflege:

- Urlaub der Hauptpflegeperson
- Krankheit/Krankenhausaufenthalt der Hauptpflegeperson
- Allgemeine Verschlechterung des Gesundheitszustandes oder akute Erkrankung des Pflegebedürftigen
- »Überpflege« für Rekonvaleszente bzw. Nachsorge zwischen Klinik und Heim, insbesondere zur Abklärung, ob nach der KZP die Verlegung in ein Alten(wohn)heim möglich oder erforderlich ist
- »Probe-Wohnen«: die Überbrückung bei anstehender Anwartschaft auf einen Heimplatz
- Wohnungsrenovierung
- Krisenintervention/Notaufnahme, etwa nach plötzlichem, unvorhersehbarem Ausfall der Hauptpflegeperson
- Sterbebegleitung
- Vorübergehende Entlastung der Hauptpflegeperson bei psychischen Erschöpfungszuständen, um Abstand zu gewinnen und sich zu erholen

Ambulante Pflege in stationären Pflegeeinrichtungen

Mit dem Inkrafttreten des GVK-WSG zum 01.04.2007 hat der Gesetzgeber prinzipiell die Möglichkeit geschaffen, in klar zu bezeichneten Ausnahmefällen, Erbringung der Häuslichen Krankenpflege bzw. den Anspruch auf spezialisierte Palliativversorgung durch ambulante Einrichtungen in stationären Pflegeeinrichtungen zu ermöglichen: »… der Anspruch steht für solche Versicherte in zugelassenen Pflegeeinrichtungen, im Sinne des § 43 des XI. Buches, die auf Dauer, voraussichtlich mindestens 6 Monate, ein besonderen hohen Bedarf an medizinischer Behandlungspflege haben.« Weiter heißt es in Abs. 6: »… der Gemeinsame Bundesausschuss legt in der Richtlinie nach § 92 fest, an welchen Orten und in welchen Fällen Leistungen nach den Abätzen 1 und 2 auch außerhalb des Haushaltes und der Familie des Versicherten erbracht werden können. Er bestimmt darüber hinaus, dass Nähere über Art und Inhalt der verrichtungsbezogenen krankheitsspezifischen Pflegemaßnahmen.«

In § 37b SGB V – spezialisierte ambulante Palliativversorgung – steht in Abs. 2: »…Versicherte in stationären Pflegeeinrichtungen im Sinn des § 72 Abs. 1 des XI. Buches haben in entsprechender Anwendung des Abs. 1 ein Anspruch auf spezialisierte Palliativversorgung.« Die Verträge nach § 132d, Abs. 1 SGB V regeln, ob die Leistungen nach Abs. 1 durch Vertragspartnern der Krankenkassen in der Pflegeeinrichtung oder durch Personal der Pflegeeinrichtung erbracht wird; § 132d Abs. 2 gilt entsprechend.

Notizen für den Alltag

Pflegebedürftigkeit

Pflegebedürftigkeit ist in der ambulanten Pflege maßgeblich geprägt von dem Pflegebedürftigkeitsbegriff des § 14 des Pflegeversicherungsgesetzes (SGBXI). Hier heißt es: »Pflegebedürftig sind Personen, die wegen einer Krankheit oder Behinderung für die gewöhnlichen und regelmäßig wiederkehrenden Verrichtungen des täglichen Lebens auf Dauer oder voraussichtlich für mindestens 6 Monate in erheblichem oder höherem Maße der Hilfe bedürften.«

Krankheiten und Behinderungen sind:

- Verluste, Lähmungen oder andere Funktionsstörungen am Stütz- und/oder am Bewegungsapparat
- Funktionsstörungen der inneren Organe oder der Sinnesorgane
- Funktionsstörungen des zentralen Nervensystems, wie Antriebs-, Gedächtnis- oder Orientierungsstörungen

Pflegebedürftigkeit wird im Bereich der Pflegeversicherung leistungsrechtlich in 3 Stufen eingeteilt.

Stufe 1 – erhebliche Pflegebedürftigkeit. Das sind Personen, die bei der Körperpflege, der Ernährung oder der Mobilität für wenigstens zwei Verrichtungen aus einem oder mehreren Bereichen mindestens 1-mal täglich der Hilfe bedürfen und zusätzlich mehrfach in der Woche Hilfe bei der hauswirtschaftlichen Versorgung benötigen. (Nach von den Krankenkassen festgelegten Richtlinien, Begutachtungsrichtlinie des MDK, muss der Aufwand für direkte Pflege, einschließlich der Unterstützung der hauswirtschaftlichen Versorgung pro Tag mindestens 1,5 Stunden betragen. Das Verhältnis zwischen Grundpflege und hauswirtschaftlicher Versorgung sollte 2/3 zu 1/3 sein.)

Stufe 2 – Schwerpflegebedürftige. Dazu gehören Personen, die bei der Körperpflege, der Ernährung oder der Mobilität mindesten 3 mal täglich, zu verschiedenen Tageszeiten, Hilfe brauchen und zusätzlich mehrfach in der Woche Hilfe für die hauswirtschaftliche Versorgung benötigen. (Hier muss nach den Richtlinien der Krankenkassen der Aufwand mindestens 3 Stunden betragen – das Verhältnis zwischen grundpflegerischen und hauswirtschaftlichen Leistungen sollte ebenfalls 2/3 zu 1/3 sein.)

Stufe 3 – Schwerstpflegebedürftige. Das sind Personen, die für Körperpflege, Ernährung oder Mobilität täglich mehrfach bzw. rund um die Uhr (bei Bedarf auch nachts) und zusätzlich in der Woche Hilfe für die hauswirtschaftliche Versorgung benötigen. Hier muss nach den Richtlinien der Krankenkassen der Aufwand mindestens 5 Stunden betragen – Das Verhältnis von Grundpflege und hauswirtschaftlicher Versorgung sollte ebenfalls 2/3 zu 1/3 sein.

Auf der Grundlage der gesetzlichen Bestimmungen haben die Spitzenverbände der Pflegekassen eine Richtlinie zur Begutachtung von Pflegebedürftigkeit nach dem 11. Buch des Sozialgesetzbuches (Begutachtungs-Richtlinien/BRi) vom 21.03.2007 erlassen. In dieser Richtlinie werden im Wesentlichen die Aufgaben des Medizinischen Dienstes der Krankenversicherung (MDK) geregelt, sowie das Verfahren zur Feststellung der Pflegebedürftigkeit.

Ambulante Pflegedienste, Patienten und Angehörige sollten sich umgehend über diese Tatsachen informieren und im begründeten Fall entsprechende Anträge zur Feststellung der Pflegebedürftigkeit stellen. Wie bei Leistungspflicht und Leistungsgewährung gilt auch hier, dass Patienten und Angehörige zu getroffenen Entscheidungen zur Einstufung und Anerkennung von Pflegebedürftigkeit Widerspruch einlegen können. Dies sollte in enger Zusammenarbeit mit professionell arbeitenden Pflegediensten getan werden, da diese das Gutachten durch den MDK besser einschätzen können. In der Regel erfolgt nach Antragstellung innerhalb von 5 Wochen (§ 18, Abs. 3 SGB XI) eine entsprechende Begutachtung durch den Medizinischen Dienst der Krankenversicherung. Dieser erstellt anhand der zitierten Richtlinie ein Gutachten über den Ist-Zustand des Versicherten und trifft auf der Grundlage des Gutachtens die Entscheidung, ob der Antragsteller im Sinne des Pflegeversicherungsgesetzes pflegebedürftig ist. Danach wird er entsprechend in die definierte Pflegestufe eingeordnet.

Ein Senat des LSG hat entschieden, dass ein Pflegebedarf (rund um die Uhr, auch nachts) als Voraussetzung für die Zuordnung eines Pflegebedürftigen zur Pflegestufe 3 gegeben ist, wenn – entsprechend den Vorgaben in den »Richtlinien der Spitzenverbände der Pflegekassen zur Begutachtung der Pflegebedürftigkeit nach dem XI. Buch des Sozialgesetzbuches« vom 21.03.97 – ein nächtlicher Pflegebedarf für mindestens eine der in § 14 Abs. 4 Nummer 1–3 SGB XI aufgeführten Verrichtungen der Grundpflege entsteht; der nächtliche Hilfebedarf muss dabei grundsätzlich jede Nacht auftreten; soweit an wenigen einzelnen Tage im Laufe eines Monats eine solche Hilfe nicht geleistet werden muss, ist dies »unschädlich«.

Pflegeüberleitung

In den letzten Jahren hat sich das Thema Pflegeüberleitung bzw. Entlassungs management oder Überleitungsmanagement immer stärker etabliert (► An hang: Infoblatt bei Notfalleinweisungen). Vordergründig wird es in der Zukunft nur noch um Überleitungsmanagement gehen, da es im entscheidenden Fall um die Informations- und Datenübermittlung von einem zum anderen Ver sorgungsbereich geht. Ambulante Pflegedienste stehen hier im Spannungsfeld zwischen Ist und Soll, da die meisten Krankenhauseinweisungen zu einem Zeitpunkt stattfinden, zu dem der ambulante Dienst keinen Zugriff zu den Patienten hat. Oftmals werden Krankenhauseinweisungen beim Patienten erst am nächsten Tag oder am Abend bzw. nach 1 oder 2 Tagen, je nach Versorgungsfrequenz des Dienstes, entdeckt. Es ist jedoch wichtig, dass in Notfallsituationen ein anderer Versorgungsträger/Leistungsanbieter an diese wichtigen Daten und Informationen des Versicherten kommt. Überleitungs bögen, Notfalleinweisungsbögen sind hier verschiedentlich und unterschied lich nach Regionen am Markt.

Es sollte innerhalb der Pflegeeinrichtung ein Standard entwickelt werden, der Instrumente der Pflegeüberleitung und des Überleitungsmanagements aufzeigt, schriftlich fixiert und standardisiert. Es muss einheitlich im Betrieb festgelegt werden, welche Informationen, in welcher Reihenfolge und auf wel chem Blatt zur Verfügung gestellt werden. Es muss außerdem sichergestellt werden, dass die Informationen immer aktuell und verwendbar sind.

> **Beispiel**
>
> **Fall:** Die Pflegeeinrichtung hat einen dargelegten Überleitungsbogen. Dieser wird am Anfang der Pflege ausgefüllt. Der Patient kommt nach 3 Wo chen ins Krankenhaus. Auf dem Überleitungsbogen stehen veraltete Medi kamente und überholte Zuckerwerte. Das Krankenhaus leitet die Therapie auf Grundlage des Überleitungsbogens ein. Gesundheitliche Schädigungen treten beim Versicherten ein. In diesem Fall haftet auch die Pflegeeinrich tung, weil sie unter dem Eindruck aktueller Daten die Pflegeüberleitung organisiert hat. Der Pflegedienst hat darauf zu achten, dass bei der Über leitung nur aktuelle Daten an die entsprechende Nachfolgeeinrichtungen übergeben werden.

> Tipps

Ambulante Pflegeeinrichtungen sollten beim ersten Kontaktbesuch auf das Überleitungsmanagement hinweisen. Sie sollten deutlich machen, wie in der Einrichtung Überleitungsmanagement geregelt ist und vor allem gelebt wird. Betroffene Kooperationspartner in der Region sollten hierüber informiert werden und sich übergreifend auf gemeinsame Lösungsansätze konzentrieren.

► Dokumentation, Haftung, Standards

Notizen für den Alltag

Pflegeversicherungsgesetz (SGB XI)

Die neue Pflegereform soll im Laufe des Jahres 2008 in Kraft treten. Kernpunkte der Reform sind die Erhöhung der Sachleistungsbezüge im ambulanten Bereich, also die lang geforderte Angleichung der Sachleistungsbezüge zwischen ambulanter und stationärer Pflege und die Anhebung des Pflegegeldes bis spätestens 2012. Darüber hinaus soll der Leistungsbetrag für Menschen mit erheblich eingeschränkter Alterskompetenz, insbesondere für Demenzkranke, auf bis zu € 2.400,- jährlich erhöht werden. Neu wird sein, dass diese zusätzliche Vergütung im Einzelfall auch an Personen ausgezahlt werden kann, die über keine Pflegestufe verfügen. In diesen einzelnen Fällen muss der Medizinische Dienst der Krankenversicherung (MDK) den Betreuungsaufwand feststellen und danach das jährliche Budget festlegen. Vorgesehen sind hier zwei differenzierte Beträge: € 1.200,- oder € 2.400,- maximal pro Jahr.

Die Anhebung der Pflegesachleistung soll dann in Stufe I für den ambulanten Bereich bis 2012 auf € 450,- steigen, in Stufe II bis 2012 auf € 1.100,- und in Stufe III bis 2012 auf € 1.550,-. Mit dieser Erhöhung der Sachleistungsbeträge im ambulanten Bereich wird es Patienten möglich sein, etwas mehr Pflegeleistungen bei entsprechend zugelassenen Pflegediensten einzukaufen. Im stationären Pflegebereich dagegen sollen im Sachleistungsbereich die Stufen I und II erhalten bleiben, lediglich in Stufe III soll bis 2012 der Sachleistungsbetrag auf € 1.550,- angehoben werden. Auch werden im Zuge der Reform Pflegestützpunkte eingeführt, in denen sich Patienten und Angehörige informieren können, welche Möglichkeiten es bei der Betreuung und Pflege in ihrem Bezirk gibt (◘ Abb. 21–23).

Die Reform der Pflegeversicherung ist somit ein klares Signal in Richtung »ambulant vor stationär«. Es ist ein Anreiz, Menschen in ihrer häuslichen Umgebung zu versorgen und hierfür zumindest kleine Schritte zu gehen, um die Ausstattung bei Sachleistungen zu verbessern. Jeder gute Pflegedienst bzw. jede gute Sozialstation wird mit dem Patienten erörtern können, welche Versorgungsmöglichkeiten für ihn bestehen und welche Leistungen vom Kostenträger übernommen werden, damit er in den eigenen vier Wänden verbleiben kann.

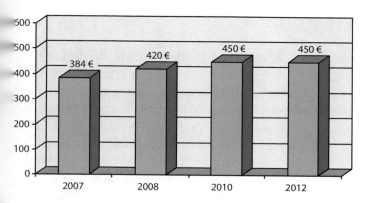

● **Abb. 21.** Pflegestufe 1

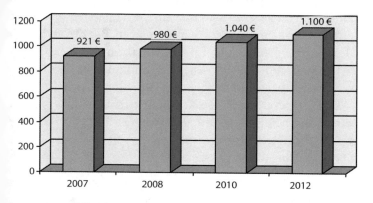

● **Abb. 22.** Pflegestufe 2

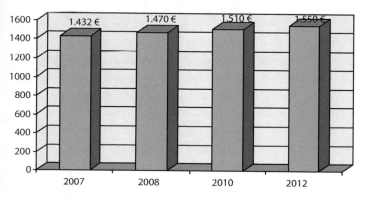

● **Abb. 23.** Pflegestufe 3

Pflegevertrag

Seit Einführung der Pflegeversicherung in 1995 besteht die Möglichkeit Pflegeverträge zwischen Patienten bzw. Angehörigen und dem Dienstleister zu schließen. Da der Versicherte/Patient je nach Pflegestufe ein bestimmtes Kontingent an Sachleistungen zur Verfügung gestellt bekommt (Pflegestufe) kann er sich für diesen Betrag Leistungen der Pflegeversicherung zu den jeweils aktuellen Preisen in dem jeweiligen Bundesland einkaufen. Durch das Pflegequalitätssicherungsgesetz (PQSG) 2002 verpflichtete der Gesetzgeber den Pflegeanbieter, im Sinne des Pflegeversicherungsgesetzes Verträge zwischen Patienten und Einrichtung zu schließen. Über Inhalt und Umfang gibt es unterschiedliche Fach- und Rechtsauffassungen (▶ Anhang: Pflegevertrag).

Der Pflegevertrag ist die zivilrechtliche Legitimation, die vom Patienten geforderten Leistungen der Pflegeversicherung auf dem neuesten Stand der pflegewissenschaftlichen Erkenntnisse in dem jeweiligen Bundesland nach ausgehandelten Leistungseinheiten und Höhen zu erbringen. Der Pflegevertrag sollte verständlich und nachvollziehbar formuliert sein, um bereits hier Vertrauen zwischen Patient und handelnden Akteuren zu schaffen. Ein kritischer Punkt beim Pflegevertrag ist die Kündigungsfrist. Sie muss in den Verträgen zur Rechtssicherheit beider Vertragsparteien enthalten sein. Ist sie im Vertrag nicht geregelt, so treten gesetzliche Regelungen in Kraft, d. h. die Kündigungsfrist beträgt dann 14 Tage.

> **Tipps**
> Nehmen Sie eine 14-tägige Kündigungsfrist in den Vertrag auf und entscheiden Sie im Einzelfall, ob Sie auf die Kündigungsfrist bestehen oder nicht.

Beispiel

Fall 1: Der Patient wird seit vielen Monaten von einer Pflegeeinrichtung versorgt. Nach einem gravierenden Zwischenfall durch einen Mitarbeiter der Pflegestation sieht der Patient das Vertrauensverhältnis gestört und kündigt den Vertrag. Eine Abrechnung der noch offenen 14 Tage mit der Pflegekasse ist nicht möglich, da nur erbrachte pflegerelevante Kosten abrechnungsfähig sind. Somit müsste der Patient die Kosten tragen bzw. sich wider Willen 14 Tage von dem entsprechenden Dienst versorgen lassen.

Tägliche Praxis von Pflegeeinrichtungen ist es, Pflegeverträge mit Patienten zu schließen. Oft entspricht der Inhalt und der Umfang der vereinbarten Leistungen nicht der Forderung, wie sie pflegerisch notwendig wäre, sondern so wie es Angehörige bzw. Patienten möchten oder bezahlen können. Zwischen der pflegerischen Notwendigkeit und der durchgeführten Leistung liegen oft große Differenzen, die im Schadensfall zu Regressansprüchen führen können.

Beispiel

Fall 2: Eine 84-jährige Patientin lebt bei ihren Kindern, ist bettlägerig und fordert vom Pflegedienst tägliche Leistungen der hauswirtschaftlichen Versorgung sowie der Essenszubereitung. Die Kinder verweisen auf das Selbstbestimmungsrecht ihrer Mutter und geben darüber hinaus an, dass sie die Mutter täglich waschen und mehrfach lagern. Nach einigen Wochen kommt es zur Bildung eines großen Dekubitus, der sich schließlich infiziert. Die Patientin muss stationär versorgt werden und verstirbt.

Nach § 12 SGB XI hat die Pflegekasse den Sicherstellungsauftrag und der Pflegedienst die Verpflichtung, die zuständige Pflegekasse auf Mängel bei der Versorgung hinzuweisen bzw. eine Höherstufung anzuregen.

Beim oben aufgeführten Beispiel wäre es ratsam gewesen, wenn der Pflegedienst in der laufenden Dokumentation täglich festgehalten hätte, dass er den körperlichen Zustand der Patienten begutachten möchte, um Komplikationen auszuschließen. Hätte der Leistungsempfänger seine Verweigerung durch Unterschrift kundgetan, wäre der Pflegedienst verpflichtet gewesen, dessen Verweigerung der Pflegekasse zu melden. Ein pauschalierter Haftungsausschluss hingegen ist nach gängiger Rechtsprechung unwirksam. Es würde die Pflegeeinrichtung trotzdem belasten.

Pflegedienste stehen oft in dem Spannungsfeld, einerseits Dienstleister in der Pflege und in der Hauswirtschaft zu sein. Andererseits haben sie mit vielen rechtlichen Bestimmungen in der Regel wenig Erfahrung. Erkenntnisse aus der Fachpresse, Weiterbildungen auf Kongressen und Fachforen sind für die täglichen Entscheidungen im »Unternehmen Krankenpflege« wichtig. Pflegedienste müssen erkennen, dass es unter Umständen durch den Vertrag bzw. anderen Absprachen um den Beweis geht, Dinge gewusst bzw. klare, der Situationen angemessene Entscheidungsgrundlagen gehabt zu haben.

❯ Tipps

Formulieren Sie in den Pflegevertrag und in der laufenden Dokumentation möglichst detailliert auch Aufgaben, die Sie nicht tun, weil sie nach Angaben der Patienten und Angehörigen von diesen selber durchgeführt werden. Auch ist es notwendig, pflegerisch notwendige Leistungen zu erwähnen.

Prophylaxen

Prophylaxen sind ein wesentliches Merkmal krankenpflegerischer bzw. pflegerischer Tätigkeit. Pflegedienste sind gut beraten, wenn sie auf die jeweils notwendigen prophylaktischen Maßnahmen hinweisen und deren Durchsetzung fordern würden, um den Patienten zu schützen und sich in der Beweislast bei späteren Schadensforderungen zu entlasten. Anders als in der klinischen bzw. stationären Pflege besteht die krankenpflegerische/pflegerische Versorgung aus entweder einzeln verordneten oder vom Patienten abgerufenen (▶ Anhang: Pflegevertrag) grundpflegerischen/pflegerischen Leistungen. Auf dieser Grundlage gewinnt die Diskussion über Prophylaxen zunehmend an Bedeutung. Ambulante Pflegedienste stehen hier zwischen Haftung und Ruin. Maßgeblich dafür sind die Inhalte der Richtlinien des Bundesausschusses der Ärzte und Krankenkassen über die Verordnung Häusliche Krankenpflege nach § 92 Abs. 1 Satz 2 Nummer 6 und 7 SGB V. Im Vorwort steht »Leistungen der Grundpflege und hauswirtschaftliche Versorgung« sowie im Vorwort von der Leistungsbeschreibung »Leistungen der Behandlungspflege«: »… pflegerische Prophylaxen, Lagern und Hilfen bei der Mobilität sind Bestandteil bei verordneten Leistungen in dem Umfang, wie es zur Wirksamkeit notwendig sind. Auch wenn die Häufigkeit, in der sie nach Maßgabe der individuellen Pflegesituation erbracht werden müssen, von der Frequenz der verordneten Pflegeleistungen abweichen«. Weiter heißt es: »Die allgemeine Krankenbeobachtung ist Bestandteil jeder einzelnen Leistung der Häuslichen Krankenpflege und von daher nicht gesondert verordnungsfähig«. In seinem Beschluss vom 21.12.2004 hat der Gemeinsame Bundesausschuss in seiner Präambel zur Grundpflege, genauso wie in der Präambel zur Behandlungspflege, den ersten Nebensatz verändert in »…wie sie zur Wirksamkeit der verordneten Leistungen notwendig sind…«!

> **Beispiel**
>
> **Fall:** Ein Hausarzt verordnet einmal täglich Medikamentengabe sowie Insulininjektionen. Der Patient ist bettlägerig und wird sonst von seiner Ehefrau und den Kindern in der Grundpflege, Hauswirtschaft und Ernährung sowie Mobilität versorgt. Sieht der Pflegedienst die Notwendigkeit von prophylaktischen Maßnahmen, wie z. B Dekubitusprophylaxe, Parotitis
>
> ▼

oder andere Prophylaxearten, so ist er verpflichtet, diese innerhalb der vom Arzt verordneten und von der Krankenkasse bewilligten Leistungen zu erbringen. Würden rein theoretisch noch andere prophylaktische Leistungen hinzukommen, wäre der Pflegedienst verpflichtet, diese alle zu erbringen. Alle diese Leistungen werden in diesem Fall einmal täglich verordnet und mit den bewilligten Leistungen abgegolten.

> Tipps

Sollten Sie in ähnlich gelagerten Fällen derartige Notwendigkeiten feststellen, zeigen Sie diese auf und melden Sie erforderliche Maßnahmen an den Arzt bzw. die Krankenkasse. Lassen Sie sich vom Versicherten und seinen Angehörigen unterschreiben, dass diese die vorgeschlagenen prophylaktischen Leistungen durchführen. Direkte und unmittelbare Bindungswirkungen haben die Richtlinien des Bundesausschuss Ärzte nach § 92 Abs. 7 SGB V auf Ärzte und Krankenkassen und mittelbare Wirkungen auf Pflegedienste nur dann, wenn ein entsprechender Rahmenvertrag auf Landesebene auf der Grundlage der Richtlinie abgeschlossen worden ist. Dieser Rahmenvertrag hat dann direkte Bindung auf den Leistungsanbieter (Pflegedienst). Schauen Sie, welche Formulierung zu Prophylaxen in Ihrem aktuellen Rahmenvertrag auf der Grundlage des §§ 132/132a gewählt wurde.

▶ Haftung, Standards, Verordnungsrichtlinien

Notizen für den Alltag

Qualitätssicherung

Im Sinne des Verbraucherschutzes wurden zur Sicherheit der Patienten im Krankenversicherungsrecht und Pflegeversicherungsrecht hohe Maßstäbe zur Qualitätssicherung geprägt. Diese sind als Anforderungsprofil der Pflege unter rechtlicher Verantwortung zu sehen. Am 01.01.2002 trat das Pflegequalitätssicherungsgesetz in Kraft (BGB Teil I, Nr. 47, S. 2320ff.). Zielsetzungen des Gesetzes sind die Sicherung und Weiterentwicklung der Pflegequalität und die Stärkung der Verbraucherrechte.

Grundlegende Vorgaben für die Qualitätsprüfungen durch den Medizinischen Dienst der Krankenversicherung (MDK) sind in den § 114, 112ff. SGB Xl geregelt. Sie betreffen die Zutrittsrechte des Medizinischen Dienstes zu den Pflegeeinrichtungen, das Verfahren der Qualitätsprüfungen sowie die Zusammenarbeit mit der staatlichen Heimaufsicht. Die Erweiterung der Zutrittsrechte ist im § 114 Abs. 2 SGB Xl geregelt. Zum Zwecke der Qualitätssicherung ist der MDK berechtigt, die Räume des Pflegedienstes, jederzeit, angemeldet und unangemeldet zu betreten, dort Prüfungen und Besichtigungen vorzunehmen, sich mit den Pflegebedürftigen, deren Angehörigen oder Betreuern in Verbindung zu setzen; das Grundrecht der Unverletzlichkeit der Wohnung (Artikel 13 Abs. 1 des Grundgesetzes) wird in soweit eingeschränkt.« (PQsG 2002, S. 106) Regelungen für ambulante Pflegeeinrichtungen finden sich im § 114 Abs. 3 SGB Xl. Besonders zu beachten ist, dass Leistungen aus der häuslichen Krankenpflege nach § 37 SG V, soweit der Pflegedienst diese erbringt, in die Prüfung einzubeziehen sind.

MDK-Qualitätsprüfungen

Seit dem 10.11.2005 sind mit Zustimmung des Bundesgesundheitsministeriums die Richtlinien für die Qualitätsprüfung durch den Medizinischen Dienst der Krankenkassen gemäß §§ 112, 114 SGB XI in Kraft. Damit erhält die Prüfung durch den MDK in ambulanten Pflegeeinrichtungen eine höhere Verbindlichkeit mit einheitlichen Prüfkriterien. In den jeweiligen Rahmenverträgen (SGB V, XI und XII) sind maßgebliche Elemente und Maßnahmen der Qualitätssicherung geregelt.

Für ambulante Pflege und Altenheime

§ 80 PQsG Maßstäbe und Grundsätze zur Sicherung und Weiterentwicklung der Pflegequalität

Die Spitzenverbände der Pflegekassen [...] und die Vereinigungen der Träger der Pflegeeinrichtungen auf Bundesebene vereinbaren gemeinsam und einheitlich unter Beteiligung des Medizinischen Dienstes [...] Grundsätze und Maßstäbe für die Qualität und die Qualitätssicherung der ambulanten und stationären Pflege sowie für die Entwicklung eines einrichtungsinternen Qualitätsmanagements, das auf eine stetige Sicherung und Weiterentwicklung der Pflegequalität ausgerichtet ist.

Qualitätsvereinbarung nach § 80 SGB XI – Allgemeine Ziele
- Fachlich kompetente und bedarfsgerechte Pflege nach den allgemein anerkannten pflegewissenschaftlichen Erkenntnissen zu wirtschaftlich vertretbaren Bedingungen
- Durch Information und Austausch eine partnerschaftliche Zusammenarbeit zwischen den Beteiligten zu ermöglichen
- Eine Vertrauensbasis zwischen Pflegebedürftigen und Leistungserbringern zu schaffen
- Flexibel auf die Notwendigkeit des Einzelfalls zu reagieren
- Die individuelle Lebenssituation und die Selbstversorgungskompetenz des Pflegebedürftigen zu respektieren und zu fördern
- Verzahnung mit den anderen Leistungen der Gesundheitsförderung und der Alten- und Behindertenhilfe zu berücksichtigen
- Maßnahmen zur Qualitätssicherung durchzuführen

Strukturqualität:
- Auf Dauer angelegte organisatorische Zusammenfassung von Personen und Sachmitteln, die in der Lage ist, eine ausreichende, gleichmäßige und konstante pflegerische Versorgung für einen wechselnden Kreis von Pflegebedürftigen zu gewährleisten
- Pflegeleistungen bei Tag und Nacht inkl. Sonn- und Feiertage
- Eigene Geschäftsräume
- Ständige Erreichbarkeit
- Ständige Verantwortung einer ausgebildeten Fachkraft (Pflegedienstleitung) für die durchgeführte Pflege

- Vertretung der Pflegedienstleitung ist sicherzustellen (i. d. R. im sozialver sicherungspflichtigen Arbeitsverhältnis)
- Fort- und Weiterbildung der Leitung und der Mitarbeiter
- Fachbezogene Fachliteratur ist vorzuhalten
- Abgeschlossene Weiterbildungsmaßnahme für die PDL mit mind 460 Stunden (Übergangsfrist 7 Jahre)
- Vorhaltung geeigneter Kräfte für die pflegerischen Leistungen (ggf. durch Kooperation)
- Anleitung der Hilfskräfte und der angelernten Kräfte durch die Fachkraft
- Bei Kooperation mit anderen Diensten: Verantwortlichkeit durch den zugelassenen Pflegedienst

Prozessqualität:
- Schriftliche Vorstellung des Pflegedienstes und Darlegung des Hilfeangebotes
- Erstbesuch/Anamnese: Feststellung Hilfebedarf und häusliche Umgebung
- Abklärung der Möglichkeiten der aktivierenden Pflege und vorhandener Ressourcen
- Einbeziehung des Hilfeplans MKK sowie anderer an der Pflege Beteiligter
- Feststellung, welche Leistungen selbst bzw. von Pflegepersonen erbracht werden können
- Beachtung der sozialen und kulturellen Integration des Pflegebedürftigen
- Überprüfung eines eventuell notwendigen Einsatzes von Pflegehilfsmitteln und Anpassung Wohnraum, ggf. Information der Pflegekasse
- Fertigung einer Pflegeplanung mit Aussagen darüber, wer welche Leistungen erbringt
- Kontinuierliche Aktualisierung der Pflegeplanung
- Führung eines Pflegedokumentationssystems
- Informationsaustausch der an der Pflege Beteiligten
- Regelmäßige Dienstbesprechungen beim Pflegedienst
- Überschaubare Pflegeteams
- Sicherstellung, dass die Pflegebedürftigen von möglichst wenigen Personen betreut werden
- Einsatzorganisation durch die Pflegedienstleitung gemäß individuellem Pflegebedarf unter Berücksichtigung der angemessenen Wünsche des Pflegebedürftigen

- Beratung der Angehörigen und Unterstützung gesundheitsfördernden und -sichernden Arbeits- bzw. Pflegetechniken
- Vernetzung mit weiteren Institutionen, wie Arzt und andere ambulante und stationäre/teilstationäre Einrichtungen
- Einbeziehung von Selbsthilfegruppen

Ergebnisqualität:
- Überprüfung der Ergebnisse anhand der festgelegten Pflegeziele (insbesondere unter Berücksichtigung der Ziele der aktivierenden Pflege sowie der angemessenen Wünsche der Pflegebedürftigen)
- Erörterung der Ergebnisse der Überprüfung mit den an der Pflege Beteiligten und dem Pflegebedürftigen
- Festhalten der Ergebnisse in der Pflegedokumentation

Regress bei Qualitätsmangel § 115 Abs. 3 SGB XI
Hält die Pflegeeinrichtung ihre [...] Verpflichtung zur qualitätsgerechten Leistungserbringung [...] ganz oder teilweise nicht ein, sind die vereinbarten Pflegevergütungen für die Dauer der Pflichtverletzung entsprechend zu kürzen. [...] Der Kürzungsbetrag ist bis zur Höhe des Eigenanteils an den Pflegebedürftigen und im weiteren an die Pflegekasse zurückzuzahlen. Eine Refinanzierung ist ausgeschlossen. Schadenersatzansprüche der betroffenen Pflegebedürftigen bleiben unberührt.

Checkliste zur Qualitätssicherung

- Risikoanalyse mit Prophylaxe- und Therapieplan bei Patientenübernahme
- Aufzeichnung einer evtl. Veränderung des Status bei jeder Visite
- Einwilligung zur Fotodokumentation bei Patienten bzw. Betreuern einholen
- Dokumentation per Code durchgeführter Leistungen in jeder Schicht
- Abweichende Maßnahmen einzeln vermerken; reduzierte oder ausgelassene Versorgung gesondert begründen, u. a. auch vom Patienten verweigerte Maßnahmen
- Ergänzende Risikoanalyse und Aktualisierung des Therapieplans bei nicht erwarteter Verlaufs- oder Statusänderung

- Remonstrationshinweis an den therapieverantwortlichen Arzt bzw. an die Leitung der Einrichtung bei einer befürchteten Patientengefährdung durch Nichteinhaltung des aktuellen wissenschaftlichen Qualitätsstandards
- Transparent nachvollziehbarer Abschlussbericht bei Entlassung oder Verlegung, ggf. mit Empfehlung der Weiterbehandlung und -pflege

Das folgende Urteil stärkt die Rechte von krankenversicherten Patienten, darüber hinaus aber auch die Stellung von Leistungserbringern im Rahmen der Kranken- bzw. Pflegeversicherung wie etwa ambulanter oder stationärer Pflegeeinrichtungen.

Beispiel

Urteil: Ein Patient klagte, infolge eines falschen MDK-Gutachtens verspätet behandelt worden zu sein und dadurch einen vermeidbaren Schaden erlitten zu haben. Von der gesetzlichen Krankenkasse wurde der MDK mit einer Stellungnahme nach § 275 SGB V zu der Frage beauftragt, ob die Neuversorgung mit einer Unterschenkelprothese medizinisch notwendig sei. Der beklagte MDK-Arzt verneinte die Anfrage zunächst. Der Kläger machte daraufhin einen Schmerzensgeldanspruch mit der Begründung geltend, aufgrund unsorgfältiger Auswertung vorliegender Behandlungsunterlagen sei eine notwendige prothetische Neuversorgung seines Unterschenkels verzögert worden, wodurch es unter anderem zu erheblichen Komplikationen gekommen sei. Der BGH bejaht einen Anspruch des Patienten auf Schadenersatz aus Amtspflichtverletzung nach § 839 BGB iVm Art. 34 Satz 1 GG wegen durch das MDK-Gutachten verzögerter Heilbehandlung. Schalte die Krankenkasse den MDK ein, welcher auf Grundlage arbeitsteiligen Zusammenwirkens sein überlegenes Fachwissen in die zutreffende Entscheidung einbringe, gewinne diese Mitwirkung im Verhältnis zum Bürger eine über die bloße innerbehördliche Beteiligung hinausgehende Qualität. Wie die Krankenkasse sei in solchen Fällen auch der MDK gehalten, bei der Ausübung seiner Tätigkeit die Interessen des betroffenen Patienten zu wahren. Ist der MDK – wie in den alten Bundesländern – als Körperschaft des

▼

öffentlichen Rechst organisiert, haftet der MDK für fehlerhafte Stellungnahmen selbst. Bei privat-rechtlicher Organisation des MDK – wie in den neuen Bundesländern – haftet nicht der MDK, sondern die Krankenkasse, welche den Gutachtenauftrag erteilt hat. Die Haftung des begutachtenden Arztes schloss der BGH hingegen grundsätzlich aus (BGH, Urteil vom 22.06.2006, AZ: III ZR 270/05).

> Tipps
Nutzen Sie die Checkliste zur Qualitätssicherung (► Übersicht).

► Haftung, Leistungen, Patientenrechte, Pflegeversicherung, Rahmenvertrag, Remonstration, Risikodokumentation, Standards, Verordnungsrichtlinien

Notizen für den Alltag

Rahmenvertrag

Rahmenverträge in der ambulanten pflegerischen Versorgung sind Grundlage für die Krankenversicherung (SGB V), die Pflegeversicherung (SGB XI) und für den Sozialhilfeträger (SGB XII). In den Rahmenverträgen, die in den einzelnen Bundesländern völlig unterschiedlich ausgestattet sind, werden neben dem Inhalt der Leistungen auch Ablauf, Streitigkeiten, Vergütung, Qualitätsanforderung, Fortbildungen usw. geregelt.

Rahmenvertrag auf Grundlage des § 132a SGB V Versorgung mit Häuslicher Krankenpflege

Im Gesetzestext steht: Die Spitzenverbände der Krankenkassen sind gemeinsam und einheitlich und, die für die Wahrnehmung der Interessen von Pflegediensten maßgeblichen Spitzenorganisationen auf Bundesebene sollen unter Berücksichtigung der Richtlinien nach § 92 Abs. 1 Satz 2 Nummer 6 gemeinsam Rahmenempfehlungen über die einheitliche Versorgung mit Häuslicher Krankenpflege abgeben. Für Pflegedienste, die einer Kirche oder einer Religionsgemeinschaft des öffentlichen Rechts oder einem sonstigen freigemeinnützigen Träger zuzuordnen sind, können die Rahmenempfehlungen gemeinsam mit den übrigen Partnern der Rahmenempfehlungen, auch von der Kirche oder der Religionsgemeinschaft oder von dem Wohlfahrtsverband abgeschlossen werden, in dem die Einrichtung angehört. Vor Abschluss der Vereinbarung ist der Kassenärztlichen Bundesvereinigung und der Deutschen Krankenhausgesellschaft Gelegenheit zur Stellungnahme zu geben. Die Stellungnahmen sind in dem Entscheidungsprozess der Partner der Rahmenempfehlung einzubeziehen. In den Rahmenempfehlungen sind insbesondere zu regeln:

1. Inhalte der Häuslichen Krankenpflege einschließlich deren Abgrenzung (Verordnungsrichtlinie nach § 92 Abs. 7 SGB V)
2. Eignung der Leistungserbringer
3. Maßnahmen zur Qualitätssicherung und Fortbildung
4. Inhalte und Umfang der Zusammenarbeit des Leistungserbringers mit dem verordneten Vertragsarzt und dem Krankenhaus
5. Grundsätze der Wirtschaftlichkeit der Leistungserbringung einschließlich deren Prüfung und
6. Grundsätze der Vergütung und ihrer Struktur

In der Häuslichen Krankenpflege können mit den Kostenträgern Zusatzvereinbarungen geschlossen werden, z. B. für die häusliche psychiatrische Krankenpflege, Palliativmedizin, intensivmedizinische Versorgung, Versorgung mit Demenzpatienten, Kinderkrankenpflege sowie für Aids-Patienten usw. In der hauswirtschaftlichen Versorgung/Haushaltshilfe gelten die § 38 SGB V sowie die §§ 198, 199 RVO (Reichsversicherungsordnung).

Rahmenvertrag Pflegeversicherung (SGB XI) und Sozialhilfeträger (SGB XII)

In diesem Leistungsbereich werden die Verträge nach § 75 SGB XI geschlossen:
1. Die Landesverbände der Pflegekassen schließen unter Beteiligung des Medizinischen Dienstes der Krankenversicherung (MDK) sowie des Verbandes der Privaten Krankenversicherung e.V. im Land mit den Vereinigungen der Träger der ambulanten oder stationären Pflegeeinrichtungen im Land gemeinsam und einheitlich Rahmenverträge mit dem Ziel, eine wirksame wirtschaftliche pflegerische Versorgung der Versicherten sicherzustellen. Für Pflegeeinrichtungen, die einer Kirche oder Religionsgemeinschaft des öffentlichen Rechts oder einem sonstigen freigemeinnützigen Träger zuzuordnen sind, können die Rahmenverträge auch von der Kirche oder Religionsgemeinschaften oder von dem Wohlfahrtsverband abgeschlossen werden, in dem die Pflegeeinrichtung angehört. Bei Rahmenverträger über ambulante Pflege sind die Arbeitsgemeinschaften der örtlichen Träger der Sozialhilfe als Vertragspartner beim Vertragsabschluss zu beteiligen. Die Rahmenverträge sind für die Pflegekassen und die zugelassenen Pflegeeinrichtungen im Land unmittelbar verbindlich.
2. Die Verträge regeln insbesondere:
   – den Inhalt der Pflegeleistungen sowie bei stationärer Pflege die Abgrenzung zwischen der allgemeinen Pflegeleistung, den Leistungen bei Unterkunft und Verpflegung und die Zusatzleistungen
   – die allgemeinen Bedingungen der Pflege einschließlich der Kostenübernahme, der Abrechnung, der Entgelte und der hier zu erforderlichen Bescheinigungen und Berichte
   – Maßstäbe und Grundsätze für die wirtschaftliche und leistungsbezogene am Versorgungsauftrag orientierte personelle Ausstattung der Pflegeeinrichtung

- Die Überprüfung der Notwendigkeit und Dauer der Pflege
- Abschläge von der Pflegevergütung bei vorübergehender Abwesenheit (Krankenhausaufenthalte, Beurlaubung) des Pflegebedürftigen aus dem Pflegeheim
- Den Zugang des Medizinischen Dienstes und sonstiger von den Pflegekassen beauftragten Prüfer zu den Pflegeeinrichtungen
- Die Verfahrens- und Prüfungsgrundsätze für Wirtschaftlichkeitsprüfung
- Die Grundsätze der Feststellung der örtlichen und regionalen Einsatzbereiche der Pflegeeinrichtung, um Pflegeleitungen ohne lange Wege möglichst orts- und bürgernah anzubieten

Im Leistungsbereich der Pflegeversicherung und des Sozialhilfeträgers ist die Voraussetzung für den Abschluss eines Vertrages nach § 75 SGB XI die Zulassung zur Pflege durch einen Versorgungsauftrag nach § 72 SGB XI: »… Die Pflegekassen dürfen ambulante und stationäre Pflege nur durch Pflegeeinrichtungen gewähren, mit denen ein Versorgungsvertrag besteht (zugelassene Pflegeeinrichtungen). In dem Versorgungsvertrag sind Art, Inhalt und Umfang der allgemeinen Pflegeleistungen festzulegen, die von der Pflegeeinrichtung während der Dauer des Vertrages für die Versicherten zu erbringen sind.«

Notizen für den Alltag

Remonstration

Unter »Remonstration« versteht man das Recht und die Pflicht, eine gefahrengeneigte Versorgung schriftlich und damit nachweislich anzuzeigen. Kann eine Pflegeperson eine ihr angewiesene Maßnahme nicht ausführen, weil sie nicht ausreichend qualifiziert ist oder die Versorgungsqualität nicht für gewährleistet hält, so ist sie verpflichtet, die Umsetzung der Anordnung zu verweigern.

Gründe für eine Remonstration können sein:
- Erkenntnis über fachlich falsche Anordnung
- Krankheit oder Überlastung
- Organisationsdefizite
- Veränderung der Patientenstruktur

Die Remonstration ist die fachliche Kommunikation zwischen einer nachgeordneten und einer fachvorgesetzten Pflegekraft, Pflegedienstleitung bzw. einem Arzt. Zugleich kommt eine Pflegekraft, die eine Remonstration aus o. g. Gründen einreicht, ihrer Hinweis- und Unterrichtungspflicht nach. Eine Remonstration sollte rechtzeitig im Sinne § 121 BGB »ohne schuldhaftes Zögern (unverzüglich)« erfolgen. Kommt eine Pflegekraft diesem Recht, dieser Pflicht jedoch nicht nach, so trifft sie das Übernahmeverschulden.

> **Beispiel**
>
> **Fall:** Eine Pflegekraft übernimmt allein den Einsatz für 25 Patienten in hoher Pflegestufe. Es kommt während der Pflegemaßnahme aus Zeitdruck zum Sturz eines Patienten.

▶ Ärztliche Anordnung, Aufzeigen von Bedenken, Haftung

Risikomanagement

In der ambulanten Pflege stehen die Analyse und die Dokumentation von Risiken an zentraler Position. Bereits zum Anamnesegespräch hat die verantwortliche Pflegefachkraft darauf zu achten, Risiken zu erkennen, zu analysieren und diese entsprechend zu dokumentieren. Eine Gefahr zu erkennen ist gerade in haftungsrechtlichen Belangen entscheidend. Das Risikomanagement beinhaltet hierfür klare Strukturvorgaben und Abläufe. Es setzt voraus, dass Risikofaktoren definiert sind sowie die Methodik, Ermittlung und die Analyse vorgegeben werden. Ernsthaft betriebenes Risikomanagement beeinflusst nachhaltig die Planung, Durchführung und Auswertung pflegerischer Maßnahmen. Besonders schwierig gestaltet sich das Risikomanagement in der ambulanten Pflege, da von den einzelnen Einrichtungen immer nur Teilleistungen von Klienten/Patienten abgerufen werden. Gerade da ist es aber notwendig, Risiken zu erkennen, Angehörige und Betroffene darauf hinzuweisen und alles zu dokumentieren.

Risikomanagement ist nicht nur eine betriebswirtschaftliche Notwendigkeit, sondern zugleich auch eine Verpflichtung im Qualitätsmanagement. Die gesetzlichen Anforderungen der Qualitätssicherung im Sinne von SGB V (Krankenversicherungsgesetz) und SGB XI (Pflegeversicherungsgesetz) werden durch ein funktionierendes Risikomanagement umgesetzt. Hierzu gehört für die Pflege die Gesamtheit aller organisatorischen Maßnahmen und Regelungen zur Risikoerkennung und zum Umgang mit den Risiken in der Einrichtung.

Ziele des Risikomanagements
- Abwendung und Minimierung von Schäden an Patienten in Erfüllung des Pflegevertrages (Garantenstellung)
- Erreichen eines Sicherheitsniveaus durch Überwachungs- und Prüfmaßnahmen in der Einrichtung
- Kontinuierliche Risikoermittlung und -bewertung
- Standardisierte Vorgehensweise bei Risiko- oder Schadenseintritt von Pflegepersonal und Leitung des Pflegedienstes
- Berücksichtigung der aktuellsten pflegewissenschaftlichen Erkenntnisse
- Vergleichbarkeit im Umgang mit jeweiligen Risiken

Module des Risikomanagements

- Orientierung an aktuellen medizin- und pflegewissenschaftlichen Erkenntnissen
- Vergleichbarkeit der einzelnen Pflegefachkräfte
- Haftungsrechtliche Absicherung aller Beteiligten (Beweislast)
- Risikoidentifikation
- Risikoanalyse und -bewertung
- Risikosteuerungs- und Kontrollprozess
- Risikokommunikation und -berichterstattung
- Risikodokumentation
- Koordination und Konsequenzen für neue Standards und Dienstanweisungen
- Fort- und Weiterbildung

Beispiele für Risikoidentifikation

- Sturzgefahr
- Dekubitusgefahr
- Mangelernährung
- Exsikosegefahr
- Kontraktur
- Pneumonie
- Schmerz
- Eigengefährdung/Fremdgefährdung
- Infektionsgefahr
- Gerätemängel
- Personalengpässe
- Weglauftendenz bei Dementen
- Medikamentenapplikation

Ambulante Pflegedienste sollten klare Standards formulieren, gerade beim Erstbesuch, aber auch bei späteren Beratungsbesuchen nach § 37 Abs. 3, SGB XI. Auch bei der Ermittlung von prophylaktischen Maßnahmen ist Risikomanagement eine Grundvoraussetzung pflegerischen Handelns. Entscheidend ist, dass diese Dinge in der täglichen Praxis Anwendung finden und damit im Unternehmen gelebt werden.

> ❯ **Tipps**
>
> Beteiligen Sie sich aktiv am Risikomanagement, indem Sie Fehler systematisch erfassen und damit Risiken vorbeugen. Denken Sie an Ihre Remonstrationspflicht.

Risikodokumentation

Die Risikodokumentation ist ein Bestandteil der Qualitätssicherung und dient insbesondere der Beweisführung bei straf- und zivilrechtlichen Belangen. Sie ist auch wichtig im Rahmen der sich verkürzenden Verweildauer und der integrierten Versorgung. Eine Risikodokumentation wird beispielsweise bei Dekubitus oder beim Sturz eines Patienten notwendig. Mit Hilfe dieser Dokumentation wird vor allem eine durchgehende Versorgungsqualität und Kommunikation zwischen den beteiligten Berufsgruppen und pflegenden Angehörigen gewährleistet. Dokumentiert wird die gegenwärtige Verfassung des Patienten, wenn eine Aufnahme oder Überleitung mit pflegerischen Interventionshinweisen an eine andere Einrichtung bevorsteht.

Durch die Pflegedokumentation werden die Beobachtungen und Reaktionen zu einem Risiko erfasst und ärztliche sowie pflegerische Intervention initiiert (Beweislast). Die Risikodokumentation ist außerdem ein wesentliches Modul für die jährlich zu erstellenden Qualitätsberichte und bei Prüfungen durch den MDK.

> ❯ **Tipps**
>
> Nehmen Sie im Rahmen Ihrer Verantwortung (§ 3 Altenpflege- und Krankenpflegegesetz) und der deliktischen Haftung (BGB) das Recht und die Pflicht zur Dokumentation von Erkenntnissen, Planungen, Ergebnissen und Risiken wahr. Sollte Ihnen dieses jedoch verwehrt werden, so beachten Sie Ihr Remonstrationsrecht.

▶ Beweislast, Dokumentation, Haftung, Qualitätssicherung, Remonstration

Schmerz

Der akute und chronische Schmerz von Patienten ist Pflegealltag. Aufgabe ist es, Frühzeichen des erfahrenen Schmerzes zu erkennen und adäquate Therapien zu koordinieren oder durchzuführen. Zur umfassenden Schmerztherapie gehört neben der Diagnostik von Ursachen eine aktuelle, systematische Schmerzeinschätzung und Verlaufskontrolle. Seit Januar 2004 gilt der Expertenstandard Schmerzmanagement in der Pflege als verbindlich. Hieraus ergibt sich für den Patienten neben der Schmerzeinschätzung das Recht auf:

- Schmerzfreiheit bzw. Schmerzen von nicht mehr als 3/10 analog der numerischen Skala (NRS)
- Schmerzmittelbedingte Nebenwirkungen werden verhindert bzw. erfolgreich behandelt
- Die angewandten Maßnahmen haben sich positiv auf die Schmerzsituation und/oder die Eigenaktivität des Patienten/Betroffenen ausgewirkt
- Dem Patienten/Betroffenen sind gezielte Schulung und Beratung angeboten worden, um ihn zu befähigen, Schmerzen einzuschätzen, mitzuteilen und zu beeinflussen

Pflegende nehmen durch den ständigen Kontakt zum Patienten dessen Schmerzen zeitnah wahr und können ihn einschätzen. Eine schriftliche Verordnung von Analgetika muss sich am Patienten orientieren, sie muss außerdem Angaben zur Dosierung und Verabreichungsform enthalten. Schmerzlindernde, »nichtpharmakologische« Maßnahmen müssen im therapeutischen Team erörtert und dokumentiert werden.

Pflegerische Aufgaben bei Schmerz

- Schmerzerfassung
- Verfahrensregelung zur medikamentösen Schmerzbehandlung
- Vorbeugung von Nebenwirkungen
- Nichtmedikamentöse Therapievorschläge und Maßnahmen
- Beratung, Begleitung und Schulung
- Verlaufskontrolle
- Dokumentation

Durchgeführt werden sollte die Schmerzeinschätzung:
- In regelmäßigen Abständen vor und nach Beginn der Schmerzbehandlung
- Nach neubeginnendem Schmerz
- Nach Applikation von Analgetika oder nichtpharmakologischen Therapien

---

Beispiel

Fall: Eine Patientin hat seit 1 Woche schwere Zahnschmerzen. Die verantwortliche Pflegeperson bemüht sich vergebens um eine zahnärztliche Behandlung und Schmerztherapie, weil die Angehörigen das Hinzuziehen eines Zahnarztes nicht als notwendig erachten.

▶ Tipps

Grundlage ist der Expertenstandard »Schmerzmanagement«. Außerdem sollten Schmerzeinschätzung, Anordnungen, Wirkungen und Nebenwirkungen von Medikamenten sorgfältig dokumentiert werden. Nutzen Sie zur Schmerzeinschätzung die vorgegebenen Skalen oder orientieren Sie sich an den Schmerztagebüchern.

▶ Ärztliche Anordnung, Betäubungsmittel, Delegation, Haftung, Medikamente, Standards

Notizen für den Alltag

Schweigepflicht

Die Einhaltung der Schweigepflicht wird dem Patienten durch § 203, (1) 1. StGB garantiert und ist für alle Gesundheitsberufe verpflichtend.

§ 203 StGB Verletzung von Privatgeheimnissen

Wer unbefugt ein fremdes Geheimnis, namentlich ein zum persönlichen Lebensbereich gehörendes Geheimnis oder ein Betriebs- oder Geschäftsgeheimnis, offenbart, das ihm als Arzt, Zahnarzt, Apotheker oder Angehörigen eines anderen Heilberufs, der für die Berufsausübung oder die Berufsbezeichnung eine staatlich geregelte Ausbildung erfordert, [...] anvertraut worden oder sonst bekannt geworden ist, wird mit Freiheitsstrafe bis zu einem Jahr oder Geldstrafe bestraft. Dieser Absatz ist auch anzuwenden, wenn der Täter das fremde Geheimnis nach dem Tod des Betroffenen unbefugt offenbart.

Schutzgegenstand fremdes Geheimnis

- Krankheitsbild des Patienten
- Diagnose
- Therapie
- Prognose
- Geschehnisse des Privatlebens
- Ungünstige Charaktermerkmale
- Psychische Auffälligkeit
- Berufliche, wirtschaftliche, finanzielle Verhältnisse
- Name des Patienten
- Tatsache, dass der Patient in Behandlung ist

Die Verletzung von Privatgeheimnissen ist ein Sonderdelikt; die Tat kann nur von bestimmten Personen begangen werden (§ 203 Abs. 1 Nr. 1 bis 6 StGB; ▶ Übersicht).

Täterkreis

- Arzt, Zahnarzt, Tierarzt, Apotheker
- Angehörige anderer Heilberufe, die eine staatliche Ausbildung haben
- Altenpfleger
- Hebamme
- Krankenschwester
- Arzthelfer
- Pharmazeutisch-technische Assistenten
- Medizinisch-technische Assistenten

Tathandlungen

Objektiver Tatbestand

Ein Geheimnis ist offenbart, wenn es einer anderen, nicht zum Wissen berechtigten Person bekannt geworden ist. Die Form der Bekanntgabe ist beliebig; bei schriftlicher Fixierung eines Geheimnisses etwa das offene Herumliegenlassen, die Datenübermittlung an ein nicht gesichertes Empfangsgerät.

Subjektiver Tatbestand

Der Täter muss vorsätzlich handeln und somit wissen, dass

- es sich um Geheimnisse oder Einzelangaben handelt, die ihm in seiner beruflichen Stellung bekannt werden,
- der Geheimnisträger die Geheimhaltung vermutlich will,
- das Geheimnis offenbart wird.

Die Schweigepflicht erstreckt sich grundsätzlich auf alle Angelegenheiten, die der Arzt oder Pflegende bei der Begegnung mit dem Patienten erfährt. Zum Geheimnis werden alle Mitteilungen des Patienten, Aufzeichnungen, Röntgenaufnahmen, Untersuchungsbefunde, Operationsprotokolle gezählt. Hierzu gehören auch Informationen über die familiären, beruflichen und wirtschaftlichen Angelegenheiten, selbst solche, die gar nicht den Patienten in eigener Person angehen. Auch der Name des Patienten sowie die Tatsache seiner Behandlung sind geschütztes Geheimnis. Damit ist die gesamte Patien-

Patientendokumentation ein geschütztes Rechtsgut. Mit der Folge, dass Papierabfall, der Patientendaten trägt, als Datenmüll gesammelt und getrennt entsorgt werden muss.

Wenn Gründe vorliegen, die eine Weitergabe von Informationen über den Patienten rechtfertigen, so ist der Straftatbestand des § 203 StGB nicht erfüllt.

Die Pflicht zur Verschwiegenheit kann sich in bestimmten Situationen aufheben (▶ Übersicht).

Situationen für eine Entbindung der Schweigepflicht

- Der Patient hat Sie selbst rechtswirksam von der Schweigepflicht entbunden.
- Die Schweigepflicht ist durch gesetzliches Gebot aufgehoben, z. B. durch die Meldepflicht nach dem Infektionsschutzgesetz.
- Bei pflichtgemäßem Ermessen zur Wahrung eines Interesses, das höher ist, als das Interesse des Betroffenen an der Wahrung der Schweigepflicht.

Notizen für den Alltag

Selbstbestimmung des Patienten

Das Selbstbestimmungsrecht des Patienten umfasst das Recht, jeder medikamentösen, operativen oder sonstigen Behandlungs- und Pflegemaßnahme zuzustimmen oder sie abzulehnen. Grundlage für die Patientenautonomie ist das Grundgesetz, insbesondere Artikel 1, der zur Achtung und zum Schutz der Würde und Freiheit des Menschen sowie seines Rechtes auf Leben und körperliche Unversehrtheit verpflichtet.

Kriterien sind:

- § 2, SGB XI
- § 1906, BGB
- Freiheitsentziehende Maßnahmen durch unterbringungsähnliche Maßnahmen
- Artikel 2, Abs. 1 GG in Verbindung mit Artikel 1, Abs. 1
- Geschütztes allgemeines Persönlichkeitsrecht
- Patientenverfügung
- Bestellung einer Vertrauensperson

Faktoren, die bei einer rechtfertigenden Einwilligung berücksichtigt werden müssen:

- Situation: Ausdrückliche oder stillschweigende Äußerung des Betroffenen nicht möglich
- Folge:
  - Prüfung aller Voraussetzungen einer rechtfertigenden Einwilligung
  - Durchführung der notwendigen Maßnahmen aufgrund des mutmaßlichen Willens
  - Rechtfertigende Einwilligung, ausdrücklich:
    - Schriftlich
    - Mündlich
  - Stillschweigend
  - Mutmaßlich

So sind Ärzte und Pflegende auf die Einwilligung des Patienten in die jeweilige Maßnahme angewiesen.

> **Tipps**
> Beachten Sie das Persönlichkeitsrecht des Patienten.

 Einwilligung, Haftung, Patientenrechte, Patientenverfügung, Vorsorgevollmacht

Sorgfaltspflicht

Die Sorgfaltspflicht gilt für Pflegende immer dann, wenn sie Patienten im Rahmen ihrer Tätigkeit behandeln, beaufsichtigen und betreun. Sie korrespondiert außerdem mit den Zielformulicrungen des §§ 3 des Altenpflege- und Krankenpflegegesetzes. Bestandteil der Sorgfaltspflicht ist auch die sog. Beobachtungsverantwortung, zu der das Pflegepersonal im Rahmen der Eigenverantwortlichkeit und Mitwirkung verpflichtet ist. Die Beobachtungsverantwortung umfasst sowohl die Situation des Patienten als auch alle Umstände, die seine Gesundheit beeinflussen können.

Hiermit ist gemeint, dass Mängel in der Behandlungs- oder Pflegeleistung gegenüber dem jeweils Durchführenden mitgeteilt werden müssen. Wenn dieser den Fehler jedoch nicht eingesteht, muss die Information über den Mangel und die Gefährdung des Patienten an die nächste Instanz, entweder Abteilungsleitung oder bei einem ärztlichen Behandlungsfehler an den zuständigen Arzt, weitergeleitet werden (◘ Abb. 24).

Der Patient setzt voraus, dass alle gesetzlichen Anforderungen im Rahmen seiner Pflege berücksichtigt werden.

Pflege im Spannungsfeld Recht

§ Altenpflegegesetz
§ Arbeitsgesetze
§ Beitragssicherungsgesetz
§ Berufsordnungen
§ Betreuungsgesetz
§ Bürgerliches Gesetzbuch
§ Fallpauschalengesetz
§ Gesundheitsmodernisierungsgesetz
§ Gesundheitsstrukturgesetz
§ Gesundheitsreformgesetz
§ Grundgesetz
§ GKV-Wettbewerbsstärkungsgesetz

§ Heimgesetz
§ Infektionsschutzgesetz
§ Krankenpflegegesetz
§ 2. Medizinproduktegesetz
§ Patientenrechte
§ Pflege-Korrekturgesetz
§ Pflegeleistungsergänzungsgesetz
§ Pflegeleistungsverbesserungsgesetz
§ Pflegequalitätssicherungsgesetz
§ Pflegeversicherungsgesetz
§ Schadenersatzgesetz
§ Strafgesetzbuch

◘ **Abb. 24.** Spannungsfeld Recht

Verletzung der Sorgfaltspflicht (Beispiele)

- Verspätete Reaktion einer Krankenschwester bei Herzstillstand eines Patienten
- Injektion eines Penizillinpräparats bei Patienten mit einer Penizillinallergie
- Dekubitus bei mangelnder Dokumentation des Risikos und der Maßnahmen
- Krankenschwester verletzt bei Injektion einen Nerv
- Falsche Lagerung des Patienten führt zu Kontrakturen
- Krankenschwester führt die richtige Anordnung des Arztes falsch aus (Medikament vertauscht)
- Einsatz von unsterilen Instrumenten

▶ Aufgabenstellung, Dekubitus, Dokumentation, Haftung, Fahrlässigkeit, Remonstration, Sturz

Notizen für den Alltag

Standards

Unter rechtlichen Aspekten hat der Patient Anspruch auf eine Pflege nach aktuellem Stand der medizinischen und pflegerischen Wissenschaft. Standards und Leitlinien sind in der Umsetzung dieser Anforderung ein wesentliches Anleitungs- und Koordinationsinstrument für pflegerisches Handeln (■ Abb. 25). Sie beschreiben jeweils den Maßstab für die sorgfältige Durchführung im Sinne von §§ 276, 278 BGB.

Wirkung von Standards

- Adaption an aktuelle wissenschaftliche Erkenntnisse
- Festlegung des professionellen Niveaus
- Systematisierung der Handlungsfelder
- Methodische Sicherheit
- Verhaltensregeln
- Konkretisierung der Verantwortung professionell Pflegender
- Koordination zwischen den verschiedenen Professionen und Angehörigen
- Überprüfbarkeit der Wirkung von Maßnahmen
- Berücksichtigung der Rechtsprechung
- Beweisführung im Zusammenwirken mit der Dokumentation bei rechtlichen Auseinandersetzungen
- Umsetzung von Gesetzen und Verordnungen
- Ökonomische Auswirkungen
- Kriterien bei Qualitätsprüfungen
- Verbraucherschutz

Kommt es zu strafrechtlichen bzw. zivilrechtlichen Auseinandersetzungen und liegen keine Standards für den zutreffenden Pflegebereich und die Tätigkeiten vor, so wird von Seiten der Anklage jeweils auf den aktuellen Stand der Technik und Wissenschaft zurückgegriffen, der sich aus umfangreichen Veröffentlichungen ableiten lässt.

So ist beispielsweise die ventro-gluteale-intramuskuläre Injektion nach Hochstetter bzw. die Technik nach Lanz-Wachsmuth aufgrund der Veröffentlichungen in den vergangenen 30 Jahren heute als Standard zu sehen, die Durchführung der veralteten und mit hoher Komplikationsrate be-

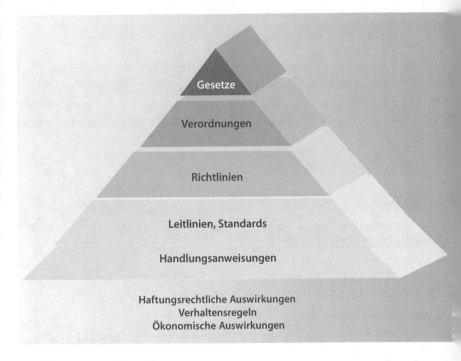

Abb. 25. Standard-Pyramide

setzten intraglutealen Injektion hiermit jedoch »Kunstfehler«. Wenn aus Gründen, die in der Situation des Patienten liegen, z. B. wegen eines Verbandes, eine andere Applikationsstelle gewählt wird, so ist dieses Handeln zu dokumentieren.

Standardfelder

— Strukturstandards: u. a. Rahmenbedingungen, Räumlichkeiten, Organisationsstruktur und Personalqualifikation
— Prozessstandards: u. a. Vorgaben pflegerischen Handelns, in Verbindung mit der Pflege-Ziel-Formulierung, den entsprechenden Maßnahmen und den einzelnen Tätigkeiten
— Ergebnisstandards: u. a. das angestrebte Ziel der Maßnahme und Überprüfbarkeit zwischen Ziel und Situation (Evaluation)

Nationale Expertenstandards
Qualitätsentwicklung und -sicherung

Professionalität

Chronische Wunden	2007
Kontinenzförderung	2005
Sturzprophylaxe	2004
Schmerzmanagement	2003
Entlassungsmanagement	2002
Dekubitusprophylaxe	2000

�‍ Abb. 26. Nationale Expertenstandards

Standards legen für Pflegende ein Anforderungsprofil im Sinne des Alten-pflegegesetzes § 3 und das Krankenpflegegesetzes § 3 fest. Unter juristischen Aspekten werden Standards als Kriterien qualifizierter Leistung im Sinne der Beweislastumkehr herangezogen. Darüber hinaus gelten Standards als Modul des Qualitätsmanagements und der Qualitätssicherung.

Pflegende, die von einem festgeschriebenen und per Dienstanweisung verabschiedeten Standard abweichen, haben dieses im Haftungsfall zu rechtfertigen. Handelt eine Pflegeperson nicht standardgerecht, sei es weil die individuelle Situation eines Patienten dies erfordert oder aus der Erfahrung des Pflegenden heraus, so muss diese Standardabweichung schriftlich fixiert werden.

Das Deutsche Netzwerk für Qualitätsentwicklung in der Pflege (DNQP) hat seit dem Jahr 2000 sechs Expertenstandards entwickelt, konsertiert und implementiert. Gefördert wurde das Projekt durch das Bundesministerium für Gesundheit und soziale Sicherung im Rahmen eines »Modellprogramms zur Förderung der medizinischen Qualitätssicherung« (◍ Abb. 26).

Die Expertenstandards basieren auf einer umfangreichen Literaturanalyse der nationalen und internationalen Fachliteratur sowie auf randomisierten, kontrollierten Studien und Praxisexpertisen von Mitgliedern der jeweiligen Arbeitsgruppen. Sie enthalten inhaltlich und formal eine eindeutige Standardaussage, die Begründung und die Struktur-, Prozess- und Ergebniskriterien.

Expertenstandards

Nachstehend sind die Standardaussagen und Begründungen zu den vorhandenen Expertenstandards aufgeführt.

Expertenstandard Dekubitusprophylaxe in der Pflege
(Stand: Februar 2004)

Standardaussage: Jeder dekubitusgefährdete Patient/Betroffene erhält eine Prophylaxe, die eine Entstehung des Dekubitus verhindert.

Begründung: Ein Dekubitus gehört zu den gravierenden Gesundheitsrisiken hilfe- und pflegebedürftiger Patienten/Betroffener. Angesichts des vorhandenen Wissens über die weitgehenden Möglichkeiten der Verhinderung eines Dekubitus ist die Reduzierung auf ein Minimum anzustreben. Von herausragender Bedeutung ist, dass das Pflegefachpersonal die systematische Risikoeinschätzung, Schulung von Patient/Betroffenen, Bewegungsförderung, Druckreduzierung und die Kontinuität prophylaktischer Maßnahmen gewährleistet.

Expertenstandard Entlassungsmanagement in der Pflege
(Stand: April 2004)

Standardaussage: Jeder Patient mit einem poststationären Pflege- und Unterstützungsbedarf erhält ein individuelles Entlassungsmanagement zur Sicherung einer kontinuierlichen bedarfsgerechten Versorgung.

Begründung: Versorgungsbrüche bei der Entlassung bergen gesundheitliche Risiken und führen zu unnötiger Belastung von Patienten und ihren Angehörigen sowie zu hohen Folgekosten. Mit einem frühzeitigen und systematischen Assessment sowie Beratungs-, Schulungs- und Koordinationsleistungen und abschließender Evaluation trägt die Pflegefachkraft dazu bei, Versorgungskontinuität herzustellen.

Expertenstandard zum Schmerzmanagement in der Pflege
(Stand: Mai 2005)

Standardaussage: Jeder Patient/Betroffene mit akuten oder tumorbedingten chronischen Schmerzen sowie zu erwartenden Schmerzen erhält ein angemessenes Schmerzmanagement, das dem Entstehen von Schmerzen vorbeugt, sie auf ein erträgliches Maß reduziert oder beseitigt. **Begründung:** Eine unzureichende Schmerzbehandlung kann für Patienten/Betroffene gravierende Folgen haben, z. B. physische und psychische Beeinträchtigungen, Verzögerungen des Genesungsverlaufs oder Chronifizierung der Schmerzen. Durch eine rechtzeitig eingeleitete, systematische Schmerzeinschätzung, Schmerzbehandlung sowie Schulung und Beratung von Patienten/Betroffenen und ihren Angehörigen tragen Pflegefachkräfte maßgeblich dazu bei, Schmerzen und deren Auswirkungen zu kontrollieren bzw. zu verhindern.

Expertenstandard Sturzprophylaxe in der Pflege (Stand: Februar 2006)

Standardaussage: Jeder Patient/Bewohner mit einem erhöhten Sturzrisiko erhält eine Sturzprophylaxe, die Stürze verhindert oder Sturzfolgen minimiert.

Begründung: Stürze stellen insbesondere für ältere und kranke Menschen ein hohes Risiko dar. Sie gehen häufig mit schwerwiegenden Einschnitten in die bisherige Lebensführung, einher, die von Wunden und Frakturen über Einschränkung des Bewegungsradius infolge verlorenen Vertrauens in die eigene Mobilität bis hin zum Verlust einer selbständigen Lebensführung reichen. Durch rechtzeitige Einschätzung der individuellen Risikofaktoren, eine systematische Sturzerfassung, Information und Beratung von Patienten/Bewohnern und Angehörigen sowie gemeinsame Maßnahmenplanung und Durchführung kann eine sichere Mobilität gefördert werden.

Expertenstandard Förderung der Harnkontinenz in der Pflege (Stand April 2007)

Standardaussage: Bei jedem Patienten wird die Harnkontinenz erhalten oder gefördert. Identifizierte Harnkontinenz wird beseitigt, weitestgehend reduziert bzw. kompensiert.

Begründung: Harninkontinenz ist ein weit verbreitetes pflegerelevantes Problem. Für die betroffenen Menschen ist sie häufig mit sozialem Rückzug, sinkender Lebensqualität und steigendem Pflegebedarf verbunden. Durch frühzeitige Identifikation von gefährdeten und betroffenen Patienten und Bewohnern und der gemeinsamen Vereinbarung von spezifischen Maßnahmen kann dieses Problem erheblich positiv beeinflusst werden. Darüber hinaus können durch Inkontinenz hervorgerufene Beeinträchtigungen reduziert werden.

Expertenstandard Pflege von Menschen mit chronischen Wunden (Entwurf Stand August 2007)

Standardaussage: Jeder Patient/Bewohner mit einer chronischen Wunde vom Typ Dekubitus, Ulcus cruris venosum/arteriosum/mixtum oder diabetisches Fußsyndrom erhält eine pflegerische Versorgung, die seine Lebensqualität fördert, die Wundheilung unterstützt und Rezidivbildung sowie die Neuentstehung von Wunden vermeidet.

Begründung: Chronische Wunden führen, insbesondere durch Schmerzen, Einschränkung der Mobilität, Wundexsudat und -geruch, zu erheblichen Beeinträchtigungen der Lebensqualität. Durch die Anleitung und Beratung des Patenten/Bewohners und seiner Angehörigen zu alltagsorientierten Maßnahmen im Umgang mit der Wunde und ihren Auswirkungen können die Fähigkeiten zum Selbstmanagement so verbessert werden, dass sich positive Effekte für Wundheilung und Lebensqualität ergeben. Des Weiteren verbessern sachgerechte Beurteilung und phasengerechte Versorgung der Wunde sowie regelmäßige Dokumentation des Verlaufs die Heilungschancen.

Unter rechtlichen Aspekten sind die genannten Standards nach deren Veröffentlichung in der Fachliteratur für alle Pflegenden in Deutschland verbindlich und gelten bei Haftungsprozessen als Grundlage anerkannter pflegewissenschaftlicher Erkenntnisse. Einrichtungseigene Standards müssen auf der Grundlage dieser nationalen Standards erstellt werden oder auf diesen basieren. Der Patient hat Anspruch auf eine am aktuellen Standard orientierte Pflege im Rahmen der einzelnen diagnostischen, therapeutischen und pflegerischen Maßnahmen. In der Dokumentation ist darauf zu verweisen, und nur bei Abweichungen ist eine erweiterte Formulierung aufzunehmen.

Schritte zur Umsetzung

Synopse erstellen

Das Pflegemanagement einer Einrichtung analysiert den Standard (Standardkriterien und Kommentierung) mittels Vergleich der Standardanforderungen mit der aktuellen Situation in der Pflegepraxis. Ergebnis der Analyse ist eine Synopse der Standardanforderungen mit den einrichtungsinternen Gegebenheiten.

Maßnahmenplan erstellen

Das Pflegemanagement gründet eine Arbeitsgruppe mit Vertretern aller betroffenen Gesundheitsberufe und Abteilungen. In die Arbeitsgruppe müssen, e nach Standardanforderung, auch externe Einrichtungen mit einbezogen werden. Die Arbeitsgruppe erstellt auf Basis der Synopse einen Maßnahmenplan, der die vollständige Umsetzung des Standards entsprechend den einrichtungsinternen Erfordernissen ermöglicht.

Praxistest und Anpassung der Maßnahmen
Bevor die Maßnahmen verbindlich in der Einrichtung eingeführt werden, sind sie von den Mitgliedern der Arbeitsgruppe in deren Bereichen auf ihre Praxistauglichkeit hin zu testen. Die Ergebnisse fließen in den Maßnahmenplan.

Verfahrensanweisung zur einrichtungsinternen Umsetzung
Die Arbeitsgruppe erstellt unter Federführung des Pflegemanagements eine Verfahrensanweisung zur einrichtungsinternen Umsetzung des nationalen Expertenstandards und legt den Starttermin fest. Ein Informations- und Schulungsplan wird erstellt und bis zum Starttermin umgesetzt.

Umsetzung des nationalen Expertenstandards
Der nationale Expertenstandard wird verbindlich ab dem festgelegten Starttermin umgesetzt. Die Mitglieder der Arbeitsgruppe stehen den Kollegen für Fragen bei der einrichtungsweiten praktischen Umsetzung zur Verfügung.

Evaluation der Umsetzung
Das Pflegemanagement begleitet die praktische Umsetzung in den ersten 6 Monaten engmaschig. Dazu gehören:

- Monatliche Dokumentationsanalysen durch Qualitätsbeauftragte oder im Team benannte Pflegekräfte. Hilfreich sind kurze Ergebnisberichte der Dokumentationsanalysen, die vom Pflegemanagement gebündelt werden und die einrichtungsinterne Umsetzung dokumentieren. Nach den ersten 6 Monaten sind halbjährliche Dokumentationsanalysen per Stichprobe ausreichend.
- Jährliche Befragungen der Mitarbeiter zum Fortbildungsbedarf. Aus den vorgenannten Maßnahmen können dauerhaft Bildungskonzepte abgeleitet werden, die die Umsetzung des nationalen Expertenstandards begleiten.

> **Tipps**
> Achten Sie bitte darauf, ihre Standards aktuell zu halten, und adaptieren Sie Ihre Standards an den Expertenstandards.

Die Expertenstandards sind zu beziehen unter:
  Deutsches Netzwerk für Qualitätsentwicklung in der Pflege (DNQP)
  Fachhochschule Osnabrück, Fachbereich Wirtschaft
  Postfach 1940
  49009 Osnabrück
  Fax: 0541/969-2971
  E-Mail: dnqp@fh-osnabrueck.de
  Internet: http//www.dnqp.de

▶ Beweislast, Dekubitus, Dokumentation, Injektion, Sturz

Notizen für den Alltag

Sterbehilfe/Abbruch lebenserhaltender Maßnahmen

Patientenverfügung

Beispiel

Fall: Es geht um die Zulässigkeit der »passiven Sterbehilfe« durch Abbruch der künstlichen Ernährung. Der Betroffene erlitt im November 2000 einen Gehirnschaden und liegt seitdem im Koma. Er wird künstlich ernährt. Eine Besserung seines Zustandes ist nicht zu erwarten. Bereits 1998 hatte der Betroffene in einer »Patientenverfügung« festgelegt, dass er im Falle einer irreversiblen Bewusstlosigkeit oder anderer unheilbarer Krankheiten lebensverlängernde Maßnahmen ablehne. Im April 2002 beantragte sein Sohn, als dessen Betreuer, die Einstellung der künstlichen Ernährung. Der Antrag wurde von AG und LG abgelehnt, da hierfür keine Rechtsgrundlage vorliege. Im Verfahren über die weitere Beschwerde legte das OLG dem BGH die Sache nach § 28, II FGG zur Entscheidung vor.

Der Betreuer benötigt zum Abbruch von lebenserhaltenden Maßnahmen die Genehmigung des Vormundschaftsgerichtes. Dieses muss über den Antrag des Betreuers entscheiden.

1. Die gegen eine weitere künstliche Ernährung des Betroffenen gerichtete Entscheidung des Betreuers ist nicht nur deshalb einer Zustimmung des Vormundschaftsgerichtes entzogen, weil sie sich rechtlich als ein Unterlassen darstellt. Die Fortführung der künstlichen Ernährung bedarf der Einwilligung des Patienten oder – wenn dieser dazu selbst nicht in der Lage ist – der seines Betreuers. Diese Einwilligung hat der Betreuer mit dem Antrag auf Abbruch der künstlichen Ernährung verweigert, was sich mit dem zuvor geäußerten Patientenwillen deckt. Die Überprüfung dieser unterlassenen Einwilligung auf ihre Rechtmäßigkeit hin ist schon von vornherein dem Vormundschaftsgericht entzogen.

2. Ein Tätigwerden des Vormundschaftsgerichtes wird auch nicht dadurch ausgeschlossen, dass eine Entscheidung gegen die Fortführung der künstlichen Ernährung des Betroffenen höchstpersönlicher Natur ist. Der Betreuer ist dazu berufen, den Willen des Betroffenen umzusetzen. Dies

beinhaltet auch höchstpersönliche Entscheidungen. Er trifft dabei keine eigene Entscheidung, sondern setzt nur eine zuvor getroffene höchstpersönliche Entscheidung des Betroffenen um.

Die richtige Umsetzung des Willens des Betroffenen ist aber ein Gegenstand der vormundschaftsgerichtlichen Überprüfung. Eine Entscheidung des Vormundschaftsgerichts ist auch nicht deshalb ausgeschlossen, weil es etwa an Kriterien für die Überprüfung eines solchen Antrages fehlt. Der BGH hat in einer Strafsache entschieden, in welchen Fällen eine »Sterbehilfe« straflos bleibt. Danach muss die Krankheit einen irreversiblen, tödlichen Verlauf angenommen haben und der Abbruch lebenserhaltender Maßnahmen dem Willen des Patients entsprechen. Diese Maßstäbe müssen nach dem Grundsatz der Einheit der Rechtsordnung auch für das Zivilrecht gelten. Bei der Ermittlung des Willens des Betroffenen – wenn dieser selbst nicht entscheiden kann – muss sich der Betreuer anhand des Maßstabes aus § 1901 BGB am »Wohl des Betreuten« orientieren.

Ein so ermittelter mutmaßlicher Wille kann aber nur dann hilfsweise Berücksichtigung finden, wenn der Betroffene bereits zuvor, etwa mittels einer »Patientenverfügung«, eine Entscheidung getroffen hart. Trotz dieser Bindung des Betreuers an den Willen des Betroffenen bedarf die Entscheidung des Betreuers aber dennoch der vormundschaftlichen Genehmigung. In diesem Verfahren kann geprüft werden, ob der Betreuer den Willen des Patienten zutreffend ermittelt hat und ob die Einstellung der Behandlung auch in dem konkreten Falle vom Betroffenen gewünscht ist.

3. Die Rechtsgrundlage für eine Entscheidung des Vormundschaftsgerichts lässt sich allerdings nicht aus § 1904 BGB ableiten. Auch eine analoge Anwendung der Vorschrift scheitert, da ein Behandlungsabbruch genau die gegenteilige Situation zu dem in § 1904 BGB beschriebenen Fall ist, in dem der Patient vor Risiken für seine Gesundheit geschützt werden soll.

4. Die Vormundschaftsgerichtliche Zuständigkeit für die Entscheidung über den Abbruch lebenserhaltender Maßnahmen ergibt sich vielmehr im Wege der Rechtsfortbildung. Einer solchen stehen die Regelungen des Betreuungsgesetzes nicht entgegen, da die Frage nach der Genehmigungsfähigkeit eines Behandlungsabbruchs nicht generell ist. Auch der Gesetzesvorbehalt aus Artikel II 3 GG hindert eine Rechtsfortbildung nicht. Die Prüfungszuständigkeit des Vormundschaftsgerichtes greift nicht in die Rechte des Betroffenen ein, sondern schützt vielmehr dessen Grundrechte, da so die Übereinstimmung der Entscheidung des Betreuers mit

dem Willen des Betroffenen geprüft wird. Allerdings ist das Vormundschaftsgericht nur in den Fällen zu einer Entscheidung über den Behandlungsabbruch berufen, in denen auch ein ärztliches Behandlungsangebot besteht.

5. Die Einwilligung des Betreuers in die Einstellung lebenserhaltender Maßnahmen unterliegt damit der Kontrolle durch das Vormundschaftsgericht. Bis dieses den Behandlungsabbruch genehmigt, sind lebenserhaltende Maßnahmen auch ohne Einwilligung des Betreuers durchzuführen. Im vorliegenden Fall wird daher die Sache an das Amtsgericht zurückgewiesen, das nun den Antrag des Betreuers zu prüfen hat (BGH, Urteil vom 17.03.2003, AZ: XIIZB 2/03).

Notizen für den Alltag

Sturz

Schätzungen ergaben, dass jährlich in Deutschland mehr als 100.000 alte Menschen über 65 Jahre einen Hüftbruch erleiden. Darüber hinaus kommt es häufig zu schweren Schädelverletzungen. Neben dem Leid für die Betroffenen – und den Haftungsprozessen – entstehen in der Versorgung Folgekosten in Höhe von über € 1 Mrd.

Sturzprävention ist daher eine wichtige pflegerische Aufgabe. Die Schadenersatzforderungen gegen Alten- und Pflegeheime, hier insbesondere Regressansprüche durch die Krankenkassen, haben stark zugenommen. Bei gerichtlichen Auseinandersetzungen geht es immer darum, ob und inwiefern Sorgfalts- und Aufsichtspflichten seitens der Träger und des Pflegepersonals gegenüber gefährdeten Patienten verletzt worden sind.

Die Vorwürfe sind im Wesentlichen:

- Keine Sturzanamnese bei Aufnahme
- Keine Kenntnis und Berücksichtigung der Mitarbeiter über den Inhalt der MDK-Gutachten zur besonderen Pflegebedürftigkeit
- Unzureichende Kommunikation mit dem behandelnden Arzt
- Mangelhafte Dokumentation
- Nichtbeachtung medikamentöser Beeinträchtigung
- Nichtbeachtung vorangegangener Stürze
- Unzureichende Hilfestellung durch das Pflegepersonal (Reichte die Begleitung durch eine Person aus?)
- Kein Sturzprotokoll

> **Beispiel**
>
> **Fall 1:** Eine Bewohnerin im Altenheim bricht sich bei einem Sturz beide Beine. Wenige Tage später verstirbt sie im Krankenhaus an den Folgen der Verletzungen. Im Rahmen einer Strafanzeige wegen fahrlässiger Tötung wird gegen eine Krankenschwester ermittelt. Die Heimleitung stellt fest, dass, entgegen der Anordnung der Heimleitung, die Patientin immer mit zwei Pflegekräften zum Bad zu begleiten, die Frau von der Krankenschwester nur alleine gestützt wurde. Dabei war die Patientin zusammengesackt und zu Boden gestürzt. Der Krankenschwester wird gekündigt.
>
> ▼

Fall 2: Eine Altenheimbewohnerin, Pflegestufe III, stürzt vom Toilettenstuhl und erleidet einen Schenkelhalsbruch, nachdem sie ca. 10 Minuten unbeaufsichtigt war. Die Staatsanwaltschaft ermittelt gegen den Altenpflegehelfer wegen fahrlässiger Körperverletzung (§ 229 StGB). Hierbei geht es auch um die Verantwortung der Wohnbereichsleitung.

Urteil 1: Bekommt ein Patient im Krankenhaus bei einer Bewegungs- und Transportmaßnahme der ihn betreuenden Krankenschwester aus ungeklärten Gründen das Übergewicht und stürzt, so ist es Sache des Krankenhausträgers aufzuzeigen und nachzuweisen, dass der Vorfall nicht auf einem pflichtwidrigen Verhalten der Pflegekraft beruht (BGH, Urteil vom 18.12.1990, VIZR169/90, OLG Düsseldorf, LG Kleve).

Urteil 2: In dem Rechtsstreit hatte eine Krankenkasse gegen ein Altenheim auf Kostenersatz für zusätzliche Heilmaßnahmen geklagt. Die Berufung des Altenheimes war erfolgreich.

Zur Urteilsbegründung: Die Klägerin hat gegen die Beklagte unter keinem rechtlichen Gesichtspunkt Anspruch auf Kostenersatz für Heilmaßnahmen für ihr in dem von der Beklagten betriebenen Altenwohnheim lebendes und dort verunfalltes Mitglied. Der Beklagte bzw. den Mitarbeitern des Altenwohnheimes ist eine Verletzung ihrer Pflichten, insbesondere bei der Beaufsichtigung des Toilettenbesuches des Bewohners, nicht vorzuwerfen. Die Beklagte konnte sich von einem entsprechenden Vorwurf entlasten. Die Beweisaufnahme hat ergeben, dass eine Veranlassung zu ständiger Beaufsichtigung nicht vorlag. Beim plötzlichen und nicht vorhersehbaren Sturz von der Toilette mit der eingetretenen Folge handelt es sich um ein im Risiko des täglichen Lebens liegendes Unfallereignis (OLG Hamm, Urteil vom 30.04.2002, 24U87/01).

Urteil 3: Der Klägerin steht gegenüber der Beklagten kein Schmerzensgeldanspruch wegen schuldhafter Schlechterfüllung des Vertrages über die Unterbringung und Betreuung der Bewohnerin gemäß §§ 611, 276, 278, 328 BGB i.V. § 116 Abs. 1 SGB zu. Die streitgegenständlichen Verletzungen, die sich eine Patientin anlässlich des Sturzes aus dem Toilettenstuhl am 25.09 zugezogen hat, beruhen nicht auf einer schuldhaften Pflichtverletzung des Pflegepersonals der Beklagten. Es ist in der Rechtsprechung anerkannt, dass die Behandlungsweise, die Organisation von Diagnostik, Therapie und

▼

Pflege so durchzuführen ist, dass jede vermeidbare Gefährdung der Patienten ausgeschlossen ist. Eine schuldhafte Pflichtverletzung im vorgenannten Sinn kann dem Pflegepersonal der Beklagten indes nicht angelastet werden (OLG Düsseldorf, Urteil vom 16.05.2002, AZ: 13 U 2/02).

Urteil 4: Die klagende Krankenkasse forderte nach einem Sturz ihres Mitgliedes (Geschädigte) vom Betreiber eines Pflegeheimes die Erstattung von verauslagten Behandlungskosten. Der Beklagte habe seine Pflichten aus dem Pflegevertrag mit der Geschädigten schuldhaft verletzt. Eine 85-jährige Bewohnerin erhielt in dem Pflegeheim vollstationäre Pflege nach Pflegestufe II. Die Geschädigte wurde vom Pflegepersonal ständig aufgefordert zu rufen, wenn sie z. B. zur Toilette gehen oder das Bett verlassen wollte. Sie war in der Lage, die im Zimmer befindliche Klingel zu betätigen. Dennoch kam es zum Sturz. Alle drei Stürze wurden vom Nachtdienst des Heimes ohne nähere Zeitangaben dokumentiert. Beim dritten Sturz zog sich die Bewohnerin Frakturen der Halswirbelsäule mit Lähmung aller vier Extremitäten, eine respiratorische Insuffizienz und eine Lungenentzündung zu. Sie wurde ins Krankenhaus eingeliefert, wo sie 3 Monate später verstarb.

Zur Urteilsbegründung: Der Klägerin steht gemäß § 116 SGB X übergegangenem Recht der Geschädigten gegen die Beklagte (Pflegeheim) ein Schadenersatzanspruch wegen Verletzung der aus dem Pflegevertrag resultierenden Pflichten zu. Der Beklagte (Pflegeheim) hat die ihm aus dem Pflegevertrag mit der Geschädigten obliegende Pflicht, sie vor Schäden aufgrund der vorhandenen körperlichen Gebrechlichkeit zu bewahren, schuldhaft verletzt. Die Beklagte (Pflegeheim) hat nicht alles ihr Mögliche und Zumutbare getan, um die Stürze zu verhindern. Die Geschädigte war spätestens nach dem dritten Sturz für die Beklagte erkennbar akut sturzgefährdet. Der Betreiber musste insgesamt € 86.067,04 nebst Zinsen in Höhe von 4% an die Krankenkasse zahlen (OLG Dresden, AZ: 7U753/04).

Urteil 5: Verliert ein Patient im Krankenhaus bei einer Bewegungs- und Transportmaßnahme der ihn betreuenden Krankenschwester aus ungeklärten Gründen das Gleichgewicht und stürzt, so ist es Sache des Krankenhausträgers, aufzuzeigen und nachzuweisen, dass der Vorfall nicht auf einem pflichtwidrigen Verhalten der Pflegekraft beruht. Die klagende Krankenkasse verlangte aus übergegangenem Recht des bei ihr krankenversicherten

▼

Rentners von der beklagten Stiftung als Trägerin Schadenersatz wegen fehlerhafter stationärer Pflege.

Ein halbseitig gelähmter Patient stürzte beim Transport vom Nachtstuhl auf die Bettkante. Dabei erlitt er einen Oberschenkelhalsbruch am linken Bein. Für die mehrwöchige Behandlung entstanden der Krankenkasse Kosten von DM 8.022,-. Die Klägerin (Krankenkasse) hat die Beklagte auf Ersatz dieser Aufwendungen sowie auf Zahlung einer sog. Fallpauschale von DM 173,- in Anspruch genommen. Sie machte geltend, die Krankenschwester habe schuldhaft gehandelt, als sie den 60 kg schweren Patienten ohne weitere Hilfskraft habe anheben und transportieren wollen. Die Beklagte (Trägerin) hielt entgegen, die ausgeführte Tätigkeit könne ohne weiteres von einer einzelnen Pflegekraft erledigt werden. Sie habe den Patienten auch fachgerecht gefasst; die Ursache für den Sturz lasse sich nicht mehr klären.

Zur Urteilsbegründung: Das Berufungsgericht hält die Beklagte für verpflichtet, der Klägerin die Kosten für die Heilbehandlung zu ersetzen. Der Sturz sei die Folge eines auf leichter Fahrlässigkeit der Krankenschwester beruhenden Fehlverhaltens, das nach der Beweisregel des § 282, BGB festzustellen sei und für das die Beklagte aufgrund des Krankenhausaufnahmevertrages einzustehen habe. Da die Einzelheiten des Unfallablaufes nicht mehr aufzuklären seien, wirke sich zu Lasten der Beklagten aus, dass die Schadensursache aus ihrem Gefahrenbereich hervorgegangen ist. Die Krankenschwester habe in dem auf der Station geführten Berichtsbogen vermerkt, dass der Patient beim Herunternehmen vom Nachtstuhl das Übergewicht bekommen hat. Das zeige, dass sie nicht fest genug gestanden hat, um eine solche Gewichtsverlagerung auszugleichen (BGH, Urteil vom 18.12.1990, VIZR169/90 – OLG Düsseldorf/LG Kleve).

Der Expertenstandard »Sturzprophylaxe« sollte im Leistungsbereich Anwendung finden. Zur besseren Einschätzung helfen nachfolgende Faktoren weiter:

- Sturzvorgeschichte des Patienten/Bewohners
- Veränderte Beweglichkeit
- Veränderter geistiger Zustand
- Veränderte Fähigkeit der Sinne
- Nutzung von Hilfsmitteln zur Fortbewegung
- Nebenwirkungen von Medikamenten

- Sichere Umgebung (Beleuchtung, Betthöhe, freier Bettzugang)
- Rutschhemmende Schuhe
- Berücksichtigung der Erkenntnisse aus der Pflegeplanung und aus MDK-Einschätzung
- Konsequente Erstellung von Sturzprotokollen
- Dokumentation und Risikodokumentation

❯ Tipps

Die zu pflegende Person sollte immer einen Alarm (Klingel) auslösen kön-nen. Achten Sie darauf, dass Überwachungspatienten immer in Ihrer Sicht-weite sind. Der sofortige Zugang zum Bett, das Einbeziehen der Angehöri-gen sowie freiheitsentziehende Maßnahmen sind dem Notfall vorbehalten. Wenn es zu einem unvermeidbaren Sturz kommen sollte, fertigen sie sofort ein Sturzprotokoll an.

▶ Beweislast, Freiheitsentziehende Maßnahmen, Haftung, Risikodokumentation, Standards

Notizen für den Alltag

Verantwortung

Verantwortungsarten

Die Aufgabenstellung und rechtliche Würdigung in der Pflege unterliegt folgenden Kriterien:

Anordnungsverantwortung

Die Anordnungsverantwortung kommt primär in der ärztlichen Behandlung eines Patienten zum Tragen, sie liegt also beim Arzt. Dieser haftet strafrechtlich und zivilrechtlich für seine Entscheidung. Die Anordnungsverantwortung und -haftung treffen aber ebenso z. B. die Pflegedienstleitung, die eine notwendige, vom Arzt übertragene angeordnete Maßnahme oder eine Maßnahme aus dem eigenverantwortlichen Aufgabenbereich der Pflege an einen nicht ausreichend qualifizierten Mitarbeiter überträgt (■ Abb. 27). Der Arzt geht in seiner ursprünglichen Anordnung davon aus, dass die Ausführung durch eine qualifizierte Pflegeperson erfolgt.

Durchführungsverantwortung. Unter Durchführungsverantwortung ist zu verstehen, dass die Pflegeperson die volle Verantwortung für die Durchführung einer ärztlich angeordneten oder aufgrund der Pflegeeinschätzung notwendigen Maßnahme trägt. Jeweils zu beachten ist: Je höher die Qualifikation der durchführenden Pflegeperson, umso höher ist die Verantwortung. Würde z. B. von der Pflegedienstleitung angeordnet, dass ein Praktikant eine intramuskuläre Injektion verabreichen soll, so würde in diesem Falle die Durch-

§ Organisationsverantwortung und -haftung

§ Anordnungsverantwortung und -haftung

§ Durchführungsverantwortung und -haftung

■ **Abb. 27.** Verantwortung und Haftung

führungsverantwortung bei der Pflegedienstleitung liegen. Bei einem Haftungsfall wäre es so, als wenn sie selbst die Spritze verabreicht hätte. Hat eine Pflegeperson Zweifel, eine angeordnete Leistung durchführen zu können, so muss sie dieses nachweislich mitteilen bzw. die Durchführung ablehnen.

Organisationsverantwortung. Die Organisationsverantwortung und -haftung liegt primär beim Träger des Pflegedienstes, geht aber über auf die Pflegedienstleitung für den gesamten Pflegedienst, auf die jeweilige Schichtleitung für die Einsatzplanung, so auch auf die Nachtwache. Zur Organisationsverantwortung zählt etwa, ausreichend qualifizierte Mitarbeiter für den aktuellen Pflegebedarf bereitzustellen.

Beispiel

Urteil 1: Für die unzureichende Versorgung von Pflegepatienten können nach einem Urteil des OLG Karlsruhe auch Heimleiter strafrechtlich zur Verantwortung gezogen werden. Mit der Entscheidung bestätigten die Richter ein Urteil des Landgerichts Karlsruhe, das den ehemaligen Leiter eines nordbadischen Altenpflegeheims wegen fahrlässiger Körperverletzung zu einer Geldstrafe in Höhe von € 900,- verurteilt hatte.

In dem Heim war eine 76-jährige Schlaganfallpatientin so schlecht gepflegt worden, dass sie einen Dekubitus bekam, der im Krankenhaus behandelt werden musste. Die Pflegekräfte waren deshalb bereits wegen Körperverletzung rechtskräftig verurteilt worden. Das OLG begründete die strafrechtliche Verantwortlichkeit des Heimleiters u. a. damit, dass er durch sein Pflegepersonal ständig über den Zustand der Patientin informiert gewesen sei. Als direkter Vorgesetzter der Pflegekräfte trage er die Verantwortung. Spätestens bei Verschlechterung der Geschwürerkrankung hätte der Angeklagte ärztliche Hilfe holen müssen (OLG Karlsruhe, AZ: 1 Ss 84/04).

Urteil 2: Zwischen den Beteiligten war strittig, ob die Klägerin als Leiterin eines ambulanten Krankenpflegedienstes geeignet ist und ob ihr wegen der Weigerung der beklagten Ersatzkassen, diese Eignung anzuerkennen, Anspruch auf Schadenersatz zusteht. Die Klägerin hat Ausbildungen zur staatlich anerkannten Altenpflegerin und zur Arzthelferin absolviert. Sie hat an einer berufsbegleitenden Weiterbildung für Leitungskräfte in der ambulanten Pflege »Soziales Management« mit 600 Unterrichtsstunden

▼

teilgenommen. Sie war außerdem als Altenpflegerin in einem Krankenhaus, bei einem ambulanten Pflegedienst sowie als Arzthelferin beschäftigt. Einer Bescheinigung des Pflegedienstes zufolge war die Klägerin zunächst als stellvertretende Leiterin, später als verantwortliche Pflegekraft tätig. Die Klägerin behauptet, aufgrund chronischer Erkrankungen sei ihr eine weitere Beschäftigung als Altenpflegerin nur bei Vermeidung schwerer körperlicher Verrichtung möglich. Der angestrebte Einsatz als Pflegedienstleiterin bei ihrem letzten Arbeitgeber sowie die Bemühungen um Anstellung als Pflegedienstleiterin bei anderen Unternehmen der häuslichen Krankenpflege seien nur an der Weigerung sämtlicher Kassen, u. a. der beklagten Ersatzkasse, gescheitert. Die Klägerin forderte, dass ihr die Eignung als Pflegedienstleiterin eines ambulanten Krankenpflegedienstes anerkannt wird. Durch die Nichtanerkennung als Pflegedienstleitung sie ihr ein vermögenswerter Schaden in Höhe von € 58.824,50 entstanden.

Zur Urteilsbegründung: Weder das Feststellungs- noch das Schadenersatzbegehren hatten Erfolg, weil die faktische Einschränkung der Berufsfreiheit der Klägerin durch das Verwaltungshandeln der Beklagten rechtmäßig war. Die vertragliche Regelung in den einheitlich formulierten Versorgungsverträgen mit den Hamburger Pflegediensten ist mit den Vorgaben des Grundgesetzes und des SGB V vereinbar und verstößt nicht gegen höherrangiges Recht. Mit der angegriffenen vertraglichen Verpflichtung der Betreiber von ambulanten Krankenpflegediensten, nur solche Personen als leitende Pflegekraft einzustellen und zu beschäftigen, die eine Anerkennung als staatliche geprüfte/r Krankenschwester/-pfleger oder Kinderkrankenschwester/-pfleger besitzen, wird die Klägerin in ihrer Berufsausübung im Land Hamburg eingeschränkt. Das ausgebildete Altenpfleger gemäß § 71 Abs. 3 SGB XI als »verantwortliche Pflegekraft« im ambulanten und stationären Bereich der Pflegeversicherung eingesetzt werden dürfen, ließ für die Bundessozialrichter auch nicht den Schluss zu, dass dies gleichzeitig für die ambulante Krankenversorgung im Bereich der Krankenversicherung zu gelten habe.

▶ Ärztliche Anordnung, Altenpflegegesetz, Aufgabenstellung, Betriebsordnung, Delegation, Haftung, Krankenpflegegesetz, Remonstration

Verjährung

Pflegende haben in ihrer täglichen Arbeit darauf zu achten, dass Pflegedokumentationen sorgfältig archiviert werden und Standards sowie Dienstanweisungen für sie grundlegend sind. Bedeutend wird das nicht zuletzt bei Haftungsfragen, so etwa bei der Verjährung. Nach ständiger Rechtsprechung zur Verjährung ist der Wissensstand des Geschädigten oder, wenn dieser geschäftsunfähig ist, durch den gesetzlichen Vertreter über einen Behandlungsfehler entscheidend. Entscheidend für den Beginn der Verjährungsfrist ist auch die Kenntnis der anspruchbegründeten Tatsache und nicht der zutreffenden rechtlichen Würdigung. Deshalb setzt die Verjährungsfrist erst ein, nachdem der Patient als medizinischer Laie erfährt, dass vom üblichen ärztlichen oder pflegerischen Vorgehen abgewichen wurde oder Maßnahmen nicht getroffen wurden, die nach ärztlichem bzw. pflegerischem Standard zur Vermeidung oder Beherrschung von Komplikationen erforderlich waren. Laut Gesetz zur Modernisierung des Schuldrechtes mit Wirkung für medizinische Behandlungsfälle ist seit dem 01.01.2002 die Verjährungsfrist für Schadenersatzansprüche einheitlich auf 30 Jahre festgesetzt. Nachstehend die Rechtsgrundlage nach § 199, Abs. 2, BGB:

Beginn der regelmäßigen Verjährungsfrist und Höchstfristen § 199, BGB

(2) Schadenersatzansprüche, die auf der Verletzung des Lebens, des Körpers, der Gesundheit oder der Freiheit beruhen, verjähren ohne Rücksicht auf ihre Entstehung und die Kenntnis oder grob fahrlässige Unkenntnis in 30 Jahren von der Begehung der Handlung, der Pflichtverletzung oder dem sonstigen, den Schaden auslösenden Ereignis an.

Beispiel

Fall: Der Schwiegervater einer Altenpflegerin liest zufällig die Fachzeitung seiner Schwiegertochter zum Thema Injektionstechniken. Nach der Lektüre wird ihm klar, dass seine zwischenzeitlichen Lähmungserscheinungen und das ständige Kribbeln im Oberschenkel mit einer falschen Applikation von mehreren intramuskulären Injektionen in den oberen äußeren Quadranten bei Krankenhausbehandlung vor mehr als 5 Jahren zusammenhängen könnten. Er macht Schadenersatz geltend, da er neben den Schmerzen

▼

zwischenzeitlich aus seinem Skatclub ausgeschlossen wurde. Da er ständig mit der Hand zum Oberschenkel griff, mutmaßten die Skatbrüder, dass er falsch spiele.

Urteil: Im Arzt-Haftungsprozess beginnt die Verjährungsfrist deliktischer Ansprüche (3 Jahre) nicht, bevor nicht der Patient, als medizinischer Laie, Kenntnis von Tatsachen hat, aus denen sich ein Abweichen des Arztes vom ärztlichen Standard ergibt (BGH, Urteil vom 23.04.1991, VIZR161/90, Frankfurt/M.).

> **Tipps**
> Bei Verjährungsfristen von Schadenersatzansprüchen beachten Sie, dass Sie zeitnah und standardrelevant dokumentieren, um bei einem Haftungsprozess die nach aktuellem Stand der Wissenschaft zu dem Zeitpunkt durchgeführten Maßnahmen belegen zu können. Sie sollten in der Dokumentation auch vermerken, warum eine Maßnahme, z. B. spezielle Situation des Patienten, nicht nach Standard durchgeführt werden konnte.

▶ Beweislast, Dokumentation

Notizen für den Alltag

Verordnungsrichtlinien

Die Verordnungsrichtlinie Häusliche Krankenpflege nach § 92, Abs. 1, Satz 2, Nummer 6 und Abs. 7 SGB V ist am 14.05.2000 in Kraft getreten. Die Richtlinie umfasst:

- Grundlagen
- Ziele der Häuslichen Krankenpflege
- Verordnung der Häuslichen Krankenpflege
- Dauer der Verordnung Häuslicher Krankenpflege
- Genehmigung von Häuslicher Krankenpflege
- Zusammenarbeit mit Pflegediensten/Krankenhäusern
- Information der Vertragsärzte
- Inkrafttreten
- In der Anlage das Verzeichnis verordnungsfähiger Maßnahmen der Häuslichen Krankenpflege

Diese Richtlinie ist die Grundlage für alle Vertragsärzte und Ärzte in Krankenhäusern zur Verordnung Häuslicher Krankenpflege. Für diesen ambulanten krankenpflegerischen Bereich ist damit zum ersten Mal, seit dem Jahr 2000, ein verbindlicher Maßnahmenkatalog definiert worden, um Häusliche Krankenpflege durch zugelassene Pflegeeinrichtungen zu erbringen. Krankenkassen sind an diese Richtlinie gebunden und müssen, bei entsprechendem Vorliegen aller Anforderungen aus der Richtlinie, die entsprechenden Leistungen genehmigen. Häusliche Krankenpflege ist nur verordnungsfähig, wenn

- dadurch ein Krankenhausaufenthalt verkürzt wird.
- dadurch ein Krankenhausaufenthalt vermieden wird.
- ein Krankenhausaufenthalt geboten, aber nicht ausführbar ist.
- Häusliche Krankenpflege zur Sicherstellung und Unterstützung der ärztlichen Behandlung verordnet wird.

Versicherte mit einer psychischen Erkrankung müssen über eine ausreichende Behandlungsfähigkeit verfügen, um im Pflegeprozess die Fähigkeitsstörungen, die in Nummer 27a des Verzeichnisses verordnungsfähiger Maßnahmen genannt sind, positiv beeinflussen zu können. Außerdem wird erwartet, dass das mit Behandlung erfolgte Therapieziel von dem Versicherten manifest umgesetzt werden kann. Alle Verordnungen der Häuslichen Krankenpflege kön-

…en auf dem jeweils dafür vorgeschriebenen Formblatt eingetragen werden. Spezielle, fachliche Leistungen können nur durch entsprechend ausgebildete Fachärzte verordnet werden (z. B. psychiatrische Krankenpflege, Augenheilkunde, Urologie usw.).

Am 16.03.2007 hat der Gemeinsame Bundesausschuss der Ärzte und Krankenkassen beschlossen, dass im Einzelfall auch Maßnahmen, die nicht im Verzeichnis der Richtlinie Häusliche Krankenpflege aufgeführt sind, durch ärztliche Begründung den Leistungen der Häuslichen Krankenpflege zugeordnet werden können. Mit dieser Klarstellung ist ein jahrelanger Streit gerade bei krankheitsspezifischen Pflegemaßnahmen zu Ende gegangen.

> Tipps

Anbieter in der Häuslichen Krankenpflege sollten unbedingt die Richtlinie kennen und ihren Mitarbeitern zugänglich machen. Nur wenn Sie wissen, wo die gesetzlichen und vertraglichen Grundlagen der Einrichtung sind, können Sie beurteilen, ob die durchgeführten, verordneten und beantragten Leistungen eine gesetzliche bzw. vertragliche Grundlage haben.

Notizen für den Alltag

Versicherungsschutz

Pflegende werden häufig mit zivilrechtlichen Schadenersatzhaftungsklagen konfrontiert, nicht nur in ihrem eigenverantwortlichen Aufgabenfeld, sondern vor allem auch wenn sie ärztliche Anordnungen ausführen. Hierbei geht es aufgrund des geschlossenen Vertrages um die direkten Schadenersatzansprüche von Patienten/Bewohnern oder deren Angehörigen gegen die Pflegeperson oder gegen die Einrichtung. Auch wenn der Träger der Einrichtung eine Haftpflichtversicherung für seine Mitarbeiter abgeschlossen hat, kann eine fehlerhaft handelnde Pflegeperson vom Arbeitgeber bzw. seiner Versicherung in Regress genommen werden (▶ Arbeitnehmerhaftung). Viele Einrichtungen haben jedoch keine Haftpflichtversicherung für ihr Personal abgeschlossen.

Sowohl bei strafrechtlichen als auch bei zivilrechtlichen Verfahren entsteht unabhängig von der eventuell vom klagenden Patienten/Bewohner geforderten Schadenssumme für die Einrichtung oder verantwortliche Pflegekraft ein hoher finanzieller Aufwand. Es empfiehlt sich daher, für jede einzelne Pflegeperson eine eigene Rechtschutzversicherung und Berufshaftpflichtversicherung abzuschließen.

Bei der **Haftpflichtversicherung** wäre beispielhaft folgender Versicherungsschutz gewährleistet:

- Befriedigung begründeter Ansprüche insbesondere etwaiger Rückgriffsansprüche des Dienstherren
- Die Kosten einer von der Gesellschaft verlangten oder von ihr genehmigten Strafverteidigung
- Schäden am Eigentum der Dienststelle oder den Versicherten (Pflegeperson) anvertrauten Sachen
- Die Deckungssummen betragen beispielhaft:
  - für Personenschäden: € 3 Mio.
  - für Sachschäden: € 1 Mio.
  - für Vermögenschäden: € 55.000,-
  - und bei einigen Versicherungen auch das Risiko des Schlüsselverlusts

Mit einer **Rechtschutzversicherung** werden Arbeitsrecht, Strafrecht, Zivilrecht und Sozialrecht abgedeckt. Bei Berufs- und Pflegeverbänden ist die Haftpflichtversicherung aufgrund der Gruppenversicherungsverträge im Rahmen der Mitgliedschaft beinhaltet.

— **Beispiel** —————————————————————

Fall: Eine Krankenschwester soll für die verspätete Reanimation einer Patientin verantwortlich sein. Der Ehemann der Verstorbenen fordert € 3,- Mio. Schmerzensgeld und Schadenersatz mit der Begründung, dass seine Frau als Boutiquenbesitzerin diese Summe in den folgenden 30 Jahren hätte erwirtschaften können.

> **Tipps**

Informieren Sie sich bei Ihrem Pflegedienst über die Haftpflichtversicherungsregelung für Mitarbeiter. Nutzen Sie zu Ihrer eigenen Sicherheit die Möglichkeit, eine Rechtschutz- und Berufshaftpflichtversicherung abzuschließen. Beachten Sie, dass beim versicherten Risiko auch die grobe Fahrlässigkeit berücksichtigt ist.

▶ Arbeitnehmerhaftung, Haftung

Notizen für den Alltag

Verwahrlosung

In der ambulanten Pflege können Handlungsbedarf und der verordnete oder beauftragte Handlungsbereich auseinanderklaffen. So kann es in der Häuslichen Krankenpflege (SGB V) unter Umständen vorkommen, dass eine medizinisch notwendige Leistung entweder vom Arzt nicht verordnet oder von der Krankenkasse nicht genehmigt wird. Viel häufiger geschieht dies bei der Pflegeversicherung (SGB XI), wenn der Pflegedienst den Pflegebedarf fachkompetent ermittelt, der Patient aber nicht die Leistungen abfordert, die dringend notwendig wären, sondern nur das, was er bezahlen möchte bzw. kann.

Gleiches gilt für Fälle, in denen Leistungen nach SGB V beim Patienten durchgeführt werden, eine Pflegestufe zwar vorliegt, aber diese in Form von Geldleistungen an den Patienten, Ehepartner oder Angehörige fließen. Bei einer Krankenhauseinweisung oder beim Besuch des MDK, des Amts- bzw. Hausarztes fällt dann auf die professionellen Pflegedienste oft ein schlechtes Licht. Auch Angehörigen ist manchmal nicht verständlich, warum trotz regelmäßigen Besuchs vom Pflegedienst der Patient verwahrlosen kann. Das Problem der ambulanten Pflege ist hier, dass sie sehr eng und sektoral an Verordnungen bzw. ausgewählte Einzelleistungen gebunden ist, wenn Behandlungen bzw. Dienstleitungen durchgeführt werden. Doch von allen wird der ganzheitliche Ansatz erwartet. So kann es durchaus passieren, dass trotz optimaler medizinischer Betreuung durch den Pflegedienst eine Verwahrlosung in der Körperhygiene, des Haushaltes, also der hauswirtschaftlichen Versorgung, eintritt.

Pflegedienste sind verpflichtet, in solchen Fällen schriftlich zu dokumentieren, dass sie Patienten, Partner und Angehörige, den behandelnden Hausarzt sowie Kostenträger auf die Mangelversorgung hingewiesen haben. Nach § 12 SGB XI hat die Pflegekasse den Sicherstellungsauftrag. Auch ist zu ermitteln, wer gemäß § 37 SGB XI die halbjährlichen (Stufe I und II) bzw. vierteljährlichen (Stufe III) Beratungseinsätze bei dem Geldleistungsempfänger durchführt.

> ● Tipps
> Der beauftragte Pflegedienst hat die Pflicht zu prüfen, ob die Pflege durch Laienkräfte ausreichend und optimal durchgeführt wird. Der Pflegedienst sollte außerdem klarstellen, dass er bei unzumutbaren hygienischen Ver-

hältnissen die entsprechende Behörde des Gesundheitsamts informiert. Kommen Sie dieser Pflicht nicht nach bzw. können Sie Ihre Einwände nicht nachvollziehbar belegen, haften Sie in diesem Fall auch für die daraus entstehenden Folgen.

➤ Beweislast, Remonstration

Notizen für den Alltag

Wegeunfall

Da die Mitarbeiter den ganzen Tag unterwegs sind, spielen Wegeunfälle in der ambulanten Pflege eine zentrale Rolle. Jährlich werden ca. 200.000 Wegeunfälle gemeldet. Entscheidend ist hier, dass der Pflegedienst regelt, wann die Arbeitszeit beginnt und wann sie endet. Gleichzeitig wird damit deutlich, ob es sich im Falle eines Wegeunfalls um Wegezeiten innerhalb oder außerhalb der Arbeitszeit handelt. Ambulante Pflegedienste sind gehalten, hier klare Regelungen z. B. im Rahmen einer Betriebsordnung bzw. Dienstwagenordnung zu treffen.

Wegeunfälle sind Unfälle, die Beschäftigte auf dem Weg zu oder von der Arbeit erleiden. Versichert sind auch Umwege, die z. B. nötig werden, um Kinder vor Beginn der Arbeitszeit in den Kindergarten oder in die Schule zu bringen, bei Fahrgemeinschaften, bei Umleitungen, weil der Arbeitsplatz über einen längeren Weg schneller erreicht werden kann. Versichert ist nicht nur die eigentliche Arbeit des Beschäftigten, sondern auch die Wege des Arbeitnehmers von seiner Wohnung zur Arbeitsstätte und von dieser zu seiner Wohnung (§ 8 II SGB VII). Die Hin- und Rückfahrt zur Wohnung während der Mittagspause sind nach der Rechtsprechung in die versicherten Wege eingeschlossen.

Beispiel

Urteil 1: Auf dem Heimweg von einem betrieblichen Richtfest legte ein Zimmermann mitten auf der Fahrbahn eine Pause zum Urinieren ein und wurde dabei angefahren. Das Landessozialgericht Rheinland-Pfalz in Mainz sprach ihm für diesen »Arbeitsunfall« jetzt Versicherungsschutz durch die gesetzliche Unfallversicherung zu. Anders als die Berufsgenossenschaft erkannte das Gericht in seiner Entscheidung einen Zusammenhang mit der beruflichen Tätigkeit des Zimmerers. Die Verrichtung der Notdurft auf dem Heimweg sei nicht anders zu beurteilen als beispielsweise das Einwerfen eines Briefes oder der Kauf einer Zeitung. In beiden Fällen werde der Versicherungsschutz nicht unterbrochen. Als unerheblich werteten die Richter, dass der Zimmerer auf der Straßenmitte urinierte. Zweck des Richtfestes sei es auch gewesen, die Laune der Mitarbeiter zu heben. Daher sei es nichts Ungewöhnliches, wenn die gute Laune sich in »Späßen« und »Scherzen«

▼

der Beschäftigten auswirke. Der erforderliche Zusammenhang zum Richtfest und damit zum Beruf des Zimmerers habe mithin fortbestanden (LSG Rheinland-Pfalz, AZ: L3U145/94).

Urteil 2: Für den Versicherungsschutz eines zweiten Verkaufsleiters beim Sturz in einem engen Hotel-WC während der Dienstreise genügte folgender Sachverhalt für die Bejahung des Versicherungsschutzes durch das LSG Niedersachsen. »Ausgehend von der glaubwürdigen Aussage des Klägers sieht der Senat in der Beschaffenheit des WC-Raumes die wesentliche Ursache des Sturzes. Besonders gefahrträchtig war der Umstand, dass die nach innen zu öffnende Tür wegen der Enge des Raumes gegen den vor dem WC-Bottich stehenden Fuß stieß und wegen des hastigen Aufreißens zurück federte. Hierdurch prallte der Kläger mit dem Kopf gegen die Türkante, weil die Tür unten gleichzeitig gegen den anderen Fuß schlug.« (Nachweis bei Podzun 120, S. 8).

Tipps
Achten Sie darauf, dass das Verrichten der Notdurft auch während der Arbeitszeit grundsätzlich zum unversicherten persönlichen Lebensbereich gehört.

▶ Betriebsordnungen, Dienstfahrzeuge

Notizen für den Alltag

Wertsachen

Umgang, Aufbewahrung und Entnahme von Wertsachen sind in der ambulanten Pflege schwierig zu regeln, weil die Mitarbeiter zu unterschiedlichen Zeiten in die Häuslichkeit des zu Versorgenden kommen und damit keinen genauen Überblick über eventuelle Wertsachen haben. Wertsachen des Mitarbeiters bzw. des Betriebes fallen unter die Sorgfaltspflicht des Mitarbeiters und der Einrichtung und sollten mit entsprechenden Regelungen versehen werden. Hier ist die Aufbewahrung von Patientengeldern oder anderen Dokumenten im Einzelfall wichtig. Beim Ungang mit Wertsachen von Patienten müssen klare Regelungen in den ambulanten Diensten vorhanden sein. Problematisch ist hier das Abheben von Geld für die Patienten mit EC-Karte und übermittelter PIN.

Beispiel

Fall: Der Mitarbeiter hebt mit entsprechender Einzelvollmacht € 100,- mit der EC-Karte des Versicherten und der übermittelten PIN ab. Er gibt die € 100,- dem Patienten und lässt sich dies nicht gegenzeichnen. Nach einer Woche behauptet der Patient, er hätte das Geld nie erhalten. Der Pflegedienst kann nicht nachweisen, dass er das Geld übermittelt hat und haftet damit zivilrechtlich für den Schaden. Er ist auch strafrechtlich verantwortlich, denn der Sachverhalt erfüllt den Strafbestand des Betruges bzw. der Unterschlagung.

Sollten ambulante Einrichtungen merken, dass Patienten größere Wertsachen in einer Wohnung haben, die von mehreren Personen frequentiert wird, sollte eine klare Bestandsaufnahme vorgenommen werden bzw. Angehörige, Betreuer oder in entsprechenden Fällen sozialpsychiatrische Dienste eingeschaltet werden.

> **Tipps**
> Sie sollten bei jeder Geldabhebung die Pflegedienstleitung informieren. Außerdem sollte der Patient Ihnen eine entsprechende Einzelfallvollmacht unterschreiben. Es ist ratsam, auch Angehörige bzw. Betreuer in Kenntnis zu setzen. Der Vorgang muss schließlich lückenlos dokumentiert und von allen Berechtigten unterschrieben werden.

Umgang mit Patientenschlüsseln

Auf einem Patientenschlüssel in ambulanten Pflegediensten sollten nur die Firmenanschrift und auf der anderen Seite eine vierstellige Zahl notiert sein. Privatadressen und Namen dürfen nicht auf dem Schlüssel stehen. Die Nummer auf dem Patientenschlüssel entspricht der Nummer, die in der EDV dem entsprechenden Patienten zugeordnet und zur Identifizierung freigegeben ist. Mitarbeiter sind verpflichtet, sorgsam, vertraulich und gewissenhaft mit Patientenschlüssel umzugehen.

! Patientenschlüssel und Patientendaten dürfen nie gemeinsam aufbewahrt werden. Der Verbleib von Schlüsseln bzw. von Patientendaten, gemeinsam oder einzeln im PKW, ist nicht gestattet. Die Einrichtungen sollten den Umgang mit Patientenschlüsseln klar regeln. Entsprechende Schlüsselschränke und Bücher oder eine elektronische Verwaltung sind nachzuweisen.

Notizen für den Alltag

Wundmanagement

Dekubitus, diabetischer Fuß und Ulcus cruris sind oftmals chronische Wunden, die einer besonderen Wundversorgung durch Ärzte und Pflegende bedürfen (◘ Abb. 28–30).

Ziel ist die optimale, am aktuellen Stand der Wissenschaft orientierte Versorgung und die Vermeidung von Komplikationen. Insbesondere der Dekubitus stand in den letzten Jahren im Mittelpunkt der Medienberichterstattung, weil es in der Vorbeugung und Wundversorgung zu Pflegefehlern kam.

Schadenersatzansprüche des Patienten entstehen, wenn

- die durchgeführte Prophylaxe und die Maßnahmen nicht nach aktuellem Stand der Wissenschaft erfolgten,
- die Dokumentation nicht zeitnah und umfangreich ausgeführt wurde,
- von bestehenden Standards abgewichen und dieses nicht begründet wurde,
- die Dekubitusgefahr nicht anhand einer Risikoskala erhoben und dokumentiert wurde,
- der Dekubitus erkannt, aber nicht dokumentiert wurde.

Das Wundmanagement unter Vorgabe, Beobachtung, Durchführung und Dokumentation dient der Qualitätssicherung und gegenüber Kostenträgern, MDK sowie vor Gericht als Beweismittel.

❗ Die Standards sollten auch eine Negativliste von Präparaten enthalten, die nach Stand der Wissenschaft falsch oder gefährlich sind, z. B. Melkfett, Zinkpräparate.

Bei der Dokumentation einer Wunde sind u. a. zu berücksichtigen:
- Wundart
- Lokalisation
- Größe
- Stadium
- Tiefe und Farbe

Befunderhebung:
- Anordnungs- und Durchführungsnachweis
- Veränderung und Planung neuer Maßnahmen

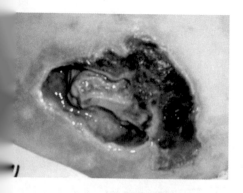

■ **Abb. 28.** Eingewachsene Kompresse
(Veronika Gerber, Spelle)

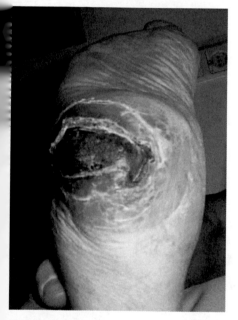

■ **Abb. 29.** Dekubitus an der Ferse
(Veronika Gerber, Spelle)

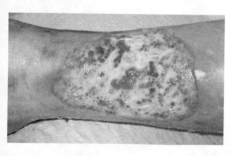

■ **Abb. 30.** Ulcus cruris (Veronika Gerber,
Spelle)

Beispiel

Fall 1: Eine Krankenschwester soll auf ärztliche Anordnung zur Versorgung einer chronischen Wunde Insulinampullen verwenden. Sie verweigert die Durchführung, da sie diese Anordnung als wissenschaftlich veraltet wertet. Der Arzt hingegen besteht auf die Umsetzung der Anordnung.

Fall 2: Der Pflegedienst hat den Auftrag, eine Patientin einmal wöchentlich zu baden (kleine Pflege). Nachdem die Patientin einen Schlaganfall erleidet, stellen die Angehörigen eine unausgebildete Helferin ein. Die Pflegefachkraft stellt drei Dekubitalgeschüre fest, die Angehörigen unternehmen nichts.

Urteil: Ein Pflegedienst sollte bei einer Diabetespatientin für eine Fußentzündung verantwortlich gemacht werden. Das entstandene Gangrän erforderte eine Notfallbehandlung. Dem Pflegedienst wurde vorgehalten, die Veränderung am Fuß nicht rechtzeitig erkannt und falsch behandelt zu haben. Von Patientenseite wurde behauptet, dass der Pflegedienst nicht auf die Notwendigkeit einer frühzeitigen ärztlichen Behandlung hingewiesen habe. Die Klage wurde abgewiesen (AG Neuss, Urteil vom 08.11.2000, AZ: 37C7054/99).

❯ **Tipps**

Bestehen Sie auf verbindliche Standards für alle Leistungserbringer sowie einen Wunddokumentationsbogen in Ihrer Einrichtung. Nutzen Sie die Möglichkeit, sich zur Wundexpertin weiterzubilden.

▶ Dekubitus, Dokumentation, Haftung, Remonstration, Risikodokumentation, Standards

Notizen für den Alltag

Zeugnis

Die Zeugnisproblematik ist Inhalt vieler arbeitsrechtlicher Auseinandersetzungen. Grundsätzlich sind Arbeitszeugnisse vom Arbeitgeber erstellte Urkunden. Sie haben die Funktion, dass der ausgeschiedene Mitarbeiter einen Beleg bzw. eine Bewertung seiner zurückliegenden Tätigkeit hat. Sie dienen dem neuen Arbeitgeber als Information, dass sich der Bewerber für eine freie Stelle qualifiziert hat.

Jeder Arbeitnehmer und jeder Auszubildende hat bei Beendigung des Arbeits- oder Ausbildungsverhältnisses einen Rechtsanspruch auf ein schriftliches Arbeitszeugnis. Anspruchsgrundlage hierzu ist § 630, BGB. Dieser Anspruch ist auch durch das Tarifrecht geregelt. Der Arbeitgeber ist verpflichtet, ein vom Arbeitnehmer gefordertes Zeugnis unverzüglich auszustellen. Eingeräumt wird hierbei die Zeit, die er benötigt, um die unmittelbaren Vorgesetzten über Leistung und Führung des Arbeitnehmers zu befragen. Vorliegende Mitarbeiterbeurteilungen müssen in die Beurteilung einbezogen werden.

§ 630, BGB

Bei der Beendigung eines dauernden Dienstverhältnisses kann der Verpflichtete von dem anderen Teile ein schriftliches Zeugnis über das Dienstverhältnis und dessen Verlauf fordern. Das Zeugnis ist auf Verlangen auf die Leistung und die Führung im Dienste zu erstrecken.

§ 35 TVÖD

Allgemeine Arbeitsbedingungen: Das Recht des Beschäftigten, Einsicht in die vollständige Personalakte zu nehmen, war bisher z. B. geregelt in § 13 BAT und § 11a BMT-G.

Das generelle Recht des Beschäftigten auf Einsicht in die vollständige Personalakte wurde in das neue Recht übernommen (3 Abs. 5 Satz 1 TVÖD). Ebenfalls unverändert geblieben ist das Recht des Beschäftigten, die Einsicht durch einen hierzu schriftlich Bevollmächtigten ausüben zu lassen (3 Abs. 5 Satz 2 TVÖD). Die Beschäftigten können Auszüge oder Kopien aus ihren Personalakten erhalten; auch insoweit ist eine Rechtsänderung nicht erfolgt (3 Abs. 5 Satz 3 TVÖD).

Die neue Regelung beschränkt sich andererseits auf diese allgemeinen Grundsätze. Nähere Regelungen zur Bevollmächtigung, die bisher im Tarifrecht enthalten waren, sind wegen der Bedeutungslosigkeit in der Praxis entfallen.

Hinweis: Der Beschäftigte muss vor Aufnahme ungünstiger Beschwerden oder Behauptungen in die Personalakte, z. B. einer Abmahnung, nicht mehr zwingend gehört werden. Es gelten diesbezüglich also künftig auch im Arbeitsrecht des öffentlichen Dienstes die allgemeinen arbeitsrechtlichen Grundsätze; eine Abmahnung ist nicht – wie im Geltungsbereich des BAT – schon deswegen aus der Personalakte zu entfernen, weil die Anhörung versäumt wurde oder formal nicht ordnungsgemäß erfolgte. Gegenüber dem bisherigen Recht bedeutet dies eine Vereinfachung und Entbürokratisierung des arbeitgeberseitigen Ermahnungs- und Abmahmungsrechts im öffentlichen Dienst.

Zeugnisarten/Zeugnisformen

- Qualifiziertes Zeugnis bei Beendigung des Arbeitsverhältnisses
- Zwischenzeugnis auf Antrag bei triftigen Gründen
- Vorläufiges Zeugnis bei bevorstehender Beendigung des Arbeitsverhältnisses auf Antrag

Der TVÖD enthält die Verpflichtung des Arbeitgebers, bei Beendigung des Arbeitsverhältnisses ein qualifiziertes Zeugnis auszustellen; dies bedeutet keine wesentliche Rechtsänderung zum alten Tarifrecht. Ein gesetzlicher Anspruch auf Ausstellung eines einfachen Zeugnisses, auf Antrag des Arbeitnehmers auch auf ein qualifiziertes Zeugnis mit Beurteilung von Leistung und Verhalten im Arbeitsverhältnis, findet sich in § 109 GewO. Der TVÖD enthält einen weitergehenden Anspruch: Ein Zeugnis, dass sich auch auf Art und Dauer der Tätigkeit und auf Führung und Leistung erstrecken muss, muss grundsätzlich bei Beendigung des Arbeitsverhältnisses erteilt werden, auch wenn der Beschäftigte keinen entsprechenden Antrag stellt (35 Abs. 1 TVÖD).

Allgemeine Arbeitsbedingungen: Auf Antrag dagegen ist aus triftigen Gründen auch während des Arbeitsverhältnisses ein Zwischenzeugnis auszustellen, bei bevorstehender Beendigung des Arbeitsverhältnisses kann ein vorläufiges Zeugnis über Art und Dauer der Tätigkeit verlangt werden (35 Abs. 2 TVÖD). Alle Zeugnisse sind unverzüglich vom Arbeitgeber auszustellen (35 Abs. 4 TVÖD). Soweit also in der Praxis bei Beendigung des Arbeitsverhältnisses noch sog. einfache Zeugnisse ohne Beurteilung von Leistung und Verhalten ausgestellt wurden, muss diese Praxis dahingehend geändert verden, dass in jedem Fall ein qualifiziertes Endzeugnis zu erteilen ist. Die Voraussetzungen für die Ausstellung eines Zwischenzeugnisses (triftiger Grund) entsprechen dem bisherigen Tarifrecht (z. B. § 61 Abs. 2 BAT). Triftige Gründe können insbesondere die Suche eines neuen Arbeitsplatzes, eine seitens des Arbeitgebers beabsichtigte Kündigung, die Vorlage bei Gerichten und Behörden, Versetzung oder sonstiger Wechsel innerhalb der Dienststelle oder des Betriebes, sowie der Wechsel des Vorgesetzten sein (z. B. BAG, Urteil vom 01.10.1998, 6AZR176/97 – ZTR1999, 274).

Beispiel

Urteil 1: Ein fristgerecht entlassener Arbeitnehmer hat spätestens mit Ablauf der Kündigungsfrist oder bei seinem tatsächlichen Ausscheiden Anspruch auf ein Zeugnis über Führung und Leistung und nicht lediglich auf ein Zwischenzeugnis. Das gilt auch dann, wenn die Parteien in einem Kündigungsschutzprozess über die Rechtmäßigkeit der Kündigung streiten (BAG, Urteil vom 27.02.1987, 5AZR710/85).

Der Anspruch des Arbeitnehmers auf ein vorläufiges Zeugnis besteht mit dem Zeitpunkt der Kündigung. Mit dem vorläufigen Zeugnis soll der Arbeitnehmer eine Unterstützung zur erfolgreichen Bewerbung bei einem neuen Arbeitgeber erfahren. Dabei ist unerheblich, ob der Arbeitnehmer eine Vollzeit- oder Teilzeitbeschäftigung hatte. Auf Wunsch eines Arbeitnehmers ist ihm auch ohne Kündigung ein Zwischenzeugnis auszustellen, wenn er hierfür einen triftigen Grund angibt, z. B. Bewerbung um einen neuen Arbeitsplatz oder den Wechsel seiner für ihn zuständigen Leitung, die ihn beurteilen kann.

Die theoretische Anspruchszeit auf Ausstellung eines Zeugnisses beträgt nach dem BGB, § 195, 30 Jahre. Bei einem Verlust des ausgestellten Zeugnisses kann normalerweise eine Zeugniskopie erstellt werden, da die Personalakten ebenfalls 30 Jahre aufgehoben werden müssen.

Einfaches Zeugnis

Das einfache Zeugnis enthält lediglich die Bestätigung des Arbeitgebers über die Art und Dauer der Beschäftigung mit dem Ziel, dass ein Dritter sich darüber ein Bild machen kann, wo und wie der Arbeitnehmer beschäftigt war. Beim einfachen Zeugnis ist es Zweck, dem Arbeitnehmer beim Arbeitsplatzwechsel einen lückenlosen Nachweis über seine bisherigen fachspezifischen Tätigkeiten zu ermöglichen.

> **Beispiel**
>
> **Urteil 2:** Eine Beurteilung von Führung und Leistung ist im einfachen Zeugnis unzulässig. In dem einfachen Zeugnis dürfen Beendigungsgrund und -art nicht erwähnt werden, sondern sind nur auf Verlangen des Arbeitnehmers aufzunehmen (LAG Düsseldorf, Urteil vom 22.01.1988, AZ: 2SA165/84).

Qualifiziertes Zeugnis

Das qualifizierte Zeugnis beinhaltet neben den Merkmalen des einfachen Zeugnisses zusätzlich die Beurteilung der Leistung und der Führung des Arbeitnehmers. Der Arbeitgeber muss hierbei den Grundsatz der Wahrhaftigkeit und im Hinblick auf den Arbeitnehmer des Wohlwollens beachten. Bei der leistungsbezogenen Bewertung ist eine Orientierung an der Aufgabenstellung der Pflege im Sinne des § 3 Altenpflege- und Krankenpflegegesetz sowie an vorhandenen Stellenbeschreibungen und Tätigkeitsmerkmalen hilfreich. Hier sind u. a. die eigenverantwortlichen und mitwirkenden Bereiche formuliert. Bei der Leistungsbeurteilung sind Standardformulierungen zum Begriff »Zufriedenheit« als Gesamtbeurteilung des Arbeitnehmers üblich (☐ Tab. 1).

In Zeugnissen für Führungskräfte haben sich bestimmte Formulierungen und Wertungen etabliert (☐ Tab. 2).

☐ **Tab. 1.** Leistungsbeurteilung

Formulierung	Wertung
Vollste Zufriedenheit	Sehr gute Leistung
Stets zur vollen Zufriedenheit	Gute Leistung
Zu unserer vollen Zufriedenheit	Befriedigende Leistung
Zu unserer Zufriedenheit	Ausreichende Leistung
Im Großen und Ganzen zu unserer Zufriedenheit	Mangelhafte Leistung
Hat sich bemüht, seine Arbeit zu unserer Zufriedenheit zu erledigen	Völlig ungenügende Leistung

◼ **Tab. 2.** Leistungsbeurteilung für Führungskräfte

Formulierung	Wertung
Sehr vorbildlich	Sehr gut
War vorbildlich	Gut
War stets einwandfrei	Voll befriedigend
War einwandfrei	Befriedigend
War ohne Tadel	Ausreichend
Gab zu keiner Klage Anlass	Mangelhaft
Nichts Nachteiliges über sein Verhalten bekannt geworden	Unzureichend

Inhalt und Aufbau eines Zeugnisses

- **Titel:** Das Zeugnis muss eindeutig als solches ausgewiesen sein, um eine Abgrenzung zu einer Arbeitsbescheinigung herbeizuführen. Im Titel steht entweder »Zwischenzeugnis« oder »Qualifiziertes Zeugnis«.
- **Form und Gestaltung:** Das Zeugnis muss auf dem offiziellen Geschäftsbrief des Arbeitgebers geschrieben sein.
- **Persönliche Daten:** Hierzu gehören Vor- und Nachname, Geburtsdatum und -ort sowie Art und Dauer der Beschäftigung. Hierbei sind die spezielle Tätigkeit, z. B. Krankenschwester in der Endoskopie oder im Altenheim im gerontopsychiatrischen Bereich, bzw. die sonstigen speziellen Aufgabenstellungen zu berücksichtigen.
- **Dienstzeiten:** Hier werden übersichtlich und vollständig die Dienstzeiten ggf. mit den begründeten Unterbrechungen, z. B. durch Mutterschutzfristen oder Weiterbildungsmaßnahmen bzw. Studiengänge angegeben.
- **Beschreibung des Aufgabengebietes und Arbeitsplatzes:** Das Tätigkeitsfeld muss in dem Zeugnis präzise und vollständig beschrieben sein. Je spezieller die Aufgabe, umso genauer muss sie dargestellt werden. Die beschriebenen Aufgaben sollten in dem qualifizierten Zeugnis auch bewertet werden. Beispielhaft ist hier die Tätigkeit als Leitung eines spezifischen Pflegebereiches mit hoher Ausbildungsverantwortung.

- **Leistungsbeurteilung:** Grundsatz ist hierbei die Wahrheit in der gesamten Beurteilung, um dem neuen Arbeitgeber Nachweis über erwartete Leistung des Bewerbers zu erbringen. Der Arbeitgeber muss sich an die Wahrheit in der Formulierung halten, gleichfalls dem Mitarbeiter gegenüber einen wohlwollenden Bewertungsansatz berücksichtigen, um sein Fortkommen nicht zu behindern. Subjektive Erkenntnisse und Äußerungen dürfen sich auf die Beurteilung nicht auswirken. Die Wortwahl bleibt dem Arbeitgeber freigestellt. Satzstellung und Stil dürfen jedoch in der Tendenz nicht zweideutig, sondern müssen logisch sein.
- Kriterien müssen u. a. sein: die Pflegesystematik, die Pflegequalität, der Umgang mit technischen Geräten, Hygiene, die Einstellung zum Beruf, Umgang mit Patienten, Beobachtung und Berichterstattung, Sozialverhalten, Vertrauenswürdigkeit, Fort- und Weiterbildungen. Die Zeugniserteilung muss aufgrund der Fach- und Organisationsverantwortung und der Bewertungsmöglichkeiten durch die Pflegedienstleitung erfolgen, da nur sie dieses bewerten kann.
- **Abschlussbeurteilung:** Die Abschlussbeurteilung wird in üblichen Formulierungen bezüglich der Zufriedenheit (Wertung) gewählt.
- **Beendigungsgrund des Arbeitsverhältnisses:** Um Missverständnissen vorzubeugen, ist es sinnvoll, am Ende im Zusammenhang mit dem Dank an den Mitarbeiter entweder zu betonen, dass die Kündigung aus eigenen Wünschen des Mitarbeiters erfolgte oder im beiderseitigen Einvernehmen gelöst wurde.

Beispiel

Urteil 3: Bei der Erteilung eines qualifizierten Zeugnisses hat der Arbeitgeber sowohl das Gebot der Wahrheitspflicht als auch die Verpflichtung zu beachten, das berufliche Fortkommen des Arbeitnehmers nicht unnötig zu erschweren. Diese Grundsätze sind auch bei der Angabe des Beendigungstatbestandes im Zeugnis zu beachten (LAG Düsseldorf, Urteil vom 22.01.1988, 2Sa1654/87).

Dank und Zukunftswünsche

Es ist üblich, aber nicht vorgeschrieben, Zeugnisse mit Dankbezeugungen und Wünschen für die Zukunft zu beenden. Fehlt diese Passage jedoch, kann das zu Missverständnissen führen, weil diese geübte Höflichkeitsform die Anerkennung des Arbeitgebers gegenüber dem Arbeitnehmer bescheinigt. Diese Anerkennung kann sich auch als Bedauern über den Verlust des scheidenden Mitarbeiters äußern.

Beispiel

Urteil 4: Ein Arbeitnehmer hat keinen Anspruch darauf, dass in einem ihm ausgestellten qualifizierten Arbeitszeugnis die Formel:»Wir wünschen ihr für die Zukunft alles Gute und viel Erfolg« enthalten ist (ArbG Bremen, Urteil vom 11.02.1992, 4aCa4168/91).

Unterschrift, Datum und Zustellung des Zeugnisses

Zeugnisse werden üblicherweise von den leitenden Mitarbeitern unterschrieben, die beim Arbeitgeber die Personalhoheit haben. Wenn die Pflegedienstleitung selbständig Personaleinstellungen vornimmt, so ist sie in der Regel auch berechtigt, Zeugnisse auszustellen und zu unterschreiben. Es ist durchaus üblich, dass ein Verwaltungs- bzw. Personalleiter mit unterzeichnet.

Beispiel

Urteil 5: Zeugnisse müssen ein Ausstellungsdatum tragen. Wird ein Zeugnis auf Wunsch des Arbeitnehmers aufgrund eines gerichtlichen Vergleichs oder Urteils berichtigt, so muss das berichtigte Zeugnis das Datum des ursprünglichen Zeugnisses, dessen Berichtigung verlangt wird, erhalten (LAG Bremen, Urteil vom 23.06.1989, 4Sa320/88).

Urteil 6: Ein vom Arbeitgeber berichtigtes Zeugnis ist auf das ursprüngliche Ausstellungsdatum zurückzudatieren, wenn die verspätete Ausstellung nicht vom Arbeitnehmer zu vertreten ist (BAG, Urteil vom 09.09.1992, 2AZR509/91).

Urteil 7: Der Arbeitgeber muss dem Arbeitnehmer das Zeugnis nicht zusenden. Juristisch handelt es sich hier um eine Holschuld, in der vom Arbeitgeber das Zeugnis zur Abholung bereitgehalten werden muss. Grundsätzlich muss der Arbeitnehmer seine Arbeitspapiere, zu denen auch das Arbeitszeugnis gehört, bei dem Arbeitgeber abholen (BAG, Urteil vom 08.03.1995, 5AZR848/93).

Urteil 8: Nach § 242 BGB kann der Arbeitgeber im Einzelfall gehalten sein, dem Arbeitnehmer das Arbeitszeugnis nachzuschicken (BAG, Urteil vom 08.03.1995, 5AZR848/93).

Angaben zu Erkrankungen

> **Beispiel**
> **Urteil 9:** Ein Hinweis auf eine Erkrankung darf im Zeugnis nicht enthalten sein, da dieses den Arbeitnehmer während des ganzen Berufslebens belasten würde (LAG Chemnitz, Urteil vom 30.01.1996, SA996/95).

Schadenersatzansprüche

Zivilrechtlich kann der Zeugnisaussteller für den Schaden eines ehemaligen Mitarbeiters beim neuen Arbeitgeber durch Schlechtleistung verantwortlich gemacht werden, wenn das Zeugnis nicht der wahren Leistung des Arbeitnehmers entsprochen hat. Der Arbeitnehmer kann seinen Anspruch auf Erteilung eines Zeugnisses gerichtlich durchsetzen, wenn der Arbeitgeber das Zeugnis nicht oder nicht rechtzeitig aushändigt.

> **Beispiel**
> **Urteil 10:** Auf Wunsch des Arbeitnehmers ist der Arbeitgeber Dritten gegenüber zur Auskunft über die Leistungen und sein Verhalten im bisherigen Arbeitsverhältnis verpflichtet. Verletzt der Arbeitgeber diese seine nachvertragliche Pflicht rechtswidrig und schuldhaft, macht er sich gegenüber dem Arbeitnehmer schadenersatzpflichtig (LAG Berlin, Urteil vom 08.05.1989, 9Sa21/89).

Ein Zurückbehaltungsrecht am Zeugnis durch den Arbeitgeber wegen anderer Ansprüche gegen den Arbeitnehmer, z. B. Gehaltsüberzahlungen, besteht nicht.

> **Tipps**
> Bei der Ausstellung von Zeugnissen müssen Sie das Wahrheitsgebot beachten, da unter Umständen Schadenersatzverpflichtungen gegenüber nachfolgenden Arbeitgebern Ihres Mitarbeiters erwachsen können. Sollten Sie sich mit dem Zeugnis des Arbeitgebers ungerecht bewertet fühlen, so müssen Sie dagegen Widerspruch einlegen.

▶ Kündigung

Zwangsvollstreckung bei Mitarbeitern

Die Anzahl persönlicher Insolvenzen steigt mit der Folge, dass auch ambulante Pflegedienste oft an einem Zwangsvollstreckungsverfahren beteiligt sind. Bei Pfändungen gegen Arbeitnehmer sind Pflegdienste in diesem Verfahren Drittschuldner. Das hat verschiedene Konsequenzen.

— Beispiel —————————————————————

Fall: Die Mitarbeiterin eines ambulanten Pflegedienstes ist seit 6 Jahren in dieser Einrichtung beschäftigt. Per Post wird dem Pflegedienst ein Pfändungsbescheid zugestellt, in dem nicht bezahlte Rechnungen, Ansprüche oder andere Zahlungsverpflichtungen zusammengerechnet werden. Die ambulante Pflegeeinrichtung wird als Drittschuldner benannt und die Pfändung des Gehaltes gefordert.

❯ Tipps

Als Inhaber eines Pflegedienstes sollten Sie gemeinsam mit Ihrem Steuerbüro die Höhe des Nettogehaltes Ihres Mitarbeiters feststellen, um herauszufinden, ob dessen Nettogehalt unter oder über der Pfändungsgrenze liegt. Sie sollten außerdem den Mitarbeiter über das Pfändungsschreiben informieren und parallel den Schuldner bzw. Zwangsvollstrecker über dessen Nettogehalt in Kenntnis setzen. Reagiert der Pflegedienst nicht innerhalb von 14 Tagen auf die Forderung des Gläubigers, kann dies zur finanziellen Haftung des Inhabers führen.

Notizen für den Alltag

Anhang

Betriebsordnung
(Muster)

von

Erstellt von:

Stand : Januar 2008

Die Pflegestation …. sieht es neben der ständigen Verbesserung und Erweiterung der Prozess-, Ergebnis- und Strukturqualität als eine wichtige Aufgabe an, berufspolitisch Verantwortung zu übernehmen. Die Einrichtung ist Mitglied im …….. Damit stellt sich die Einrichtung hinter die Verbandsziele und setzt sich aktiv für die Belange der ambulanten Versorgung im Land Berlin als auch auf Bundesebene aktiv ein.

Pflegeunternehmen stehen im Spannungsfeld, **ihr eigenes Berufsverständnis** und die hohe öffentliche Erwartung mit geringen finanziellen Spielräumen, unter Erfüllung hoher bürokratischer Auflagen umzusetzen. Der Pflegedienst … hat sich daher entschlossen, seinen Mitgliedern ein Instrument zur Verfügung zustellen, dass als Orientierungshilfe und Mittel der Selbstevaluation dient und es ihnen erleichtert, gemeinsam mit anderen Mitgliedsbetrieben Lösungen für die Bewältigung der eigenen Aufgaben zu finden.

Die Pflegestation …. nutzt dieses Instrument der eigenen Qualitätsanalyse und sieht in ihr ein wesentlich unbürokratischere vor allem aber praxisorientiertere und umsetzbare Möglichkeit, Schwachstellen in der eigenen Firma zu entdecken, zu analysieren und zielorientiert zu beheben. Das Konzept der Ist- Analyse beruht auf der Philosophie, das es ein wichtiger Anreiz ist, die eigene Leistung zu prüfen und den Ehrgeiz zu steigern, Verbesserungen zu wecken. Der spezifische Weg eines jeden Betriebes zur vollen Entfaltung seines Potenzials muss jedoch aus der Mitte des Unternehmens heraus entwickelt werden. Dazu sind ein kompetentes Richtlinienwerk und eine motivierte Belegschaft notwendig. Ein straffes Korsett von Vorgaben hat eher den gegenteiligen Effekt. Wird eine von außen aufgezwängte Methodik als unzweckmäßig oder gar als Gängelung empfunden geht die Motivation der Mitarbeiter verloren. Es besteht die Gefahr, dass als Zwangsmaßnahme empfundene Vorgaben möglichst Energie sparend abgearbeitet werden, Dokumentenberge pflichtgemäß produziert werden, aber der innere Impuls zur Qualitätsverbesserung erstickt wird. Leider ist diese Entwicklung heute noch oft in Einrichtungen zum Teil aber auch bei Kassen und externe Prüfinstitutionen zu finden.

Jeder Mitarbeiter sollte sich deshalb die Philosophie unserer Einrichtung verinnerlichen, mit anderen Kollegen darüber ins Gespräch kommen, um auch den angesprochenen Weg und das Verständnis unsere Arbeit zu leben und diesen Prozess ständig zu evaluieren.

Mögliches Inhaltsverzeichnis

Inhaltsverzeichnis

Dienstanweisung – Nutzung der Dienstwagen (Muster)

1. Alle Dienstwagen sind Eigentum der Firma. Die Benutzung außerhalb der Dienstzeit ist untersagt und kann zur Kündigung führen. Des Weiteren sind alle Schäden, die durch unbefugtes Nutzen auftreten, vom jeweiligen Nutzer zu tragen.

2. Im Hinblick auf eventuelle Beschädigungen an den Fahrzeugen wird in jedem Pkw ein entsprechendes Übergabeprotokoll zur Aufzeichnung geführt. Dieses Protokoll wird jeweils auf Verlangen, bzw. bei der Fahrzeugkontrolle durch den betreffenden Fahrer des Fahrzeuges der Geschäftsleitung bzw. deren Vertretung vorgelegt.

   In diesem Übergabeprotokoll werden Mängel, Beschädigungen, etc. konkret aufgeschrieben und sind mit Kürzeln des jeweiligen Arbeitnehmers zu versehen.

   Jeder Arbeitnehmer, der einen Dienstwagen nutzt, hat sich vor Nutzung von dem Zustand des Fahrzeuges ein Bild zu machen und eventuelle Beschädigungen in dieses Übergabeprotokoll mit Unterschrift einzutragen.

   Während der Dienstzeit verschuldete aufgetretene Beschädigungen am Fahrzeug sind bis zur Höhe der Selbstbeteiligung des Unternehmens an der Kasko-Versicherung vom Arbeitnehmer zu tragen.

   Sollten Zeitpunkt der Verursacher von Mängeln und Beschädigungen am Pkw nicht feststellbar sein, trifft den zuletzt unterzeichnenden Arbeitnehmer die Schadenspflicht.

3. Unfälle während und außerhalb der Dienstzeit sind sofort im Büro zu melden. Ein entsprechender Unfallbericht über Art, Hergang, Unfallgegner usw. ist zu erstellen.

4. Bei selbstverschuldeten Verkehrsunfällen trägt der Unfallverursacher (Arbeitnehmer) bei Instandsetzung die Kosten des Fahrzeuges bis zur Höhe der Selbstbeteiligung des Unternehmens an der Kaskoversicherung.

5. **Strafmandate bzw. Ordnungswidrigkeiten sind jeweils von dem jeweiligen Verursacher zu tragen.**

6. Die Dienstwagen sind ordentlich und sauber zu halten bzw. zu übergeben. In allen Dienstwagen ist Rauchverbot!

7. Auf Mängel am Fahrzeug ist schnellst möglichst hinzuweisen. Die Wartung der Fahrzeuge wird durch die Firma ...... übernommen.
Bei Schäden sind die Fahrzeuge dort vorzustellen. Bei Bedarf wird ein Leihwagen zur Verfügung gestellt. Das Büro der Pflegestation ist von dem Vorgang zu informieren.

8. Die Fahrtenbücher sind täglich ordnungsgemäß zu führen.

9. Auf die Verkehrssicherheit hat der jeweilige Fahrer zu achten.

10. Die Dienstwagen sind ein wesentliches Aushängeschild der Firma. Ordentliche, höfliche und freundliche Fahrweise sind ein wichtiger Bestandteil unserer Arbeit.

11. In den Dienstwagen dürfen keine persönlichen Sachen, Patientenlisten oder Schlüssel von Patienten aufbewahrt werden. Bei Verlust haftet der Mitarbeiter für den Schaden und die daraus entstehenden Kosten.

12. Für den Verlust der Tankkarte bzw. der Wagenpapiere haftet der Mitarbeiter. Die Kosten für die Wiederbeschaffung werden dem Mitarbeiter in Rechnung gestellt.

13. Ohne Genehmigung des Unternehmers dürfen keine Privatpersonen oder Patienten mit dem Dienstwagen befördert werden.

14. Der Arbeitnehmer ist verpflichtet, sich im Straßenverkehr entsprechend der geltenden und anzuwendenden gesetzlichen Vorschriften zu verhalten.

Ich habe diese Dienstanweisung gelesen und bin damit einverstanden.

_____

Unterschrift des Mitarbeiters

Fortbildungsvereinbarung
(Muster)

zwischen

_____

_____

_____   _____

(Firma)   (Arbeitgeber)

und

_____

_____

_____

(Arbeitnehmer)

§ 1

Der/die Arbeitnehmer/in nimmt vom _____

bis _____ an einer Fortbildungsveranstaltung für

_____ teil.

Die Teilnahme an dieser Fortbildungsveranstaltung ist im eigenen Interessen des/der Arbeitnehmers/in im Rahmen seiner/ihrer beruflichen Fort- und Weiterbildung.

§ 2

Der Arbeitgeber stellt den/die Arbeitnehmer/in für die Teilnahme an dieser Fortbildungsveranstaltung unter Fortzahlung der Bezüge von der Arbeit frei.

Der Lohn errechnet sich aus dem vereinbarten Bruttolohn ohne Zuschläge.

Die Gebühren für die Fortbildungsveranstaltung übernimmt die Firma **zu 1/2 bzw. in voller Höhe.**

§ 3

Der/die Arbeitnehmer/in ist verpflichtet, an jeder Fortbildungsveranstaltung teilzunehmen und alles zu unternehmen, um zu einem erfolgreichen Abschluss zu gelangen.

Der/die Arbeitnehmer/in ist zur Rückzahlung des Lohns und der Fortbildungskosten, die der Arbeitgeber übernommen hat, innerhalb eines Zeitraumes **von 2 bis 3 Jahren** nach Abschluss des Lehrgangs verpflichtet, wenn er/sie das Arbeitsverhältnis selbst kündigt bzw. wenn seitens der Kündigung die Firma dieses aus einem des/der Arbeitnehmers/in zu vertretenden Grund beendet wird. Für die vorzeitige Beendigung wird ein Rückzahlungsbetrag pro Monat in Höhe **von 1/24 bzw. 1/36 fällig.**

Berlin, _____

_____   _____
(Unterschrift Arbeitgeber)   (Unterschrift Arbeitnehmer/in)

Vorsorgevollmacht
(Muster)

Verweis: Patientenverfügung

Name:

Geburtsdatum:

Wohnort:

Vorsorgevollmacht

Für den Fall, dass ich vorübergehend oder dauerhaft nicht in der Lage sein sollte, meine Angelegenheiten selbst zu regeln und meinen Willen zu äußern, bevollmächtige ich, auch über meinen Tod hinaus, gemäß §§ 1896 Abs. 2, 164 ff. BGB

Frau/Herr _____geboren am _____

wohnhaft: _____

Ersatzweise:

Frau/Herr _____geboren am _____

wohnhaft: _____

Die Feststellung, dass ich wegen meiner körperlichen oder geistigen Verfassung außer Stande bin, meine Angelegenheiten selbst zu regeln und meinen Willen zu äußern, muss in jedem Fall von einem Arzt getroffen werden.

I. Umfang der Vollmacht
Die Vollmacht berechtigt und verpflichtet meinen Bevollmächtigten, meinem Willen entsprechend zu handeln, wie er in dieser Vollmacht zum Ausdruck kommt. Die Vollmacht umfasst die in § 1904 Abs. 1 Satz 1 BGB und § 1906

Abs. 1 und 3 BGB genannten, in der Anlage wiedergegebenen Maßnahmen. Im Einzelnen umfasst sie folgende Inhalte:

a) Im gesundheitlichen Bereich:
(1) die Abgabe von Erklärungen im Behandlungsgeschehen, z. B. die Einwilligung in Untersuchungen meines Gesundheitszustandes, in Heilbehandlungen oder operative Eingriffe, gleichgültig, ob es sich um lebensgefährdende oder mit schwerwiegenden Nebenwirkungen bzw. Folgen behaftete Maßnahmen handelt oder nicht;

(2) die Aufenthaltsbestimmung, vor allem die Entscheidung über die Aufnahme in ein Krankenhaus oder die Unterbringung in einem Pflegeheim oder einer Einrichtung mit Freiheitsentzug bzw. über das Verlassen dieser Einrichtungen;

(3) die Einwilligung in freiheitsentziehende oder unterbringungsähnliche Maßnahmen, wenn sie nicht nur der Beherrschung einer akuten Situation dienen, sondern über einen längeren Zeitraum oder regelmäßig durchgeführt werden sollen;

Ich wünsche,
so lange wie möglich und vertretbar zu Hause behandelt und gepflegt zu werden.

(4) die Einwilligung zur Einstellung lebenserhaltender oder lebensverlängernder Maßnahmen (z. B. Wiederbelebung, Beatmung, Dialyse, Bluttransfusion, Medikamente) oder in einen Behandlungsverzicht. Die Einwilligung darf von meinem Bevollmächtigten nur erteilt werden, wenn bei schwersten körperlichen Leiden, Dauerbewusstlosigkeit oder fortschreitendem geistigen Verfall nach einstimmiger Beurteilung meiner behandelnden Ärzte keine Aussicht mehr auf Besserung im Sinne eines für mich erträglichen und umweltbezogenen Lebens besteht;

Ich wünsche,
- keine parenterale Ernährung,
- weitestgehende Beseitigung von Begleitsymptomen, insbesondere Schmerzen; eine damit unter Umständen verbundene Lebensverkürzung nehme ich in Kauf

(5) die Einwilligung zu einer Obduktion zur Befundklärung.

Diese Vollmacht berechtigt die behandelnden Ärzte, meinem Bevollmächtigten über meine Erkrankung und meinen Zustand sowie die damit verbundene Prognose aufzuklären, um ihm seine Entscheidung im gesundheitlichen Bereich zu ermöglichen. Ich entbinde die behandelnden Ärzte von ihrer ärztlichen Schweigepflicht.

b) Im vermögensrechtlichen Bereich
Hier beschränkt sich die Vollmacht auf die Befugnis,

(1) von den auf meine Namen lautenden Konten bei Banken und Sparkassen Geldbeträge abzuheben oder Überweisungen vorzunehmen, um einen Krankenhausaufenthalt oder den Aufenthalt in einem Pflegeheim einschließlich der durch Versicherung nicht gedeckten Arztkosten sowie den laufenden Mietzins für meine Wohnung und sonstige laufende Unkosten zu bezahlen;

(2) Verträge oder sonstige Vereinbarungen mit Kliniken, Senioren- oder Pflegeheimen abzuschließen;

(3) Anträge auf Leistungen der Kranken- und Pflegeversicherung, auf Rente oder sonstige Versorgungsbezüge sowie auf Sozialhilfe zu stellen und erforderlichenfalls auf dem Rechtsweg zu verfolgen.

II. Widerruf der Vollmacht
Ich behalte mir vor, diese Vollmacht jederzeit zu widerrufen.

III. Zum Fall einer Betreuung (andere Person als Bevollmächtigter)
Sollte trotz dieser Vollmacht ausnahmsweise die Bestellung eines Betreuers notwendig werden, weil z. B. die /der Bevollmächtigte ihre/seine Aufgabe, insbesondere wegen Krankheit, nicht wahrnehmen kann, schlage ich dafür vor:

Name: _____ Geburtsdatum: _____

wohnhaft: _____

Datum: _____

Unterschrift _____

Ich bestätige, dass Frau/Herr _____ die Vorsorgevollmacht im Vollbesitz ihrer/seiner geistigen Kräfte verfasst hat.

Unterschrift(en) den/der Zeugen mit Ort und Datum. Zusätzlich Angabe des
Namens, des Geburtsdatums und des Wohnortes.

_____

_____

Infoblatt bei Notfalleinweisungen für Notaufnahmen und Rettungsstellen (Muster)

Name / Vorname:	
Geb. am:	
Adresse:	
Telefon:	

Krankenkasse:	
uns bekannte Diagnose:	
Hausarzt:	
Weitere Ärzte:	

Angehörige:	
Betreuer:	

Medikamente:	Früh:	Mittags:	Abends:	Nachts:

Injektionen:	Früh:	Mittags:	Abends:	Nachts:

Besonderheiten:

Sollten Sie noch Fragen haben, dann rufen Sie bitte unsere Pflegestation, unter der

Telefon-Nr: _____ an.

Unsere Öffnungszeiten sind: Montag – Freitag von 08:00 – 17:00 Uhr

Datum: _____

Unterschrift d. Mitarbeiters: _____

Pflegevertrag (Muster)

Zwischen

Nachname, Vorname: _____

Geburtsdatum: _____

Straße: _____

PLZ, Ort: _____

Telefon: _____

Im Folgenden »Pflegebedürftiger« genannt

gegebenenfalls vertreten durch: _____
　　　　　　　　　　(Bevollmächtigter/gesetzlicher Vertreter/Betreuer)

Nachname, Vorname: _____

Geburtsdatum: _____

Straße: _____

PLZ, Ort: _____

Telefon: _____

und

Pflegedienst: _____

gesetzliche Vertretung/
Rechtsform: _____
–
Straße: _____

PLZ, Ort: _____

Telefon: _____

　　　Im Folgenden »Pflegedienst« genannt

wird folgender Pflegevertrag mit Wirkung vom _____ geschlossen.

§ 1 Allgemeines

a) Der Pflegedienst ist durch Versorgungsvertrag nach § 72 SGB XI (Pflegeversicherung) zugelassen und hält die Qualitätsstandards gemäß § 80 SGB XI sowie die vertraglichen Regelungen des Landesrahmenvertrages gemäß § 75 Abs. 1 SGB XI ein.

b) Der Pflegebedürftige ist verpflichtet, dem Pflegedienst die Entscheidung der Pflegekasse über die Feststellung der Pflegebedürftigkeit (Pflegestufe) unverzüglich vorzulegen sowie über die Leistungsart (Geld-, Sach-, Kombinationsleistungen) bzw. deren Änderung zu informieren. Dieses gilt auch für etwaige spätere Änderungen des Bescheides der Pflegekasse.

§ 2 Leistungsumfang

a) Art, Häufigkeit und Umfang der zu erbringenden Leistungen ergeben sich aus Leistungs- und Vergütungsvereinbarung, (Anlage 1), die Bestandteil dieses Vertrages ist.

b) Sollen Änderungen des Leistungsumfanges vereinbart werden, sind diese rechtzeitig abzusprechen und auf einem neuen Berechnungsbogen einvernehmlich zu vereinbaren und dem Vertrag als neue Anlage beizufügen. Gleichzeitig ist die Pflegekasse zu informieren. Leistungen im Notfall sind hiervon nicht betroffen.

c) Der Pflegedienst führt zur Feststellung des Hilfsbedarfs und der häuslichen Pflegesituation einen Erstbesuch beim Pflegebedürftigen durch.

d) Soweit der Pflegedienst die vereinbarten Leistungen nicht selbst, sondern von anderen ausführen lässt, hat er bei der Auswahl der Kooperationspartner besondere Sorgfalt walten zu lassen.

e) Der Pflegedienst überprüft Beschwerden des Pflegebedürftigen unverzüglich und verpflichtet sich, bei berechtigten Beschwerden umgehend Abhilfe zu schaffen.

f) Die vereinbarten Leistungen werden vom Pflegedienst in geeigneter Form aufgezeichnet und vom Pflegebedürftigen mindestens monatlich gegengezeichnet.
Die entsprechende Pflegedokumentation dient gleichzeitig dem Leistungsnachweis. Sie verbleibt während des Zeitraums der vertraglichen Zusammenarbeit bei dem Pflegebedürftigen. Es sei denn, eine sichere

Aufbewahrung ist dort nicht gewährleistet. Dem Pflegebedürftigen ist jederzeit die Einsichtnahme in die Pflegedokumentation zu ermöglichen. Sie bleibt Eigentum des Pflegedienstes und verbleibt nach Beendigung der vertraglichen Zusammenarbeit beim Pflegedienst. Nach Ablauf der gesetzlichen Aufbewahrungspflicht wird diese vernichtet. Der Pflegebedürftige ist zur Herausgabe der Pflegedokumentation verpflichtet.

g) Der Pflegebedürftige verpflichtet sich, dem Pflegedienst unverzüglich mitzuteilen, wenn wesentliche Umstände eintreten, die seine sonstige Pflege und Betreuung durch ihm nahe stehenden Personen bzw. andere pflegende Personen nicht mehr als gewährleistet erscheinen lässt, z. B. bei Erkrankung der pflegenden Person.

§ 3 Vergütung

a) Der Pflegedienst berechnet bei Leistungspflicht durch einen Kostenträger für die erbrachten Leistungen die mit diesem ausgehandelten Entgelte (siehe § 4 a).

b) Eine Entgelterhöhung muss dem Pflegebedürftigen möglichst frühzeitig und schriftlich angekündigt werden. Eine Berechnung ist frühestens 14 Tage nach Bekanntgabe gegenüber dem Pflegebedürftigen möglich. Der Pflegebedürftige kann anlässlich der Entgelterhöhung kündigen. Hierauf ist bei Ankündigung der Entgelterhöhung hinzuweisen.

c) Leistungen, deren Kosten nicht durch Kostenträger übernommen werden, sind vom Pflegebedürftigen selbst zu tragen (siehe § 4 c). Der Pflegebedürftige trägt insbesondere das Kostenrisiko für Leistungen, die vor einer Kostenzusage seitens des Kostenträgers erbracht werden, jedoch von diesem nicht bewilligt werden. Für solche Leistungen gelten die in der Anlage 1 vereinbarten Entgelte.

d) Der Pflegedienst ist berechtigt, für Leistungen nach dem SGB XI einen Investitionskosten-Zuschlag (Anlage 1) zu erheben. Die Höhe des Zuschlages ergibt sich aus den jeweiligen Bestimmungen der Länder.

e) Wird ein vereinbarter Pflegeeinsatz, der aus vom Pflegebedürftigen zu vertretenden Gründen ausfallen muss, nicht bis 14:00 Uhr des Vortages bei der Pflegedienstleitung abgesagt, ist der Pflegedienst berechtigt, die Vergütung vom Pflegebedürftigen nach den gesetzlichen Bestimmungen

zu verlangen. Eine im Notfall erforderliche Einlieferung in ein Krankenhaus hat der Pflegebedürftige nicht zu vertreten.

f) Erbringt der Pflegedienst Leistungen in Notfällen über den schriftlich
vereinbarten Umfang hinaus, so ist der Pflegebedürftige zur Vergütung
im Rahmen der Vergütungssätze verpflichtet, sofern nicht andere Kostenträger diese übernehmen.

§ 4 Rechnungsstellung und Zahlungsweise

a) Die Abrechnung der erbrachten Leistungen erfolgt monatlich auf Basis
der Leistungsnachweise, die der Pflegebedürftige gegenzeichnet.

b) Leistungen, die mit dem Kostenträger abzurechnen sind, werden vom
Pflegedienst den jeweiligen Kostenträgern direkt in Rechnung gestellt.

c) Der Rechnungsbetrag, d. h. der Eigenanteil des Patienten, ist nach Rech-
nungsstellung fällig. Dieser ist zu zahlen auf das

Konto-Nr.: _____,

BLZ: _____,

bei dem
Kreditinstitut: _____.

§ 5 Haftung

Der Pflegedienst haftet gegenüber dem Pflegebedürftigen nach Maßgabe der
gesetzlichen Bestimmungen.

§ 6 Datenschutz und Schweigepflicht

a) Der Pflegedienst ist verpflichtet, die gesetzlichen und vertraglichen Regelungen zum Datenschutz einzuhalten.

b) Der Pflegedienst unterliegt der Schweigepflicht. Ausgenommen hiervon
sind Angaben gegenüber der leistungspflichtigen Pflegekasse sowie ge-

gebenenfalls weiterer Kostenträger und dem medizinischen Dienst der Krankenversicherung, soweit sie zur Erfüllung der gesetzlichen Aufgaben erforderlich sind.

§ 7 Beendigung und Ruhen des Vertrages

a) Ist der Vertrag befristet, endet er mit Ablauf der Frist.

b) Der Vertrag ist auf unbestimmte Zeit geschlossen und kann jederzeit ohne Angabe von Gründen mit einer Frist von zwei Wochen vom Pflegebedürftigen gekündigt werden. Der Pflegedienst kann den Vertrag mit einer Frist von vier Wochen kündigen.

c) Die Kündigungserklärung unterliegt der Schriftform.

d) Die Rechte der Vertragsparteien zur fristlosen Kündigung (außerordentlich) aus wichtigem Grund bleiben unberührt.

e) Bei einem vorübergehenden Aufenthalt in einem Krankenhaus oder einer Rehabilitationsmaßnahme ruht der Vertrag.

f) Bei Tod des Pflegebedürftigen endet der Vertrag unmittelbar.

§ 8 Besondere Vereinbarungen

z. B. Haushaltsgeld, Hilfsmittel, Maßnahmen zum Schutz des Patienten etc.

_____

_____

§ 9 Fürsorgepflicht in Notfällen

In Notfällen, insbesondere bei plötzlicher starker Verschlechterung des Gesundheitszustandes des Pflegebedürftigen, sollen nachfolgende Vertrauensperson des Pflegebedürftigen benachrichtigt werden:

Verwandtschaftsgrad: _____

Nachname: _____

Vorname: _____

Straße: _____

PLZ, Ort: _____

Telefon: _____

§ 10 Zutritt und Schlüsselübergabe

a) Der Pflegebedürftige erklärt sich damit einverstanden, dass die Mitarbeiter des Pflegedienstes zur Erbringung der in diesem Vertrag vereinbarten Leistungen, den Leistungsort zu den vereinbarten Zeiten betreten dürfen.

b) Der Pflegedienst erhält folgende Schlüssel:

Hausschlüssel _____

Wohnungsschlüssel _____

sonstige Schlüssel _____

c) Sollte der Pflegebedürftige bei einem geplanten Einsatz, wobei diesem die geplante Einsatzzeit gegenüber bekannt gegeben wird, innerhalb dieser Zeit, d. h. eine Stunde davor bzw. eine Stunde danach, nicht am Leistungsort erreichbar sein, ist der Pflegedienst zur Abwehr von Gefahren berechtigt, auf Kosten des Pflegebedürftigen die Tür durch die Feuerwehr notöffnen zu lassen.

§ 11 Schriftform und Wirksamkeit

Änderungen und Ergänzungen dieses Vertrages bedürfen der Schriftform.

Von der Unwirksamkeit einzelner Bestimmung bleibt die Wirksamkeit dieses Vertrages im Übrigen unberührt.

Anlagen

Leistungs- und Vergütungsvereinbarung nach SGB XI (Anlage 1) inklusive Preisliste

gegebenenfalls Vollmacht bei Vertretung

Ort: _____

Datum: _____

_____   _____
Unterschrift Pflegebedürftiger/   Unterschrift Pflegedienst
Vertreter

iteratur

299

Literatur

Bildungskonzept des Deutschen Bildungsrates für Pflegeberufe, ADS und DBfK, Das Kranken-
haus. Göttingen/Eschborn 1993
Böhme H (1991) Das Recht des Krankenpflegepersonals, Teil II Haftungsrecht, 3. neubearb. und
erweiterte Auflage. Kohlhammer, Stuttgart
Böhme H (1996) Heilberufe 48, Heft 8, S. 53
Böhme H: Haftungsfragen und Pflegeversicherungsgesetz; Kuratorium Deutsche Altershilfe
Brodehl R (1993) Die Schwester/Der Pfleger 32. Jg. 4; Biblomed
Bundesministerium für Gesundheit (2006) Charta der Rechte hilfe- und pflegebedürftiger
Menschen. Berlin
Das Personal-Büro, Arbeitsrecht, Rudolf Haufe, Freiburg
Debong B, Andreas M Sigmund-Schulze G (1992) Karlsruhe. In: Die Schwester/Der Pfleger 31.
Jg. 4
Debong B, Andreas M (1994) Die Schwester/Der Pfleger 33. Jg. 4
Debong B, Andreas G, Sigmund-Schulze G (2003) Die Schwester/Der Pfleger 06, Biblomed
Debong B, Andreas G, Sigmund-Schulze G (1991) Die Schwester/Der Pfleger 30, Jg. 5, Biblomed
DPV (2006) Leitfaden zur Umsetzung der nationalen Expertenstandards in der Pflege
Endopraxis 1/92, Ein Unglück kommt selten allein, W. Rösch
Expertenstandard Dekubitusprophylaxe in der Pflege (2004) 2. Auflage, Entlassungsmanage-
ment in der Pflege, (2002), Schmerzmanagement in der Pflege, (2003), Sturzprophylaxe
in der Pflege, (2004), Förderung der Harnkontinenz in der Pflege (2007), Pflege von Men-
schen mit chronischen Wunden (2007), Deutsches Netzwerk für Qualitätsentwicklung in
der Pflege, Fachhochschule Osnabrück
Felme E (1995) Das Krankenhaus 10
Goberg O (1993) Altenheim 9; S. 720–721
Großkopf, Klein (2002) Krankenpflege und Recht, Spitta 2. vollst. überarbeitete und aktuali-
sierte Ausgabe
Heinzmann A et al. (2000) Dtsch. med. Wschr. 125. Georg Thieme, Stuttgart New York, 45–51
Höfert R (2007) Heilberufe 09, S. 52, Urban & Vogel München
Höfert R (2006) Heilberufe 10, S. 48, Urban & Vogel München
Höfert R (2007) Heilberufe 06, S. 56, Urban & Vogel München
Höfert R (2007) Heilberufe 01, S. 48, Urban & Vogel München
Höfert R (2007) Heilberufe 04, S. 46, Urban & Vogel, München
Höfert R (2005) Heilberufe 01, S. 41, 43, 44, Urban & Vogel, München
Höfert R (2004) Heilberufe 02, S. 35, Urban & Vogel, München
Höfert R (2004) Heilberufe 04, S. 35, Urban & Vogel, München
Höfert R (2004) Heilberufe 05, S. 43, Urban & Vogel, München
Höfert R (2004) Heilberufe 07, S. 59, Urban & Vogel, München
Höfert R (2004) Heilberufe 08, S. 49, Urban & Vogel, München
Höfert R (2004) Heilberufe 09, S. 53, Urban & Vogel, München
Höfert R (2004) Heilberufe 11, S. 53, Urban & Vogel, München
Höfert R (2004) Heilberufe 10, S. 53, Urban & Vogel, München
Höfert R (2003) Heilberufe 08, S. 49, Urban & Vogel, München
Höfert R (2003) Heilberufe 09, S. 47, Urban & Vogel, München
Höfert R (2003) Heilberufe 11, S. 47, Urban & Vogel, München
Höfert R (1999) Heilberufe 51, Heft 2, Urban & Vogel, München

Höfert R (1999) Heilberufe 51, Heft 4, Urban & Vogel, München

Höfert R (1998) Heilberufe 50, Heft 4, Urban & Vogel, München

Höfert R, Großkopf, Heilberufe, 08/04, Urban & Vogel, München

Höfert R (2006) Von Fall zu Fall – Pflege im Recht. Springer, Heidelberg

Höfert R, Dekubitus. Auch die Kosenträger stehen in der Verantwortung, Pflegen Ambulant

Höfert R, High-Tech-Medizin und Pflege

Höfert R, Pflegerecht im Spiegel der Praxis

Höfert R (1998) Pflegethema: Spannungsfeld Recht, Georg Thieme, Stuttgart

Höfert R, Von Fall zu Fall

Hoen JH (1995) Pflegezeitschrift, 3/95, Kohlhammer, Stuttgart

Horn T (1995) Tauglich für die Praxis – Anforderungen der Heimpersonalverordnung; Altenpflege 2; Vincentz. S. 109–112

Jansen (Januar 1992) Schadenshaftung im Krankenhaus; Krankenhaustechnik

Kammerhoff U, Biblomed, Melsungen

Karoff, Dr. Martina

Klie S (2004) Gesetze für Pflegeberufe, 8. Auflage. Nomos Verlagsgesellschaft, Baden-Baden

Kolb C, Nahrungsverweigerung bei Demenzkranken

Kreuels, Dreßen (2005) Pflegen ohne Risiko. Wolters Kluwer Deutschland

Muschiol T (1995) Streit ums Arbeitszeugnis, Häusliche Pflege 6

Orlowsi, Wasen, Gesundheitsreform 2004, Economica, Heidelberg

Positionspapier zur Kooperation von Ärzten und Pflegenden, Deutsches Ärzteblatt 91, Heft 9, 4. März 1994

Reinhard B (1993) Arbeitszeugnisse verstehen, Die Schwester/Der Pfleger 5

Schell W (1995) Kinderkrankenschwester, 14 Jg., Nr. 4

Schell W (1993) Heilberufe, 45, Heft 1

Schlichtner S (2001) Mein Recht als Patient. dtv/Nomos, Baden-Baden

Schneider A (1994) Rechts- und Berufskunde für die Fachberufe im Gesundheitswesen. Springer, Berlin Heidelberg New York

Schneider A, Zivilrechtliche Aspekte bei Hygienemängeln, Referat anlässlich des 2. Symposiums Infektionsverhütung

Sträßner H, Manuela Ill-Groß (2002) Das Recht der Stationsleitung, 2, vollständige und erweitere Auflage. Kohlhammer, Stuttgart

Ullrich, Heinzelmann, Pflegezeitschrift 08/03, W. Kohlhammer, Stuttgart

Universität Witten-Herdecke, Veröffentlichung, Bosch/Bienstein, 05.05.2004

Wetzel, Birgit (2008) Kein Anspruch auf Lohnfortzahlung … AVG bewegt. Berlin

Wetzel, Birgit (2007) Bußgelder sind Arbeitsentgelt. AVG bewegt. Berlin

Wetzel, Birgit (2007) Was darf in der Personalakte stehen? AVG bewegt. Berlin

Wetzel, Birgit (2007) Dienstlich oder privat? AVG bewegt. Berlin

Zeitungen und Zeitschriften

Altenheim 03/05, Vincentz

Altenpflege 11/04, Vincentz

Ärzte-Zeitung, 31.07.2000

Augsburger Allgemeine, 30.01.2003

BGH-Urteil vom 18.03.1980. Veröffentlicht in: Neue juristische Wochenschrift 1980, S. 1903 ff

Care Konkret, Vincentz Network, 04.02.05
Care Konkret, Vincentz Network, 07.03.03
Care Konkret, Vincentz Network, 30.07.04
Dpa, 17.05.01
Frankfurter Rundschau, 11.04.1987
GW Pflegerecht 1996
Häusliche Pflege, Vincentz Netzwork 08/2004
HNA, Hessische Niedersächsische Allgemeine, 29.11.00
Kölner Stadtanzeiger 05.09.2000
Mainzer Allgemeine, Zeitung 27.11.1996
Medizinprodukte-Recht MPG, Biblomed, Melsungen
Medizinrecht; 1987, 192
Neue Juristische Wochenzeitschrift- NJW 1980, 1903 ff
Neue Juristische Wochenzeitung NJW, 1984, 1403
Neue Juristische Wochenzeitung NJW, 1985, 685 L
Österreichische Krankenpflegezeitschrift, 01/1991, 44. Jahrgang
Pflege Aktuell 12/04
Pflege Intern 13.07.05
Pflege- und Krankenhausrecht 03/98
Pflegekonkret, DPV, 06/05
Pflegen Ambulant 10. Jg. 1/99
Pflegerecht Oktober 1996
Union Versicherungsdienst GmbH, Infodienst 03/2003, 02/2001, 04/1997, 01/1991
Versicherungsrecht, Zeitschrift für Versicherungsrecht 1988, 1076
Versicherungsrecht, Zeitschrift für Versicherungsrecht 1990, 385 L
Versicherungsrecht, Zeitschrift für Versicherungsrecht 1990; 385

Urteile und Gesetzestexte

Bundesarbeitsgericht (BAG), Pressemitteilung Nr. 25/06
Bundessozialgerichtsurteil (BSG), Urteil vom 27.11.1986, Aktenzeichen 2 RU 10/86
Bundesministerium der Justiz, Betreuungsrecht, 10/03
Das Neue Betreuungsrecht – Das Bundesministerium der Justiz informiert; Ausgabe Dezember 1992
Ehlers, Ehlers & Partner, Newsletter 08.02.07
Erlass: Hessisches Sozialministerium vom 23.11.1990
Nationale Konferenz zur Einrichtung von Pflegekammern 2002
Neue Juristische Wochenschrift (NJW) 1999, 3642
Rechtsdepesche für das Gesundheitswesen 03/2007
Rechtsdepesche für das Gesundheitswesen 01/2004
Rechtsdepesche für das Gesundheitswesen 05/2004
Rechtsdepesche für das Gesundheitswesen 06/2004
Rechtsdepesche für das Gesundheitswesen 05/06/2005
Sachverständigenrat zur Begutachtung der Entwicklung im Gesundheitswesen – Gutachten 2007, Juli 2007

Stichwortverzeichnis

W

Z

Printed in the United States
By Bookmasters